Urumqi Comprehensive Transport
Model System

乌鲁木齐市综合交通模型体系

洪晓龙　程志华　王亚群　编著

同济大学出版社
TONGJI UNIVERSITY PRESS

内容提要

城市机动化水平的迅速提高和整体交通需求的快速增长对城市综合交通运输基础设施和政策管理体系提出了更高的要求和挑战,科学化与精细化成为城市交通规划与交通决策的发展方向,交通模型在各类项目中的应用也日益广泛。本书在研究国内外各类交通模型发展及应用情况的基础上,对不同类型的城市交通模型的适用范围、数据需求及检验方法进行了研究。同时,结合乌鲁木齐市自身城市交通规划、设计及管理过程中对于交通模型的应用需求及实践经验,提出了乌鲁木齐市综合交通模型体系框架。本书可供从事城市交通规划、管理及交通模型开发使用等相关工作的工程师与管理人员参考阅读。

图书在版编目(CIP)数据

乌鲁木齐市综合交通模型体系 / 洪晓龙,程志华,王亚群编著. —上海:同济大学出版社,2021.10
ISBN 978-7-5608-9936-7

Ⅰ. ①乌… Ⅱ. ①洪… ②程… ③王… Ⅲ. ①市区交通—交通模型—研究—乌鲁木齐 Ⅳ. ①U491.1

中国版本图书馆 CIP 数据核字(2021)第 201812 号

乌鲁木齐市综合交通模型体系

洪晓龙　程志华　王亚群　编著

责任编辑　陆克丽霞
责任校对　徐春莲
封面设计　陈益平

出版发行	同济大学出版社　www.tongjipress.com.cn
	(地址:上海市四平路1239号　邮编:200092　电话:021-65985622)
经　　销	全国各地新华书店
排版制作	南京文脉图文设计制作有限公司
印　　刷	常熟市华顺印刷有限公司
开　　本	787 mm×1092 mm　1/16
印　　张	11.75
字　　数	293 000
版　　次	2021年10月第1版　2021年10月第1次印刷
书　　号	ISBN 978-7-5608-9936-7
定　　价	68.00元

版权所有　侵权必究

编委会

主要编著人员

洪晓龙　　程志华　　王亚群

参编人员

张　铭　　王善贵　　刘　湘

陈　恒　　刘玉东　　巨　伟

丁玲玲　　栗　欢

前　言

　　改革开放40多年,我国社会经济取得了长足发展,城市交通基础设施与交通环境也发生了翻天覆地的变化。进入21世纪,我国城市普遍面临着个体机动化快速发展的挑战,交通拥堵及其带来的环境、经济、安全等方面的负面影响也受到了日益广泛的关注。如何在有限的城市空间与资金投入下提出最合理的交通改善措施,成为城市交通工作者考虑的首要问题,而交通模型成了最重要的评估手段。

　　早在19世纪中期,城市规划师和学者们就对城市中的人和物的流动产生了兴趣,交通模型的思想在那时已经有了萌芽。国际上,交通模型被广泛应用于城市规划则始于20世纪五六十年代,随着经济的快速发展和机动化水平的不断提高,欧美城市建设经历了一个大规模住宅建设和高速公路大发展的快速拓展时期,为了降低投资风险,政府采取了加大规划论证研究投入等措施来指导基础设施建设。从交通模型的发展历程来看,城市交通问题的"复杂化"和城市交通模型的"多样化"是目前以及今后一段时期内城市交通研究工作的一个发展趋势,二者之间是相辅相成的。城市交通问题的复杂化源于三个主要方面:首先,经济发展使得交通需求日益丰富与多元化;其次,随着科技的进步,交通运输模式也在不断地增加与变化;最后,随着社会对交通问题的重视度和认知度的不断加深,交通受到的干预与影响因素也越来越多。与之相对应的,交通模型的应用需求也从最初的道路交通,发展到公共交通、交通排放、交通需求管理、智能交通等更为广泛的领域。为了更好地研究和描述城市交通问题,交通模型的种类也在不断增加,包括用地与交通一体化模型、基于出行的宏观需求模型、以模拟个体运动为基础的微观仿真模型以及宏观与微观相结合的中观模型。近年来,随着计算机计算能力的不断增强,又出现了基于出行链及活动的需求模型,这是一种通过动态分配算法与微观模型直接衔接的宏微观一体化模型。

　　20世纪80年代我国开始关注交通模型,北京、上海、南京、昆明、杭州、广州、深圳、宁波等城市先后建立了第一批城市交通规划模型。而乌鲁木齐市交通规划模型的建立可以追溯到1998年,模型建立的目的是配合乌鲁木齐市世界银行贷款交通改善项目的评估,模型的侧重点在于道路交通。至今,该交通模型在乌鲁木齐市城市交通规划工作中的应用已超过20年,最初的交通规划模型也在道路交通的基础上进一步纳入了公共交通系统,并扩大了覆盖范围。其后还建立了城市快速路仿真模型以及一批城市重要道路与节点的仿真模型。随着交通模型应用工作的开展，乌鲁木齐市在不断积累经验的同时也遇到了一些问题。首先，如何根据交通项目的特征来合理选择适用的交通模型；其次，如何正确解读模型的误差以及通过怎样的流程可以降低这种误差对于评估结论的影响；最后，要构建怎样的交通模型或者交通模型体系，才能更好地支撑城市交通的研究与发展。带着这些问题，乌鲁木齐市开展了有关城市综合交通模型体系的研究。本书是对这次研究成果的提炼与总结，从乌鲁木齐市城市交通模型应用的实践经验出发，结合国内外城市交通模型的应用情况，分析讨论不同类别交通模型的适用领域、数据需求、校验方法以及评价指标等。立足乌鲁木齐市城市交通规划及建设工作的需求，提出未来乌鲁木齐市城市综合交通模型的体系架构，以及不同类别/层级模型之间的数据接口。

本书第1章简述交通模型的发展历程、作用及交通项目模型评估的一般流程。第2章讨论城市交通模型的分类及各自的适用范围。第3章介绍针对不同类别模型的检验的一般方法与数据需求。第4章介绍乌鲁木齐市城市交通规划模型体系设计情况。第5章介绍乌鲁木齐市城市交通模型的开发与应用实践。第6章针对乌鲁木齐市综合交通模型体系发展提出相关建议。

鉴于研究时间和作者水平有限，本书必然存在不足之处，有待日后进一步完善，敬请读者不吝指正。同时，本书虽已尽可能地列出所参考的文献，但仍可能有疏漏之处，诚请读者提供相关信息，以便查漏补遗。

编著者
2020 年 9 月

目　　录

前言

1　交通模型概述　001

1.1　交通模型的发展历程　/　002

1.2　交通模型的作用　/　007

1.3　交通项目模型评估的一般流程　/　008

 1.3.1　交通项目模型评估的前提与原则　/　008

 1.3.2　交通项目模型评估的一般流程　/　009

1.4　对于城市交通模型发展的思考　/　013

2　城市交通模型分类及适用范围　015

2.1　国内外城市交通模型的发展与应用情况　/　016

 2.1.1　伦敦交通模型发展与应用情况　/　016

 2.1.2　纽约交通模型发展与应用情况　/　020

 2.1.3　北京交通模型发展与应用情况　/　023

 2.1.4　上海交通模型发展与应用情况　/　025

2.2　交通模型的分类　/　029

2.3　不同类别交通模型的适用范围　/　032

 2.3.1　不同项目阶段的模型适应性分析　/　033

 2.3.2　不同项目范围的模型适应性分析　/　034

 2.3.3　不同设施类别的模型适应性分析　/　035

 2.3.4　不同评估指标的模型适应性分析　/　036

2.4　交通模型的发展动向　/　037

 2.4.1　宏观模型的发展动向　/　037

 2.4.2　微观模型的发展动向　/　041

 2.4.3　节点模型的发展动向　/　042

 2.4.4　交通模型与软件平台的发展趋势　/　042

2.5 交通模型的相关政策规范 / 045
    2.5.1 美国与交通模型相关的政策规范 / 045
    2.5.2 英国与交通模型相关的政策规范 / 046
    2.5.3 我国与交通模型相关的政策规范 / 048

3 交通模型的检验与数据需求　　051

3.1 交通模型建立的一般流程 / 052
3.2 交通模型检验工作的必要性 / 054
3.3 交通模型的误差分析与精度要求 / 055
3.4 交通模型的校验 / 056
    3.4.1 交通模型检验的常见方法 / 056
    3.4.2 宏观模型的检验 / 057
    3.4.3 微观交通模型的检验 / 065
    3.4.4 节点交通模型的检验 / 067
3.5 交通模型的数据需求 / 068
    3.5.1 宏观交通模型的数据需求 / 069
    3.5.2 中观交通模型的数据需求 / 069
    3.5.3 微观交通模型的数据需求 / 070
    3.5.4 节点交通模型的数据需求 / 070
3.6 交通建模数据采集手段及发展趋势 / 071
    3.6.1 国内外城市交通调查情况 / 071
    3.6.2 城市交通数据采集的常见类别与方法 / 074
    3.6.3 城市交通数据采集技术的发展趋势 / 079

4 乌鲁木齐市城市交通规划模型体系设计　　082

4.1 概述 / 083
    4.1.1 乌鲁木齐市行政区划 / 083
    4.1.2 全国城镇体系规划 / 084
    4.1.3 新疆城镇体系规划 / 084
    4.1.4 乌鲁木齐市都市圈发展规划 / 085
    4.1.5 乌昌地区城镇体系规划 / 085
    4.1.6 乌鲁木齐市城市发展情况 / 085
4.2 乌鲁木齐市综合交通模型体系总体目标 / 086

4.3 乌鲁木齐市综合交通模型体系设计 / 087
    4.3.1 乌鲁木齐市综合交通模型需求分析 / 087
    4.3.2 乌鲁木齐市综合交通模型体系框架选型 / 092
    4.3.3 乌鲁木齐市综合交通模型体系设计 / 092

4.4 乌鲁木齐市综合交通模型体系功能设计 / 094
    4.4.1 宏观交通模型 / 094
    4.4.2 中观交通模型 / 098
    4.4.3 微观交通模型 / 101
    4.4.4 节点交通模型 / 105
    4.4.5 用地与交通一体化模型 / 108

4.5 各层级交通模型的衔接与建议适用范围 / 110
    4.5.1 各层级交通模型的衔接 / 110
    4.5.2 各层级交通模型适用的研究项目 / 112
    4.5.3 各层级交通模型适用的时间跨度 / 112

4.6 分阶段任务与目标 / 113

5 乌鲁木齐市模型开发与应用实践 116

5.1 乌鲁木齐市宏观交通规划模型的开发与应用 / 117
    5.1.1 模型概况 / 117
    5.1.2 模型覆盖范围 / 118
    5.1.3 模型构建数据基础 / 118
    5.1.4 乌鲁木齐市宏观交通模型的开发 / 133
    5.1.5 宏观模型应用情况 / 144

5.2 乌鲁木齐市微观模型的开发与应用 / 154
    5.2.1 模型概况 / 154
    5.2.2 模型覆盖范围 / 155
    5.2.3 模型基础数据 / 155
    5.2.4 模型的校核与验证 / 159
    5.2.5 微观模型的应用情况 / 160

6 乌鲁木齐市综合交通模型体系发展建议 166

6.1 综合交通模型体系发展的数据需求 / 167
6.2 综合交通模型体系辅助技术研究需求 / 168

6.3 交通模型的更新维护需求 / 169

    6.3.1 交通模型的更新维护需求 / 169

    6.3.2 既有模型的更新维护建议 / 170

6.4 综合交通模型体系发展保障机制 / 171

参考文献   **173**

1 交通模型概述

1.1 交通模型的发展历程
1.2 交通模型的作用
1.3 交通项目模型评估的一般流程
1.4 对于城市交通模型发展的思考

1.1 交通模型的发展历程

  模型是对现实世界某一事物或过程的一种描述方式,根据人们对实际问题的认知程度,采取抽象或简化的方式来体现这一事物或过程的本质、规律及特征。而交通模型是城市交通规划师对于城市交通规律及交通系统运行状态的一种描述,这种描述是通过一系列数学公式的计算来实现的。

  早在 19 世纪中期,城市规划师和学者们便对城市中的人和物的流动产生了兴趣,宏观交通模型的思想在那时已经有了萌芽。一百多年前,美国在建设高速公路时开始使用一些简单的数学模型来对未来的交通量进行预测。1955 年,美国芝加哥开启了当时规模最大的交通调查,耗资 70 万美元,调查项目包括居民出行调查(抽样率 1/30)、边界线 OD 问询调查,以及货运、出租车与公交出行调查。这些调查被用于支持当时正在开展的芝加哥地区交通规划工作,目标是在 10 年内容纳 80 万新增的居住人口[1]。芝加哥地区的交通规划最终在 1962 年发布,四阶段模型的理论框架在大型交通规划项目中首次得以成功应用。所谓四阶段模型是将完整的交通出行分为四个连续的阶段,即交通产生吸引阶段、交通分布阶段、出行方式选择阶段以及交通分配阶段。在同一时期,美国《联邦资助公路法案》开始实施,该法案要求 5 万人口以上城市化地区的交通项目必须建立在可持续的、合作的、全面的城市交通规划程序基础上,并由都市规划组织(Metropolitan Planning Organization,MPO)负责执行。城市化地区交通规划的程序包括数据采集、数据分析、交通需求预测以及替代方法的评估。该法案同时限制全国 1.5% 的年度交通建设费用必须用于调查、规划和未来建设计划的经济分析,这极大地推动了交通模型的应用与推广[2]。1963 年,建筑与城市规划学家科林·布坎南爵士(Professor Sir Colin Buchanan)发表了著名的交通白皮书《城镇中的交通》(*Traffic in Town*),基于定量分析他指出,不断增长的机动化交通对于城市发展的负面影响,并最终导致了英国交通政策的转向,由原来大力进行道路建设以支持经济发展,开始向经济增长、环境保护、交通安全、个人自由选择等多目标并重的综合交通政策转变,并基于四阶段模型理论针对伦敦等大都市圈建立了交通相关政策的战略评价模型。2018 年,在大伦敦交通局发布的《伦敦市长交通战略》(*The Mayor's Transport Strategy*)中提出,至 2041 年,要将包括公交、慢行在内的绿色交通出行比例提升至全方式的 80%,并将小汽车出行比例由现状的 37% 压缩至 20%。这些战略的提出正是基于伦敦城市未来的发展愿景,并通过以伦敦交通战略模型为核心的评估系统论证后得出的结果。受到美国与英国的影响,日本在 20 世纪 60 年代后期开始进行定量模型与城市综合交通规划相结合的研究。从 1967 年广岛都市圈规划开始,日本通过对美国和英国等国的研究成果的分析也提出了自己的大都市圈交通战略规划评价模型。该模型的总体目标是协调各方利益,建立面向整个城市的综合交通规划体系,同时,提供多方案的比选模式,并能够对不同方案进行有效评价。至于具体的路网规划和详细的评价则由其他模型承担。日本的大都市圈交通战略规划评价模型由传统四阶段法演变而来,另外，提供了针对不同时间段和资金政策的分担评价模型，在分配和分担之间引入反馈程序，使模型更具综合性。该模型输出的内容主要包括不同区域的交通量、行驶速度，利用这些数据可以进一步分析机动性、方便性、环境负荷、交通事故等各种评价指标，进而对投入费用及产出效益进行综合评估。

20世纪70年代末，美籍华人张秋先生将城市交通规划理念引入国内后，交通模型就成了交通规划不可或缺的重要组成部分。通过与国际咨询公司的合作，在20世纪八九十年代我国一批大型城市先后建立了自己城市的交通规划模型。1988年，英国外交大使赠予北京TRIPS软件。1992年，由英国海外发展署资助，MVA亚洲咨询公司与北京市城市规划设计研究院开展了北京交通规划研究(Beijing Transport Planning Study，BTPS)，结合项目成功建立了北京市第一个城市交通模型。该模型的建立和参数标定是基于1986年第一次居民出行调查数据与1990年机动车调查数据，模型研究范围包括五环内城区和近郊区。其后分别在1995年和2001年，针对经济增长和人民生活水平提高带来的出行行为、出行方式的变化，结合第二次综合交通调查，对已有的BTPS模型参数进行了重新标定，软件平台也由DOS操作系统转移到Windows操作系统。2005年，北京市开展了第三次综合交通调查，为模型开发奠定了丰富的数据基础。模型结构有了实质性改变，交通小区细化为1 000余个[3]。同时，结合当前交通特征，添加了用于拥堵收费、停车设施供应等交通需求管理政策的分析评价模块。

上海的交通模型发展经历了四个主要阶段，第一阶段为市区公交模型(1981—1985)，主要功能是公交客流预测和方案评价，研究范围是市区200 km^2；第二阶段为城区交通模型(1986—1994)，主要功能是出行需求预测和公交、道路规划方案评价，研究范围拓展到外环线内600 km^2；第三阶段为市域交通模型(1994—2004)，上海开始进入城市交通快速发展时期，大量的交通工程设施开始建设，基于这一背景，市域交通模型研究范围拓展至全市6 000 km^2，并重点改进工程项目立项及工程可行性研究的交通预测功能；第四阶段为综合交通模型体系(2004年至今)，研究范围从上海市域拓展至长三角地区，所研究的交通系统从快速路、轨道交通等骨干交通系统，发展到公共交通(轨道交通、常规公交和出租车)、道路交通(快速路、干路和支路)和对外交通(铁路、航空、水运、公路)等整个交通体系[4]。

除了北京与上海之外，昆明、南京、广州、深圳、杭州、宁波等一些城市先后都建立了各自的城市交通规划模型。这一时期国内模型的建立主要基于四阶段模型理论，以交通需求预测作为核心功能。

在四阶段模型发展的同时，城市交通研究者们发现，由于交通与城市之间错综复杂的互动关系(图1-1)，导致单纯的针对交通系统的研究并不能获得满意的结果。因为很多交通预测的前提来自对城市未来发展的预期，而这些预期是否能实现则受到各方面因素的影响，其中交通就是一个重要的影响因素。这些发现促使用地与交通一体化模型的诞生。城市交通系统作为城市的核心系统受到政府管理部门的规划设计约束，交通与城市用地之间存在着密切的相互影响。当交通系统的供给情况发生改变时，将会影响城市居民对于居住地和工作地的选择，同时也将影响企业对于办公地点的选择，从而最终影响城市用地布局。另外,通常人口与经济因素被认为是独立于交通系统之外的,但是它们会对交通系统的需求侧产生影响。最后一个重要的因素是环境,以排放和能量消耗的形式作用于系统,随着关于全球气候变化议题讨论的广泛开展,环境因素也受到了越来越多的关注。上述多个因素组合在一起就形成了交通土地模型的雏形。比较有代表性的是伊拉·洛瑞在1964年出版的《城市模型》一书,该书讨论了城市系统间的互动以及城市的变迁。其后,1983年在利兹与伦敦,1985年在圣保罗以及毕尔巴鄂,1992年在里昂,2002年在俄勒冈州,用地与交通一体化模型得到了不断的实践与完善,越来越多复杂的经济学模型被加入其中,而对于交通部分,通常由四阶段模型作为核心模块来进行评估和模拟[5]。从严格意义上来说,用地与交通一体化模型已经超出了交通的范畴,但是作为城市交通模型的一种延伸,还是引起了很多交通工作者的兴趣。

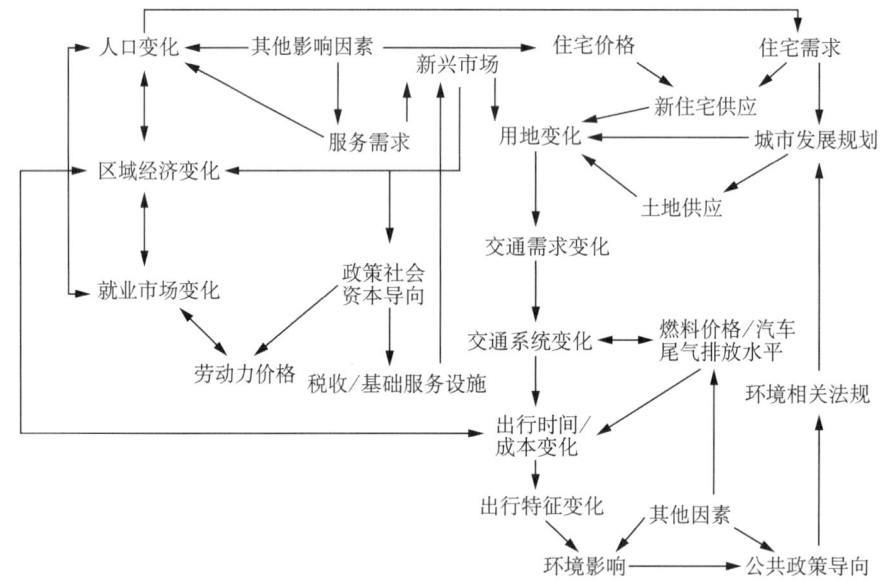

图1-1 城市与交通之间复杂的互动关系

四阶段模型首次以闭环的形式解释了城市交通的产生与运行机理,它可以帮助城市交通工作者更深入地研究城市交通问题,因此得到了广泛应用。但随着这种探索的不断深入,尤其是模型预测模拟结果与实际观测结果之间的差异,引起了研究者对于四阶段模型理论的反思与挑战。从本质上来看,四阶段模型是以出行为基本研究对象(trip-based),基于统计分析的结果形成数学公式来描述交通系统的运行规律。

四阶段模型之后,城市交通模型的发展产生了两个新的方向。一个方向认为,以出行为基本研究对象忽视了交通的本质,即交通是一种行为而非目的,个体的活动是存在连续性与内在逻辑关系的,以出行为基本研究对象割裂了这种内在逻辑关系,导致模型在描述交通规律时会形成偏差。如图1-2所示,一个上班族每天早上开车从家到单位,完成一天工作后再驾车由单位至购物中心购物,其后再驾车从购物中心回家。若以四阶段模型理论为基础,这个上班族当天共发生了三次出行,采用的出行方式均为驾驶。在四阶段模型的描述中,这三次出行都是独立的出行。当模型被用于一个关于在居住地和工作地之间公共交通系统提升的项目效果评估时,从模型评估的角度由家和工作地之间的公共交通运输效率获得了提升,导致由家至工作地之间的出行完成方式可能由驾驶转移至公共交通。但是在实际情况中,由于该上班族下班后还需要驾车至购物中心进行购物,而工作地与购物中心之间,购物中心与家之间的公共交通运输效率并没有得到提升,因此很有可能不会改变其从家到工作地采用自驾的方式,最终导致模型的预测产生偏差。基于这一问题,研究者在四阶段模型的基础上提出了基于出行链(tour-based)的模型,即将一天当中所有的出行作为一个完整的整体,从而考虑其产生、分布、方式选择,只有在进行具体分配的阶段才将出行链拆解成单独的出行,并最终分配到交通网络中去。

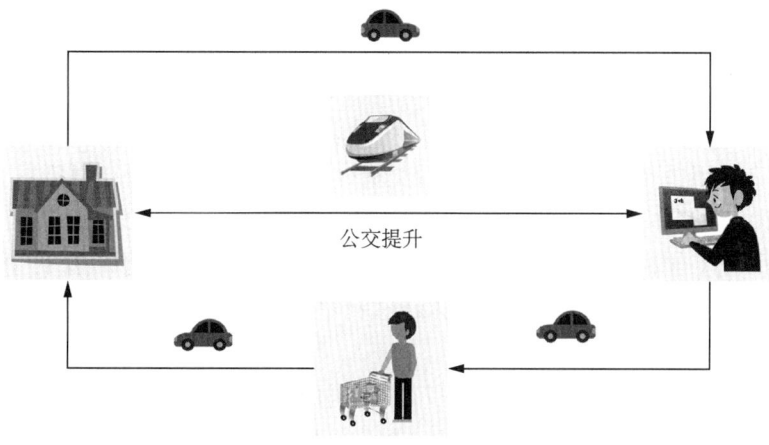

图 1-2 基于出行的四阶段模型的理论缺陷

基于出行链的模型从形式上明确考虑了不同出行段之间的相互影响,解决了以出行为基本研究对象的模型的缺陷。但是,随着交通研究的不断深入,尤其是交通政策逐渐成为交通研究的热点,基于出行链的模型也逐渐表现出适应性不足的弱点,比如基于出行链的模型无法反映在一定条件下对于非刚性出行需求的取舍、对于不同个体之间的互动考虑不足等。归根结底无论是出行模型还是出行链模型,其研究的对象都是出行本身,而出行是个体为了完成一定活动的副产品,即出行不是目的而是为了达成某一活动的附属品,这就衍生出了研究人类活动的基于活动的模型。基于活动的模型认为出行需求本身实际上是由于个体要在特定的时间与空间参与某种活动而引起的。因此,个体的活动特征(包括在家与不在家)将决定其出行特征。比如,一个人在进行网络购物后可能就不再需要专门到附近的购物中心去购物了。而要准确模拟人群的出行需求,就需要关注活动与出行之间的联系,并且了解人群的活动需求。同时,要注意到个体并非孤立的,很多活动都发生在个体之间,有不止一个个体参与,且单独个体的活动经常会受到其他个体的影响。因此,确保个体出行在空间与时间上的连续性是基于活动的模型与基于出行的模型之间的一个显著区别。在基于活动的模型中,所有的活动和出行都是基于时间排序的,一天之中在不同时间段的活动(出行)是与个体特征(如年龄、收入、工作状态等)紧密相关的。在进行一天的活动安排时,首先考虑的是刚性活动需求,其后才会考虑加入其他可能的活动,当一种活动实现以后,有类似需求的活动产生的可能性就会降低。同时,一天之中的活动越来越多,则可供活动的时间就会越来越少,从而也降低了产生其他活动的可能性。

另一个方向认为,四阶段模型中对于交通系统运行状态的描述是基于统计分析的结果,实际上没有两条完全一样的道路,也没有两个驾驶行为完全一样的个体,正是由于忽略了个体间的差异性,导致四阶段模型在进行局部分析时无法得到满意的评估结论。这些想法引发了以单辆机动车为研究对象,通过统计规律来描述单辆机动车在某一具体特征(如速度)上的取值分布,对于某个个体的具体取值则采用概率与随机相结合的形式来确定,通过对研究范围内所有个体的运行特征以及它们之间互动情况的模拟,达到准确描述交通运行状况的目标。这就是微观仿真模型的基本思想。微观仿真模型的理论研究起始于1960年,主要讨论车辆在行驶过程中对于外界影响的反应。1970年,维德曼在其论文中提出了关于交通流仿真较为完整的理论,从心理和物理两个方面来解释交通流的形态,并通过计算机仿真技术对其完成模拟。在其著作中,他明确提出了微观仿真的一个重要理论基础——跟驰模型[6,7]。在这之后又有一些学者加入了交通微观仿真的研究队伍,他们在20世纪70年代末完善了微观仿真模型的另一个重要理论基础——变道模型[8]。这些研究工作在1980年经德国卡尔斯鲁厄大学实验室整合形成了VISSIM仿真软件平台。大约在1990年,由英国和美国一些研究机构开展了类似研究,其研究成果逐渐转化成了Paramics仿真软件平台。

微观模型需要模拟每个交通个体在每个时刻的具体运动状态,同时还要细致地描述交通设施的特征,当研究区域较大时,建立微观模型是一项代价很高的工作。另外,四阶段模型着眼于整体而忽视个体的方式又使得其在某些方面无法有效地对交通系统进行模拟,基于这一情况便产生了一种将整体与个体相结合的建模方式,即逐渐产生了中观模型。随着计算机运算水平的不断增强,使得在较大范围内完成微观仿真逐渐成为可能。同时,动态分配算法也日趋成熟。因此,将基于活动的模型与微观仿真相结合成为目前模型研究的一个热点,尤其是在美国。

交通模型兴起于20世纪50年代,可以说交通模型的发展与现代城市的发展是同步的。20世纪50年代,欧美主要国家均处于战后重建阶段,生产力不断恢复,人口快速增长,城市规模不断扩大,尤其是个体机动化水平不断提升,交通问题也随之日益凸显,这便对城市综合交通运输基础设施提出了更高的要求和挑战。交通基础设施的建设需要巨大的资金投入,并具有不可逆的特点,因此需要预先对设施的规模、布局以及方式进行谨慎的评估。科学化与精细化成为城市交通规划与交通决策的发展方向,交通模型应运而生,诸如四阶段模型、微观模型等指导了大批城市的交通规划和道路及其他设施的设计。随着城市交通的不断发展以及对交通问题研究的日益深入,一方面越来越多的有识之士开始认识到,交通并不仅仅是建设问题,对于城市来说,单纯的建设并不能完全解决交通问题,有时甚至会起到反作用,城市交通需要建管并举;另一方面,随着全球气候变暖等客观环境的变化,交通对生态环境的影响也引起了人们越来越多的重视,交通需求管理逐渐成为先进城市交通研究的新方向,交通模型也从面向建设逐渐地向支持交通政策评估的方向发展。

1.2 交通模型的作用

交通模型是辅助交通项目决策的重要技术手段,任何交通项目决策都需要考虑两个问题:①是否有更好的方式来实现既定目标;②是否有更合理的方案来分配(使用)相关资源。

通常,交通项目从立项到实施需要经历几个主要阶段,如图1-3所示。在决策过程中通常会关心下面五个方面的问题:

(1) 战略层面:本项目是否需要实施,项目实施的目标是什么,项目实施后将可能达成什么样的效果。

(2) 经济层面:项目方案的投入产出关系如何,是否满足了公众利益最大化的原则。

(3) 商务层面:项目方案可以通过合理可行的采购得以实施。

(4) 财务层面:项目方案是财政可负担的。

(5) 管理层面:项目方案是可控的。

战略层面和经济层面的问题需要通过不同程度的模型评估来获得答案。应当注意到,交通项目评估与项目决策之间是有区别的。交通项目评估关注的是方案的制订以及方案实施后可能产生的影响;而项目决策关注的是实际需求,

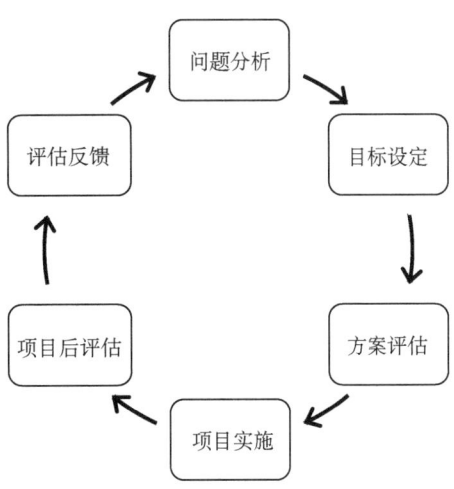

图1-3 交通项目执行一般流程

即需求与方案之间的匹配度以及方案的实施是否能达到预期的效果。交通模型在项目执行过程中扮演的角色作用如图1-4所示。

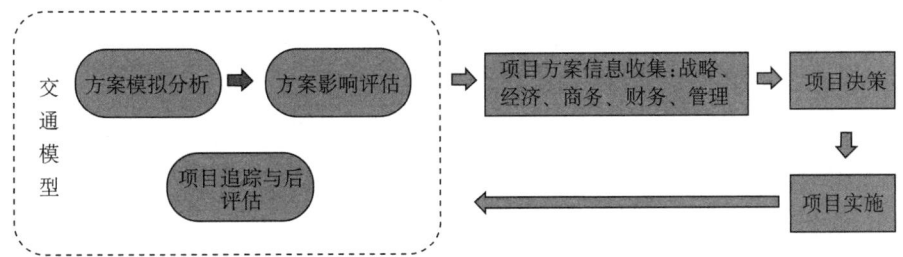

图1-4 交通模型在项目流程中的定位

模型是交通项目评估工作中最主要同时也是最重要的定量分析工具,直接为交通项目评估提供各类数据,这些数据将为最终的项目决策提供支持。交通项目所产生的影响往往是很复杂的,尤其是大型项目,交通条件的改变会直接或间接地影响个体的出行决定,而模型是模拟这些复杂互动关系的工具。从成本收益的角度对大型交通项目所产生的广泛影响

进行评估,通常需要转换成如何估计该项目对于交通出行特征的影响(包括出行起讫点、出行频率、出行距离以及出行方式等),甚至是对社会生活特征(工作、休闲)的影响以及随之而来的对环境的影响。所以,对于大型交通项目的评估往往需要复杂的模型作为支撑。

在城市交通规划、建设、运营、管理的各个环节,交通模型都可以用来对相关方案进行测试与评估,并依据测试结果对方案提出必要的改进与优化建议。交通模型通常有以下一些具体的应用:

(1)预测未来交通状况。交通模型的本质就是对未来尚未发生的交通场景进行预测,这种预测可以是对于短期的交通运行状况的预测,也可以是对于长期的交通发展态势的预测。

(2)提高交通项目决策的合理性。交通模型可以帮助管理者在面对不同的项目方案时做出更合理的选择与决策,尤其是对于复杂的大型项目,或影响广泛的交通政策。通过交通模型的预测和评估,可以帮助决策者了解项目实施后可能带来的各方面的影响。

(3)对于多方案比选进行科学排序。在对不同项目进行评估时,交通模型可以提供一个统一的测试平台,使得不同项目/方案的评估结论更具有可比性,并以此为依据进行优先级排序。

(4)节约项目评估时间与成本。与其他项目评估手段相比,通过交通模型来对项目进行预测评估可以有效缩短项目的评估时间,降低项目评估成本。还可以根据具体的评估结果考虑对于不同方案的优点进行合理组合,并不断支持针对项目方案的改善测评。

(5)减少对于实际交通运行的干扰。通过交通模型进行预测和评估降低了方案现场测试的需求,对于新的交通管控方案通过模型评估来测试其实施效果,可以有效减少现场测试对于实际交通运行造成的干扰。

(6)交通模型可以提供更直观和具有说服力的评估结论。交通模型建模软件通常具有完整的评估指标体系和直观的表达方式,可以通过图、表以及视频等多种方式来阐述评估的结果,提供更直观和具有说服力的评估结论。

(7)与实际交通系统直接对接,跟踪设施的运行情况。随着交通模型功能的不断增强,目前已经出现可以与实际交通系统直接对接的交通模型,一方面通过现场数据对模型的参数进行修正,使得模型的评估结论更准确;另一方面利用模型强大的预测与计算功能,跟踪评估交通系统的运行效率与状况,及时提供优化建议,改善交通运行情况。越来越多的城市智能交通系统已将交通模型作为其评估分析的核心模块。

1.3 交通项目模型评估的一般流程

1.3.1 交通项目模型评估的前提与原则

交通模型的建立以及相关数据的采集是需要投入较多的时间和资源的。因此,交通工程师需要合理考虑项目对于模型的需求以及模型在评估中扮演的角色。在不同的决策阶段都需要数据分析的支持，但是这种分析的详细程度却是不一样的。通常来说，在最初的方案制订和初选阶段，需要比较简化的方式，以确保分析结论在大方向上不会发生偏差；而在详细评估阶段，则需要更详细、更可靠的分析。在开展建模与测试工作之前，需要明确以下一些前提：

（1）对于需要进行测试的方案，其描述应该是明确清晰的。

（2）模拟测试的方案足够支撑相关评估的需要。

（3）应当仔细考虑模型覆盖的范围与数据需求，确保能够满足模型构建和测试的需要。

（4）任何新建的模型与新的数据需求都需要对它们的用途、功能和来源做详细说明，以帮助判别它们是否有助于方案测试。

总的来说，模型考虑两个主要模拟方面分别是交通供给与交通需求。交通供给通常指的是交通网络，可以用来帮助分析交通出行成本（如直接费用支出与间接时间支出），以及分析交通出行的路径或者路线。交通供给应当至少考虑道路网和公交线网，是否需要包括其他方式的出行网络将视项目的具体需求而定。交通需求模拟需要反映在交通条件改变的情况下个体（群体）交通出行特征的变化情况，比如当道路交通日益拥堵，出行者可能考虑改变其出行方式，或者改变其出行目的地，甚至减少出行。模型的使用通常发生在项目评估阶段，而交通模型也与交通项目（方案）评估息息相关。在交通项目评估的过程中应遵循以下一些原则：

（1）任何项目建议都应该有充分的依据，应当建立在对于问题、挑战及需求清晰、准确的分析基础之上。

（2）应当广泛考虑可能的解决方案，而不是提出一个"合理"的方案以及一些作为陪衬的"不合理"的方案。

（3）对于所有的方案评估直至最终的方案选择都应当保留详细的文档记录或报告。

（4）在项目评估的不同阶段应当邀请利益相关团体及公众积极参与其中，以确保他们的意见得到充分的表达。

1.3.2 交通项目模型评估的一般流程

交通项目评估可以分为三个主要阶段：

（1）第一阶段：方案制订。方案制订阶段的主要工作是分析相关问题与需求，明确目标，广泛征集可能的解决方案，并对方案进行初步筛选。

（2）第二阶段：方案详细评估。方案详细评估阶段将对筛选后的方案进行深入评估，为项目决策提供数据支持。评估通常聚焦在方案的实施效果及其可能产生的影响等方面。

（3）第三阶段：方案执行、追踪与后评估。方案执行、追踪与后评估阶段将根据制定的方案来实施项目，并对项目进行追踪与后评估，比较项目实施的实际效果与预测效果之间的差异，并分析导致这种差异的原因。

在项目评估各阶段的具体步骤和内容如下。

1. 第一阶段：方案制订阶段

项目方案制订阶段的工作流程如图1-5所示。

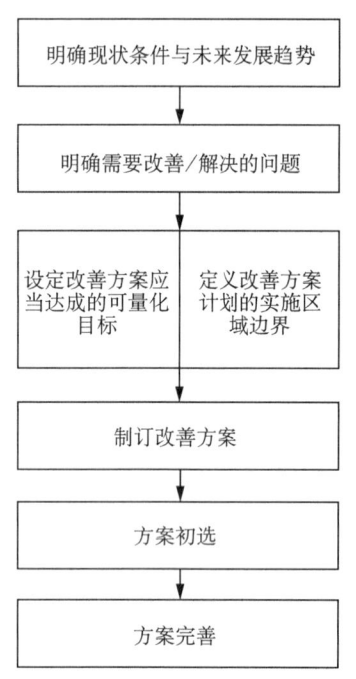

图1-5 项目方案制订阶段总体工作流程

1) 现状分析

（1）现状交通以及其他相关政策分析。从本地、区域以及国家三个层面分析并理解与项目涉及问题相关的交通政策，以及其他领域会对交通系统（需求）产生影响的政策，比如城市用地规划等。对与项目相关的政策进行梳理，作为后续评估分析的参考依据，同时通过对相关政策的解读可以建立本项目的外部政策条件框架，作为项目效果目标等制订的依据。

（2）现状交通需求以及服务水平分析。掌握拟研究区域的现状交通需求、现状交通系统的容量以及服务水平。交通调查是收集相关信息的主要手段，但是交通调查通常需要较大的投入，在本阶段应当尽可能地利用既有数据来降低对交通调查的需求。

（3）目前面临的机会与限制分析。机会与限制来自三个主要方面，包括物理方面（用地、景观、环境）、法律方面以及机制、体制方面。这些机会与限制对方案的比选有着重要影响。尤其是有些条件对于方案可能具有否决权，尽早发现这些条件将有助于降低项目风险、降低评估成本。另外，不应将外部的限制条件等同于制订项目方案的边界，在分析限制条件的同时，应当明确这些限制条件是否可以被克服或打破。

2) 未来基本面分析

（1）未来用地与政策分析。用地与交通是相互影响的，这点已经得到了广泛的共识。一方面，未来的交通需求与分布必然受到未来用地规划的影响；另一方面，交通系统将改变地块的可达性，从而影响地块的使用水平。对于一般的项目评估来说，通常会在宏观层面以一定的用地布局为边界条件，但是在微观层面可能更多地会考虑根据交通可达性条件的改变进行必要与合理的调整，同时，保证这些调整从方法上在不同方案之间具有一致性与连续性。如果项目对于城市的用地格局可能存在重大影响，同时城市建立了用地与交通互动模型，那么可以考虑通过用地与交通互动模型来分析用地与交通之间复杂的互动关系，以及其对未来城市用地格局的影响。

（2）未来交通系统的变化分析。在制订项目方案时，应纳入所有既定的未来交通规划方案，并将其作为未来交通系统的基础。通常交通方案评估至少需要纳入无方案与有方案两种场景。既定交通规划是无方案场景的最主要构成部分，其他还包括社会经济发展的相关预测。

（3）未来交通需求以及服务水平分析。根据无方案场景对未来的基本交通需求以及对应的服务水平进行分析与预测。

3) 问题分析

需求分析是立项的基础与关键,应当从现状与未来两个角度入手,分析城市交通系统面临的问题,并寻找潜在的问题产生的原因。问题分析可以通过四种主要的技术手段(途径)来开展,并且通常会采用多种技术手段相结合的方式:

(1) 基于对研究过程中收集到的数据的分析。

(2) 基于主要利益相关方案的建议及意见。

(3) 基于既有模型预测评估的结论。

(4) 基于对相关指标的横向或纵向比对。

问题分析的结果应当明确问题影响的范围、影响的程度以及问题产生的原因。其中,了解问题产生的原因尤其重要,如此才能制订出有针对性的改善方案,同时可以避免治标不治本的情况发生。另外,在进行问题描述的时候应当尽量采用客观的描述方式,避免对改善方案产生倾向性的引导,限制改善方案制订的思路,比如像"主要交通走廊由于道路通行能力不足导致高峰时段产生明显的交通拥堵情况"这样的描述很容易将改善方案聚焦在道路增容方面。如果从交通需求超出交通系统容量的角度来描述,则可以使更多的改善方案被纳入考虑范围。

4) 明确目标

根据前述的分析与需求提出解决问题应当达成的目标,且项目目标应当与地区(国家)的交通规划(政策)目标保持一致。目标的提出应当体现前期分析得到的相关限制条件及问题产生的原因。在提出明确的目标后,应将信息传递给利益相关方,以便及时得到反馈与意见。目标的制订应当基于"SMART"原则,即明确、可量化、合理、可实现以及有时间约束。在某些情况下,在这个阶段的信息可能不足以制订一个明确量化的目标,这时可以以定性的目标为出发点,或者是以一个区间作为定量的目标,在后续研究不断深入的过程中再对目标进行必要的细化,避免因为过于具体严格的目标而限制相关方案的制订。

5) 定义项目评估需要考虑的地理空间

地理空间应当反映项目影响可能的边界,这应当基于对本地交通出行特征的理解之上。

6) 方案制订

方案制订应当根据设定的目标,尽可能多地考虑达成目标可能的措施,避免从方案制订之初就有明确的倾向性,这会给后续的评估带来不合理的影响。广泛考虑可能的方案是指从交通模式改变、基础设施供给、交通管理政策、收费调节以及减少交通出行需求等不同角度去探讨解决方案。比如对于公共交通改善项目,在考虑轨道交通的同时不应排除改善地面公交通行条件与通行效率的方案;对于道路建设项目,应当考虑结合交通需求管理措施讨论不同等级与规模组合的方案,同时,还应当考虑通过技术与管理的手段提升既有设施的运行效率。方案的产生与征集可以通过下述渠道:

(1) 来自利益相关方、公众、咨询顾问以及邻近区域的管理机构的反馈。

(2) 通过内部的专题讨论会或头脑风暴,尽可能地邀请不同专业的人员参加。

(3) 以前放弃的项目建议。

(4) 相似地区的类似问题的解决方案。

(5) 学术会议、期刊等提出的相关领域的新技术与发展方向。

7) 方案初选

方案初选的目的在于去除那些"无效"的方案以减轻下一步详细评估的工作成本。应考虑淘汰的"无效"方案包括：

(1) 明显无法满足或实现既定目标的方案。

(2) 与地区、区域或国家相关发展目标不一致的方案。

(3) 在当前经济、环境、地理及社会条件下无法达成的方案。

(4) 技术条件不成熟的方案。

(5) 财政无法负担的方案。

(6) 无法获得公众或利益相关方支持的方案。

在方案初选的过程中，也可以考虑对于独自无法达成既定目标的方案进行组合，使得组合方案有可能达成目标，从而产生新的有效方案。在初选过程中将淘汰"不合理"的方案，保留数量有限的待比选方案，对于雷同或同类型的方案宜考虑进行合理合并，待比选的方案应具备各自的特征，以代表解决问题的不同方向。

8) 对初选结果进行进一步的筛选

在初选之后，通常还会有一定数量的待评估方案。如果直接进入详细评估阶段，评估成本会比较高。因此，需要对于潜在可行的方案做进一步筛选，使得目标方案更为集中。而进一步筛选通常采用定性与定量相结合的方式，从与既定目标的吻合度、项目的经济性、对环境的影响、对社会整体及不同阶层的影响、对财政预算的影响、项目的可负担性、可实施性（利益相关方、公众的支持度、相关技术的成熟度以及市场的竞争水平）等多个角度进行考虑。

9) 编写项目初评报告

项目初评报告的作用主要是记录项目产生、方案筛选等工作的过程及结果，应包括以下内容：

(1) 立项的依据，对于面临的问题及挑战的分析，以及对解决措施的需求。

(2) 对于未来不实施项目方案的场景的预测及描述。

(3) 项目的目标及预期达成的效果，注意问题、需求、目标之间逻辑的连贯性。

(4) 利益相关方的参与、建议及反馈。

(5) 方案的制订、初选和筛选的过程、原则及结果。

10) 明确方案模拟及评估的方法

在进入方案详细评估阶段前需要明确具体的方案模拟及评估办法。在项目管理方、研究方以及评估方之间需要就此问题达成一致，并以书面形式记录相关内容，主要包括：

(1) 方案评估应考虑的影响领域。

(2) 方案评估的指标。

(3) 方案模拟与预测的方法。

(4) 模型建立的数据需求与采集手段。

(5) 预测与评估过程中可能存在的不确定因素以及假设。

2. 第二阶段：方案详细评估阶段

对于第一阶段制订并筛选出来的方案进行详细评估，以获得相关决策需要的具体指标。重点在于分析相关方案实施后可能产生的效果及带来的影响。该阶段是整个评估过程中花费时间与精力最多的阶段。在该阶段，相关方案需要进一步深化以支持模型的测试需求。同时，整个评估以定量为主，与第一阶段的初选和筛选相比，该阶段需要更为详细与完整的模型支持。模型在供给端对于交通网络的描述精度需要提升，在需求端需要根据测试指标及影响领域的要求，考虑对需求端采用不同维度进行细分。该阶段的工作包括以下一些具体步骤。

1) 方案详细评估

依据第一阶段协商一致的方法对模型方案进行评估。评估应以无方案场景为基准，与不同方案测试结果一同进行对比。所有测试方案宜采用同样的假设背景条件，如果方案对于背景条件有明显影响的，需项目（管理、设计、评估）各方就背景条件在不同方案中的设定达成一致，且在背景条件设定时不应有倾向性。

2) 利益相关方及公众意见征询

对于评估结果及选定的方案开展意见征询，至少应包括项目实施可能涉及的利益相关方及一般公众。

3) 形成项目评估结论及决策

根据项目评估结果以及利益相关方和公众的意见征集情况形成项目执行决策。

3. 第三阶段：方案实施、追踪与后评估阶段

如果项目详细评估与决策的结论支持项目的实施，则项目方案需要进一步深化以满足实施所需要的深度。

1) 项目的实施

一些大型项目需要较大的实施成本与实施周期，因此应考虑对项目的实施进行合理分期。

2) 项目的追踪与后评估

项目实施后应依据项目方案制订阶段目标以及评估指标来考核项目的实施效果。同时，应当结合项目评估阶段对项目实施情况的预测进行准确性分析，包括预测背景以及预测指标，并对预测方法进行必要的调整与修正，以便为其他项目的相关应用奠定良好的基础。

1.4 对于城市交通模型发展的思考

城市交通问题的"复杂化"和城市交通模型的"多样化"是目前以及今后一段时期内城市交通研究工作的一个发展趋势，二者之间是相辅相成的。城市交通问题的"复杂化"来源于三个主要方面：首先，由于经济的发展使得交通需求日益丰富与多元化；其次，随着科技的进步,交通运输模式也在不断地增加与变化;最后,随着社会对交通问题的重视度和认识度的不断加深,交通受到的干预与影响也越来越多。与此同时,为了更好地研究和描述城市交通问题,交通模型的种类也在不断增加,不同类型模型的建立基础以及适用范围都不尽相同。特别是随着交通大数据时代的来临,城市交通模型无论是从基础数据搜集、参数标定方法、模型功能结构,还是与外部相关的其他信息系统的接口模式等都发生了巨大的变化。如何有效发挥交通模型的作用,更好地服务与解决日益复杂的城市交通问题,有如下一些问题有待回答:

(1) 城市交通模型在今后一段时期内发展的方向是什么?

(2) 如何构建与城市交通发展相适应的交通模型/交通模型体系?

(3) 如何选择与交通问题相适应的模型研究方法?

(4) 不同种类的模型在体系中的定位以及适用范围是什么?

(5) 如何理解模型误差以及如何降低这种误差对于预测结果的影响?

2 城市交通模型分类及适用范围

2.1 国内外城市交通模型的发展与应用情况
2.2 交通模型的分类
2.3 不同类别交通模型的适用范围
2.4 交通模型的发展动向
2.5 交通模型的相关政策规范

2.1 国内外城市交通模型的发展与应用情况

2.1.1 伦敦交通模型发展与应用情况

英国是世界上最重视交通模型应用的国家之一,从国家到地方各个层面都对不同类型的模型应用有着详细的规定。伦敦作为英国的首都,其交通模型无论从模型体系的完整性还是理念的先进性方面都有很多值得借鉴的地方。在伦敦交通局(Transport for London,TfL)关于伦敦交通模型介绍的报告中对于交通建模的目的有如下的阐述:"对于交通系统的改善可以带来广泛的经济、社会以及环境效益,但是在有限的财政投入的背景下如何选择更合适的建设项目有赖于交通模型帮助我们来预测和评估不同项目对于交通的影响。"同时,TfL认为单个模型的设计通常是为了满足一定的研究目的,为了得到关于项目更全面的评估可以考虑对于不同模型的混合使用。伦敦交通模型体系结构如图2-1所示[9]。

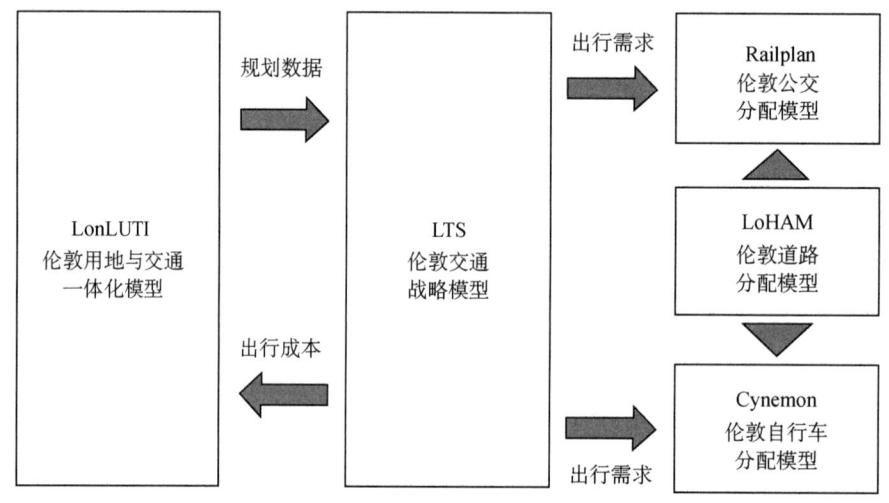

图 2-1 伦敦交通模型体系架构

LonLUTI(London Land Use Transport Interaction)是伦敦用地与交通一体化模型,LTS(London Transport Study)是伦敦交通战略模型,Railplan,LoHAM(London Highway Assignment Model)和Cynemon是伦敦公交、道路与自行车的分配模型。从工作流程上看,自左向右,伦敦用地与交通一体化模型为伦敦交通战略模型提供包括人口、岗位、经济水平等在内的规划数据,伦敦交通战略模型则为伦敦道路与公交的分配模型提供出行需求信息;自右向左依此向上一层次反馈以出行成本为主的运算结果。

LonLUTI模型覆盖伦敦及英国东南部,该模型通过缜密地验算用地与交通系统之间的相互影响关系来分析、预测一定规划背景下的区域人口、岗位分布情况及经济水平。

在这里用地仅指居住与工作,通常用地以建筑面积来描述,需要强调的是,城市用地并不是静止的,而交通系统仅是影响用地的一个因素,除了交通系统以外 LonLUTI 模型还包括其他三个主要子模型(或组件),分别是经济模型、城市模型和移民模型。LonLUTI 模型中的交通模型及城市模型以交通小区为研究单元,覆盖伦敦及英国东南部;经济模型及移民模型以市级行政单位为研究单元,覆盖整个英国。在 LonLUTI 模型中,所有的模块都可以相互影响。交通模型由伦敦交通战略模型承担,研究各类交通出行需求,并预测不同区域之间道路交通与公共交通的出行成本;经济模型预测不同经济领域的增长或衰退情况,经济模型的主要输入信息为运输/交通成本、消费者需求以及商业物业租售价格水平;城市模型预测城市中人口及岗位的分布情况,而人口及岗位的分布受到区域物业供给量、价格水平、环境及可达性等因素的影响;移民模型预测不同区域之间的人口流动情况,人口流动主要受到工作机会、劳动力价格及房屋价格等影响。目前的 LonLUTI 模型基础年为 2011 年,每 5 年有一版预测模型,直至 2041 年,LonLUTI 模型的结构如图 2-2 所示。

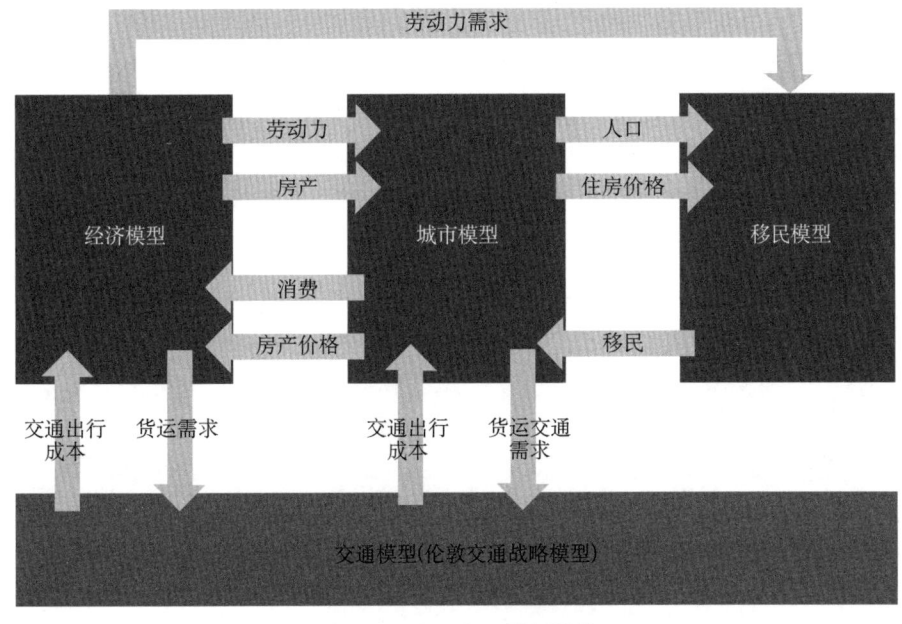

图 2-2 LonLUTI 模型结构

LTS 模型是一个交通战略模型,覆盖伦敦及周边地区。LTS 模型预测在一定的人口、岗位、交通基础设施、交通政策及其他宏观因素背景下居民在伦敦区域的出行情况。LTS 模型是一个多模式的交通战略模型,该模型主要用于预测伦敦市的交通出行需求量、需求的分布情况(OD)以及不同交通系统对于出行的分担情况。LTS 模型从建立之初到现在已有几十年历史,模型的建立遵照了英国交通部颁布的《交通评估导则》(*Traffic Analysis Guidance*),并经过长期大量调查数据的修正。LTS 模型预测的边界条件是伦敦城市人口岗位的布局情况,LTS 模型主要预测以下 5 个战略因素对伦敦市交通出行的影响:①伦敦人口岗位总量及布局;②大型交通基础设施;③交通系统收费政策;

④燃料价格水平;⑤机动车保有水平。

LTS模型模拟一个普通工作日连续24 h的交通需求,预测的年限与LonLUTI一致,以5年为一个时间间隔,从2011年至2041年。LTS模型并不对预测所得的交通量进行分配,具体的分配工作由LoHAM、Railplan及Cynemon来完成。

LoHAM道路交通分配模型。LoHAM模型可以用来预测伦敦市道路网络中的堵点、伦敦市机动车出行总车公里与车小时、主要道路机动车流量及其分布情况以及主要道路的平均车速。这些指标被用来评估重大道路交通基础设施建设、大型居住(商业)用地开发对于道路交通的影响情况。在LoHAM之前,每当有道路交通需求评估时就会开发一个专门的道路交通分配模型,这些模型模拟的年份及对不同区域的模拟精度都有着很大的区别,很难保证模型的一致性与延续性。目前,LoHAM模型一共包括五个子模型,每个子模型都覆盖整个伦敦,但是针对伦敦的某个区域模拟精度更高,分别是中心区(CLoHAM)、东部(ELHAM)、南部(SoLHAM)、西部(WeLHAM)以及北部(NoLHAM),如图2-3所示。LoHAM模型模拟工作日的三个时段,分别是早高峰(08:00—09:00)、日平峰(10:00—16:00)以及晚高峰(17:00—18:00)。其中,日平峰模拟的是10:00—16:00时段内的平均水平。LoHAM模型包含5 600多个交通分区,模拟近24 000个路口及55 000个路段。第一版LoHAM模型建立于2011年,其后又引入了大量的数据对模型进行调整与修正,这些数据主要包括6 500个点位的交通流观测数据、47个不同区域开展的OD问询调查以及179条路线上双向的出行时间调查数据。

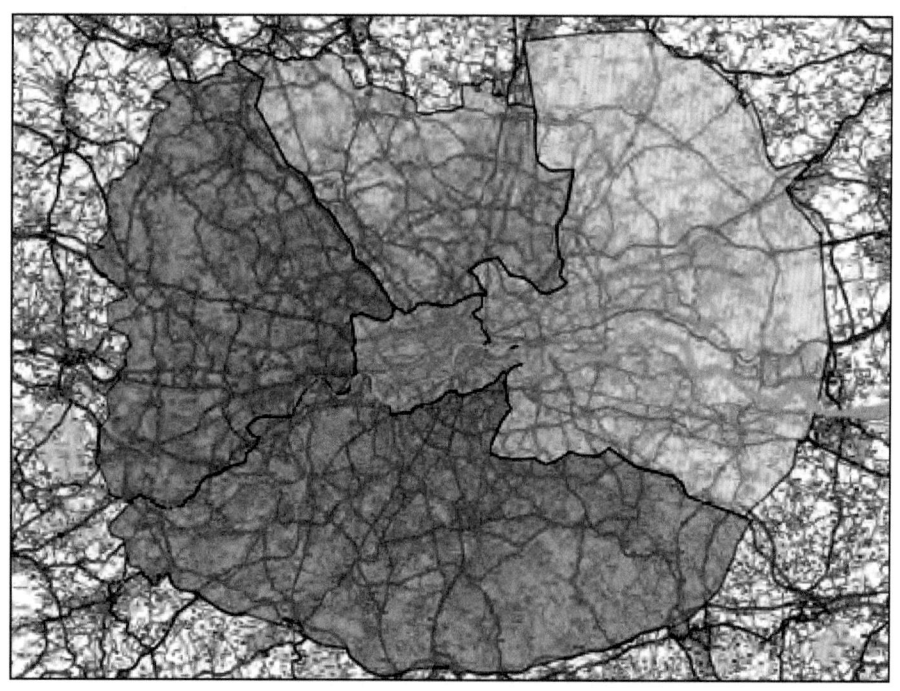

图2-3　LoHAM模型的5个子模型重点描述区域的边界

Railplan 是伦敦公交分配模型,覆盖伦敦及其周边地区。Railplan 模型将 LTS 模型预测所得的出行需求分配到包括铁路、地铁、轻轨、有轨电车及公交等在内的公共交通网络之中。Railplan 的分配基于最优路线,同时考虑了换乘及线路的拥挤程度。Railplan 模型同样考虑工作日的三个主要时段,分别是早高峰(07:00—10:00)、日平峰(10:00—16:00)以及晚高峰(16:00—19:00),且分配时分别采用了三个时段的平均水平。Railplan 模型较为细致地模拟了公交站点的步行衔接系统。Railplan 可以预测站点上下客流量、线路拥挤水平、枢纽换乘客流量以及公交系统乘客总出行里程以及总出行时间。这些指标可以较好地评估、分析和预测包括新增/削减线路、站点、更改服务频次等在内的变化对公共交通系统客流的影响情况。Railplan 模型的基础年为 2011 年,每 5 年有一个预测版本,直至 2041 年。

Cynemon 模型是伦敦自行车出行分配模型,用来预测伦敦市区范围内自行车出行的路径及时间。Cynemon 模型是伦敦综合交通模型体系中新开发的一个模块。为了促进城市交通向更绿色与可持续的方向发展,伦敦持续不断地在改善城市的自行车出行环境,这就要求有更可靠的工具来评估自行车项目的效果,Cynemon 模型的开发正是基于这一需求。该模型的开发使用了居民出行调查数据、路侧观察的自行车流量数据以及手机 App 数据。在自行车路径选择方面考虑了道路的坡度、道路等级、是否有自行车道以及道路整体流量水平等因素。Cynemon 模型同样模拟了三个时段,分别是早高峰(07:00—10:00)、日平峰(10:00—16:00)以及晚高峰(16:00—19:00)。目前公布的 LTS 的信息,各模型(公交、道路、自行车)基础年调整为 2016 年,预测年从 2026 年开始,每隔 5 年为一个预测年份,直到 2041 年。

值得一提的是,英国交通部颁布的《交通评估导则》中对于英国城市交通模型的建立给出了一般性的指导意见,其中对于四阶段模型建议按照交通产生吸引、出行方式选择、交通分布以及交通分配的顺序来组织。因此,伦敦及很多英国其他城市都是根据这一建议来构建其四阶段模型的。在英国的《交通评估导则》中,对于四阶段模型的构建顺序有如下解读,交通产生吸引、出行方式选择、交通分布及交通分配完整地阐述了交通出行的全过程,一方面从交通模拟的角度来看四个阶段的模拟是相对独立的,即任意两个阶段的建模方法之间不存在必然的联系,因此四阶段建模并不存在固定的逻辑顺序;另一方面前一个阶段的建模误差必然会对后一个阶段产生影响,因此在考虑四阶段模型顺序时应当将最稳定的阶段放在最前面,这样的顺序才能有效地减少模型整体模拟误差。从英国历年的交通调查数据来看,个体的出行频次是最稳定的,其次是出行方式,再次是出行目的地,最后才是出行路径/路线。图 2-4 为英国《交通评估导则》建议的四阶段模型架构。

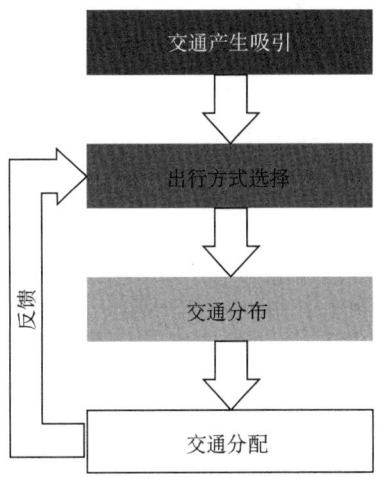

图 2-4 英国《交通评估导则》建议的四阶段模型架构

伦敦交通模型的发展与应用经验给予我们如下启发：首先，在伦敦交通模型体系中明确纳入了交通与用地一体化模型来模拟城市用地与交通之间的互动关系，城市未来的社会经济信息不再是静态的输入条件，通过交通与用地一体化模型可以有效规避不切实际的城市总体规划对城市交通预测的负面影响；其次，伦敦交通模型体系将四阶段模型进行了拆分，将交通产生吸引、交通分布以及出行方式选择组合起来构建了交通战略模型，用于预测交通需求，而将交通分配根据具体的交通系统进行拆分，形成分配模型，为交通模型体系的构建提供了新的思路。

2.1.2 纽约交通模型发展与应用情况

NYBPM(New York Best Practice Model)模型由纽约都市区交通委员会(New York Metropolitan Transportation Council)开发。在20世纪90年代，纽约都市区交通委员会承担了纽约都市圈区域的交通模型开发工作，这项工作的最初目的是满足"冰茶法案"(Intermodal Surface Transportation Efficiency Act，ISTEA)关于地方交通规划中需要提供的模型测试及数据要求。纽约都市区交通委员会制订了详细的模型功能和数据需求，并决定采用基于活动的架构来构建纽约交通模型。NYBPM模型在2001年的TRB(Transport Research Board)大会上第一次面世，模型通过分析不同特征的人群的活动情况来预测他们的出行情况。NYBPM模型采用了很多的创新技术，比如引入了出行链来描述出行，通过微观的方式来进行交通需求的预测，以及正式引入非机动出行作为一种可替代机动化出行的交通方式。图2-5为NYBPM2010模型架构和验证。

当前的纽约交通模型经历了20年不断地完善与修正。第一阶段基于1996年的居民出行调查、道路流量与车速调查以及边界线流量调查数据，这一版本发布于2001年。第二阶段启动于2002年，纽约都市区交通委员会根据最新的道路与公交线网信息对模型的交通基础设施信息进行了修正，并根据最新的交通量数据对模型进行了新一轮的校核，更新后的版本发布于2004年。第三阶段，纽约在2005年启动了新一轮的模型更新工作，这一次更新工作以2000年的人口普查信息与社会经济数据、2005年的核查线交通量数据以及纽约湾区出行调查数据为基础，这一版本发布于2009年。第四阶段，纽约交通模型于2010年进行了系统性的更新工作，将模型中的交通小区调整至与信息普查分区一致，且对交通基础设施网络进行了再次更新，细化了各种出行方式的出行成本，强化了对卡车与厢式货车的模拟，增加了出行时间选择模型，同时改进了出行目的地选择模型，并对模型预测远期年份(2040年)的合理性做了进一步的评估，此次更新工作的成果发布于2015年。第五阶段，根据纽约不同区县(county)对区域内交通需求的预测，对模型做进一步的调整，同时加强关于游客出行需求的模拟[10]。NYBPM模拟区域覆盖了纽约州、新泽西州以及康涅狄格州共28个区县，而研究与校核的重点区域为纽约市，即图2-6中编号1~10的区域。

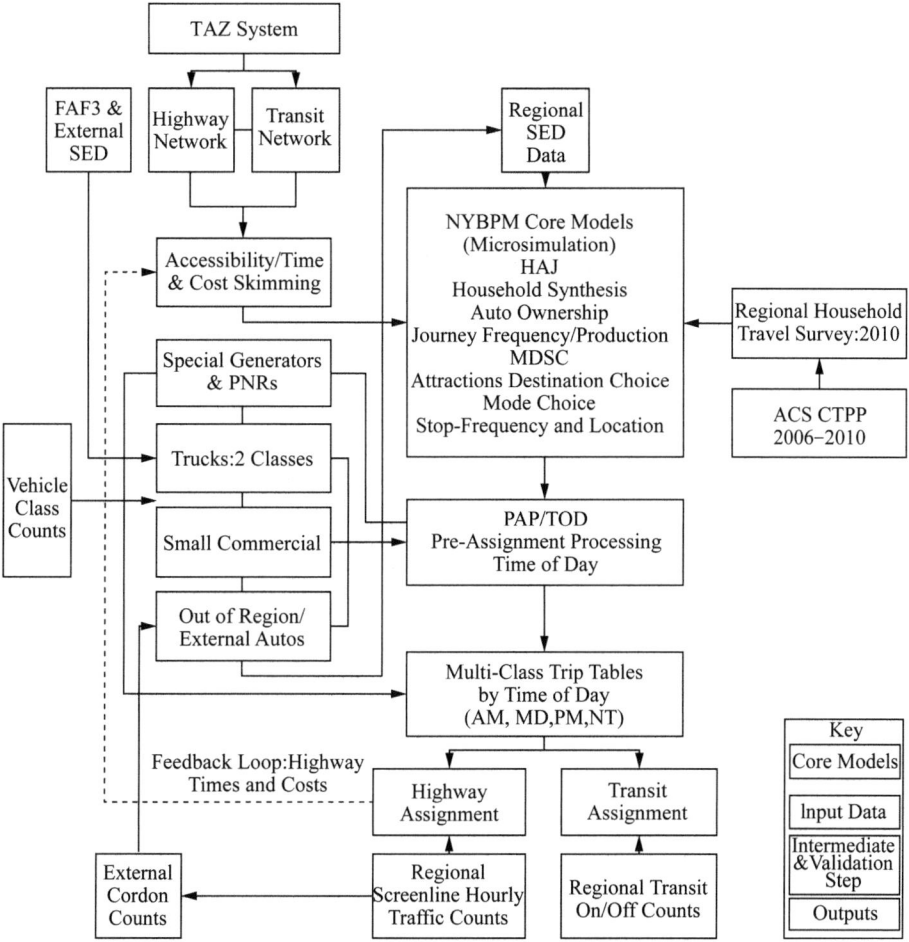

图 2-5 2010NYBPM 模型架构和验证

(图片来源：https://www.nymtc.org/Data-and-Modeling/New-York-Best-Practice-Model-NYBPM/Model-Background.)

图 2-6 NYBPM 模型模拟区域与重点研究区域

NYBPM 模型采用了基于出行链/活动的架构,以家庭/个人为单位,从个体的社会经济属性入手预测其完整的 24 h 出行链,同时在考虑不同家庭成员之间出行的相互关联与影响的基础上预测出行链的中间节点,在基于活动的模型中所有的活动和出行都是基于时间排序的,一天之中在不同的时间段的活动(出行)是与个体的特征紧密相关的,比如年龄、收入、工作状态等。在进行一天的活动安排时首先考虑的是刚性活动需求,其后才会考虑加入其他可能的活动,当一种活动实现以后,有类似需求的活动产生的可能性就会降低,同时当一天之中的活动越来越多,则可供活动的时间就会越来越少,从而也降低了产生其他活动的可能性。与传统的基于出行预测的四阶段模型最本质的区别在于 NYBPM 模型从预测之初就以家庭/个体为对象,强调个体特征,属于微观层面的预测。在对交通基础设施模拟方面,NYBPM 模型采取了与伦敦城市交通模型截然不同的路线,在伦敦交通模型中将道路网络、公交网络以及自行车网络分别根据各自的特征进行建模,而 NYBPM 模型则力求将多种交通模式通过统一的网络来描述。

在计算流程上,NYBPM 模型首先根据纽约市的社会经济数据和城市用地数据来预测城市中各类家庭/人口/岗位等在城市中的分布情况,NYBPM 模型模拟了约 800 万个家庭,这些家庭与个体就是 NYBPM 模型计算的基础底层数据。其次,根据家庭的经济水平、人口结构来预测家庭的机动车拥有水平。然后,预测家庭各成员普通工作日连续 24 h 的出行链;并根据个体的社会属性预测其出行链的中途节点以及出行可能发生的时间与方式。在完成上述预测工作后，NYBPM 模型根据模拟的时间段以交通小区为单位将各类出行按照交通方式进行归并，并将出行最终分配到交通网络中去。NYBPM 包括 4 643 个交通小区、8 种主要出行目的、11 种主要出行模式和 4 个出行时段。NYBPM 模型的主要预测结果包括各类交通方式的出行量、出行里程量、出行时间、主要交通走廊的车行交通流量、饱和水平以及行驶速度等[11]。

2.1.3 北京交通模型发展与应用情况

1992 年，在英国海外发展署的资助下，MVA 亚洲咨询公司与北京市城市规划设计研究院合作开展了"北京交通规划研究"项目，通过该项目为北京市建立了第一个城市交通规划模型。这是一个结构相对简单的"传统四阶段模型"，主要特点：一是不同方式、不同目的的出行量由出行生成模型确定；二是仅仅在公共汽车与地铁之间进行方式划分。图 2-7 为 1992 年的北京交通规划模型结构。

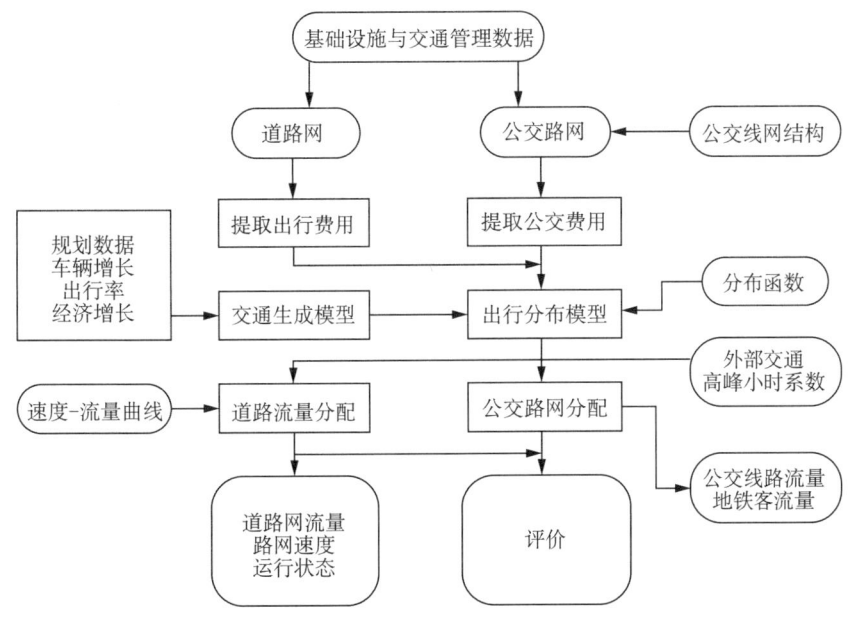

图 2-7 北京交通规划模型结构(1992 年)

其后，为了评估北京市交通战略发展方向，支持北京城市轨道交通线网规划等工作，北京交通规划模型分别在 1995 年与 2001 年进行了两次更新，成了标准的四阶段模型，即包括交通产生吸引、交通分布、方式选择与交通分配四个阶段，而这四阶段之间环环相扣，相互依赖。2005 年，在"北京市中心城控制性详细规划"项目中，北京市城市规划设计研究院开始尝试利用交通规划模型实现城市土地与交通协调发展规划方案的评价与分析工作。其工作思路是：采用土地开发强度与交通容量空间分布的"静态"对比和宏观交通规划模型的"动态"测算相结合的方法研究土地与交通的关系，其目的是以城市客运交通设施的承载力为基础，以城市客运交通系统的承载力测算城市各类土地在空间分布上的能够接受的开发量,根据二者之间的对比关系,推算城市合理的土地开发强度[12]。

随着北京城市交通问题日益凸显,相应的各项交通战略规划以及缓解交通拥堵的措施都需要进行量化研究,既要分析道路设施规划和交通政策指引,也要指导微观的交通组织优化,完善交叉口设计。原有的交通模型很难满足实际工作的需求。这是因为原有的交通模型以城市社会经济数据与用地数据为基础,基于统计原理分析道路交通的流量-速度关系,以及个体在出行方式、出行路径与线路方面的选择问题。但是,城市中没有两条完全一样的道路,也不存在两个出行行为完全相同的个体,统计层面的规律在指导分析细部交通问题时往往显得力不从心。然而,对于交通政策的影响往往跟个体的特征有着直接的关系,这种关系在既有的交通模型中通常难以体现。为了克服上述问题,同时增进模型的功能,提高模型的精度,2004年北京交通发展研究中心组织国内外专家开了两次国际研讨会,最终确定了四层次综合交通模型体系。该四层次模型采用共同的基础数据平台,紧密衔接,逐步细化,从宏观层面的战略规划到微观层面的交通组织设计都可提供强有力的定量分析。北京市交通模型体系依据空间区域划分,以宏观、中观、微观模型为原型构建了四层次架构,即市域交通模型、市区交通模型、区域交通模型、微观仿真模型[13]。四层次的模型架构基于统一的GIS数据平台,具有广泛的数据接口。图2-8为北京交通模型总体框架。

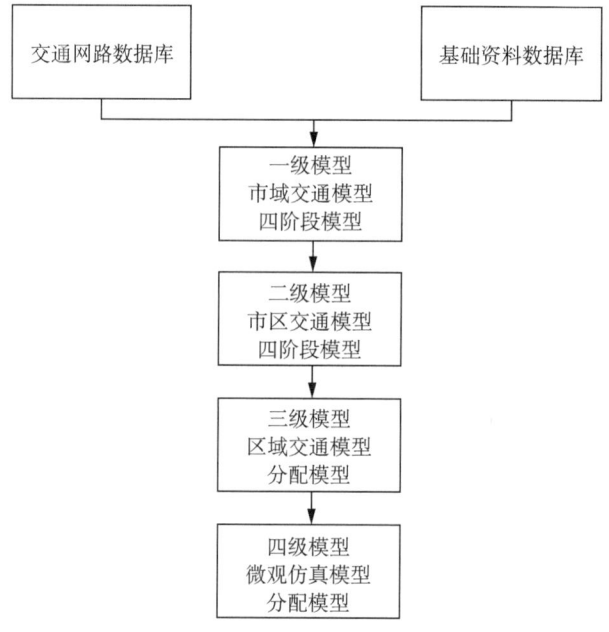

图2-8　北京交通模型总体框架

(1) 市域交通模型用于分析北京市域内各行政区域之间以及新城与中心城之间的交通需求与供给情况。

(2) 市区交通模型是在市域交通模型的基础上细化交通小区、道路网络和公交网络系统,重点研究中心城的交通需求。

(3) 区域交通模型的研究对象为市区内的特定区域,其中的交通分区和网络更为详细。区域交通模型主要用于区域交通组织和评价、区域土地开发规模控制、临时交通管制、停车分析、公交换乘分析、局部线路优化等研究。

(4) 微观仿真模型以车辆、自行车、行人为研究对象,集成信号配时、检测器等交通管理与控制信息,用于交通组织分析、ITS应用效果评价、信号配时优化、交通设施改造方案评价和交通安全分析等。

同时,为了更好地分析交通政策的实施效果,北京市开始尝试构建基于出行行为理论的交通规划模型。北京四层次交通模型的性质以及功能如表2-1所列。

表2-1 北京四层次交通模型的性质及功能

性质	模型			
	市域模型	市区模型	区域模型	仿真模型
范围	市域范围	六环以内	特定区域	局部地区
定位	四阶段模型	四阶段模型/Activity模型①	分配模型	分配模型
标定	标定和校核	标定和校核	上一级参数	上一级参数
小区	街道办和乡镇	用地性质分区	街区	交叉口之间
路网	干道以上	包括主要支路	支路以上	胡同以上
数据	居民出行数据等	居民出行数据等	道路交通流量	信号数据、交通流
更新	基于OD调查	基于OD调查	针对项目	针对项目
功能	中心城和新城之间、新城与新城之间的出行需求,交通与土地使用相互作用,战略交通规划方案评价	宏观方面,中心城内部各方式的交通需求,市区路网规划、交通政策评估等	中观层面,控制区域土地开发规模、区域交通组织优化等	微观层面,交通流分析、信号优化、行人、自行车仿真等

注:① 市区交通模型原结构为四阶段模型,目前正在向Activity模型转化发展,尚在调整过程中,目前我国主要城市交通规划模型尚没有完全基于Activity的模型。

北京城市交通模型发展与应用经验借鉴:城市交通问题涉及规划、设计、运营与管理等多个方面,不同的问题需要采用不同的技术手段(模型)来支撑,没有一个单独的模型可以适应或解决所有的交通问题,因此需要构筑城市综合交通模型体系来全方位地支撑城市交通相关工作。另外,应用需求与模型的技术选型往往不是一一对应的关系,复杂的项目往往需要多个层次的模型来支撑。

2.1.4 上海交通模型发展与应用情况

上海交通模型创建于20世纪80年代初,30多年来上海交通模型一直保持着与城市交通同步发展,先后经历了四个阶段:市区公交模型、城区交通模型、市域交通模型和综合

交通模型体系。其中,第四阶段是上海市综合交通模型体系建设阶段,以应对新的交通研究需求,主要体现在以下四个方面:

(1) 适应城市化和机动化快速发展时期的交通特征巨变。
(2) 面向交通规划、建设和管理的综合性交通决策要求。
(3) 服务上海世博会、虹桥枢纽等热点研究。
(4) 跟踪国际动向、提升技术水平。

上海综合交通体系建设的总体目标是面向上海这座国际特大城市的交通规划、建设和运行等顶层决策和综合管理要求,将既有市域交通模型改、扩建为上海综合交通模型体系,从而覆盖公共交通、道路交通、对外交通三大交通系统,具有交通模拟、预测和预报三大功能,建立模型决策支持平台。在功能上,从交通模拟、预测拓展到预报;在空间上,从中心城拓展到郊区新城和大区域;在层面上,从宏观层面(全市1 000个交通小区)拓展到中观层面(全市2 500个交通小区);在系统上,从轨道、地面公交和道路拓展到虹桥枢纽、大区域公铁、城际交通等5大系统;在时段上从全天、白天为主拓展到高峰时段。上海综合交通模型体系在主体功能上包括交通模拟、预测和预报三大功能。其中,交通模拟、交通预测功能是在既有基础上进行系统改进,而交通预报功能则是新开发的功能。

交通模拟包括全网交通流全天(白天)均态模拟、一级骨干子网交通流高峰模拟和重点加强骨干子网交通流高峰动态模拟。交通模拟主要包括两个方面:①轨道交通高峰模拟,专门开发高峰时段拥挤状态下轨道客流模拟、成因分析和运营组织方案评价等功能;②快速干道高峰模拟,专门开发高峰时段车流动态模拟、拥堵成因分析和管理方案评价等功能。

在交通预测功能上,从空间范围、社会经济、土地利用、交通政策和交通设施入手,改进和开发模型相关技术,以便更好地适应城市化和机动化快速发展时期的城市交通特征。在空间范围方面,从既有的中心城范围为主向郊区新城、大区域(长江三角洲地区)拓展;在社会经济方面,在以经济、人口增长带动交通需求的基础上,加强能源、环境变化对交通需求影响的分析能力;在土地利用方面,从用地开发导致交通需求增长的单向研究转变为互动双向研究;在交通政策方面,加强小汽车发展、公交票价、停车、道路通行收费等政策评价能力;在交通设施方面,加强交通枢纽、停车换乘等设施的交通研究能力。

交通预报功能主要为针对轨道交通、快速干道两大骨干系统的交通流预报。轨道交通客流预报,主要基于轨道闸机、公交卡等客流历史统计数据来预报下一周(月)的客流变化趋势;快速干道车流预报,主要基于高架线圈、收费口等车流历史统计数据来预报下一周(月)的车流变化趋势。

上海综合交通模型体系架构由四个基础系统模型构成,分别是交通出行需求模型、公共交通系统模型、道路交通系统模型和对外交通系统模型。此外,基于这四个系统模型还进一步开发了若干专项模型,包括世博交通系统模型、虹桥枢纽交通模型、南桥新城交通模型等。上海综合交通模型体系主体架构如图2-9所示。

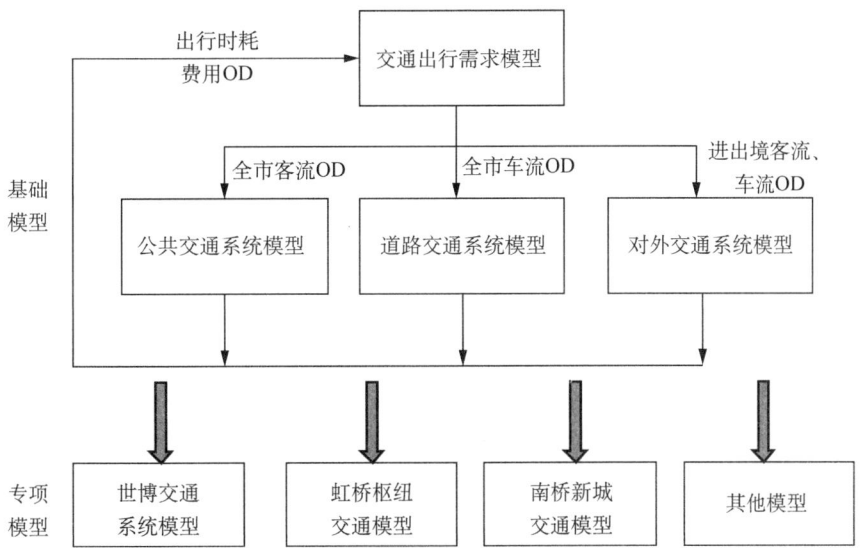

图 2-9 上海综合交通模型体系主体结构

　　交通出行需求模型是上海综合交通模型体系中最核心的系统模型。它主要用于分析和预测人员和车辆的出行需求特征，包括出行产生吸引、空间分布、方式结构等。它主要的输入为各类人口岗位表，输出为客流、车流的 OD 表。公共交通、道路交通系统模型主要将客流、车流的 OD 表分配至轨道及公交线网、路网上，生成线路客流量和道路车流量以及出行时耗、费用等。对外交通系统模型主要研究上海对外交通的方向性和市内交通的集散特征，包括上海至周边省市城际交通的大区域交通，以及对外交通枢纽客流市内交通集散特征等。

　　上海综合交通模型体系细化结构如图 2-10 所示。交通出行需求模型包括 8 个子模型，分别是出行生成模型、步行方式划分模型、出行分布模型、方式选择模型、货车出行需求模型、轨道出行方式链模型、私人小客车总量及分布模型和用地与交通需求关系模型。其中，出行生成模型是用于研究人员出行产生、吸引总量及空间分布的交通模型。步行方式划分模型是用于研究人员出行选择步行方式概率的交通模型。出行分布模型是用于研究人员出行选择各种交通工具概率的交通模型。方式选择模型是用于研究人员出行选择各类交通工具概率的交通模型。货车出行需求模型是用于研究货运车辆出行需求特征的交通模型。轨道出行方式链模型是用于研究以轨道交通为主要方式，并采用其他方式接驳的多方式组合出行的交通模型。私人小客车总量及分布模型是用于研究私人小客车车辆数发展规模以及夜间停放空间分布的模型。用地与需求关系模型是用于研究用地开发与交通需求增长互动关系的模型。

　　公共交通系统模型包括 3 个子模型，分别是公交线网客流分配模型、轨道高峰客流拥挤分配模型和公交线网客流预报模型。其中，公交线网客流分配模型是用于研究轨道交通及地面公交线网全天客流的线路分布特征及线网服务水平的交通模型。轨道高峰客流拥挤分配模型是用于研究早高峰时段轨道交通客流在拥挤状态下的线路分布特征及线网

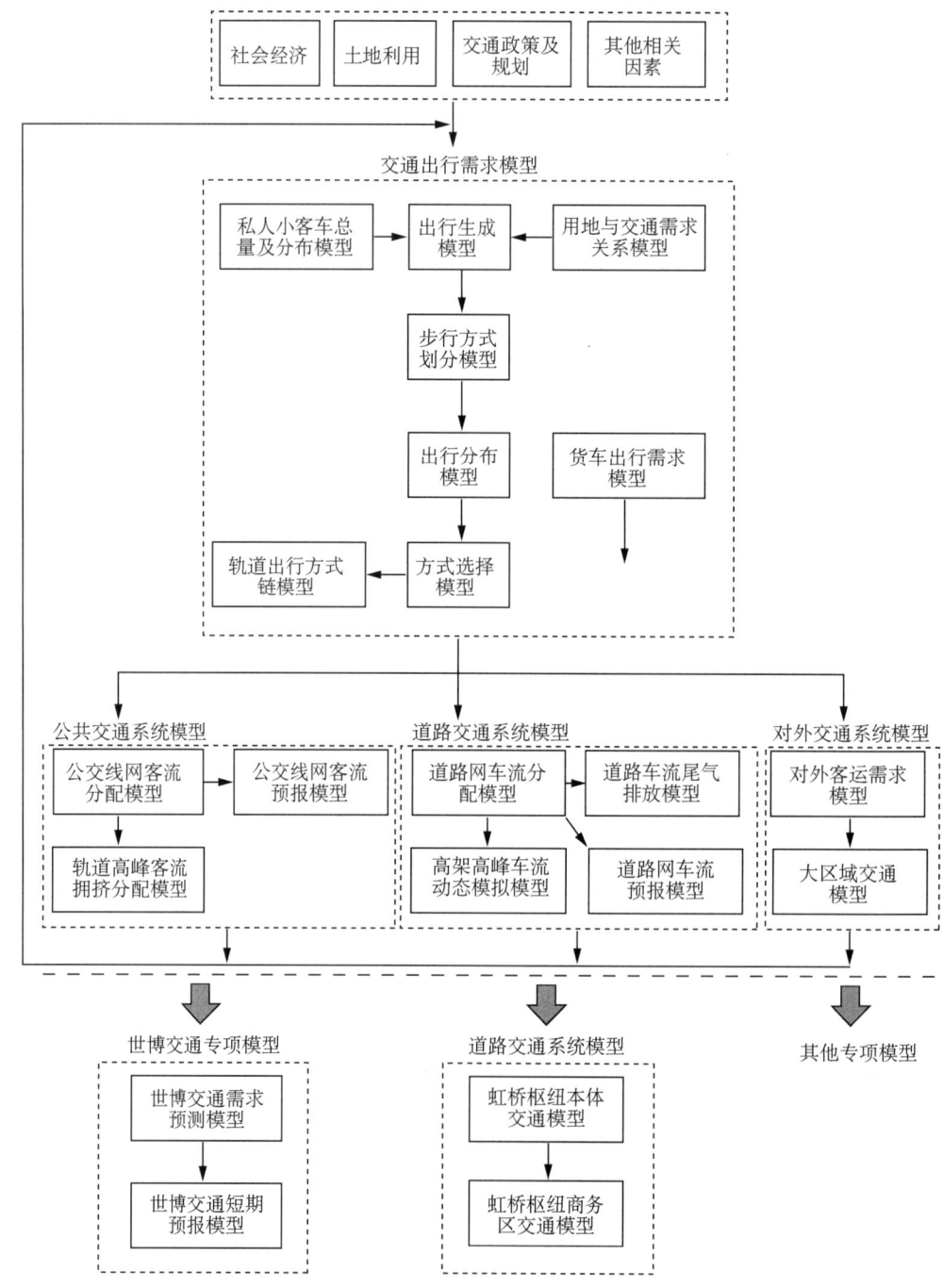

图 2-10　上海综合交通模型体系子模型结构

服务水平的交通模型。公交线网客流预报模型是用于预报下一周（月、季度）等短期公交线网客流变动趋势的交通模型。

道路交通系统模型包括 4 个子模型，分别是道路网车流分配模型、高架高峰车流动态模拟模型、道路车流尾气排放模型和道路网车流预报模型。其中，道路网车流分配模型是用于研究道路网白天机动车流的路段分布特征及道路运行水平的交通模型；高架高峰车流动态模拟模型是用于研究高架路网高峰时段机动车流实时变化特征的交通模型，包括车流量、车速、排队长度等；道路车流尾气排放模型是用于研究道路网机动车流的尾气排放情况的交通模型；道路网车流预报模型是用于预报下一周（月、季度）等短期快速干道网车流变化趋势的交通模型。

对外交通系统模型包括2个子模型，分别是对外客运需求模型和大区域交通模型。对外客运需求模型是用于研究上海对外客运枢纽和市境公路道口的出入客流、客车特征的交通模型。大区域交通模型是用于研究以上海为中心，半径150 km范围内的上海与其他城市之间的城际交通出行特征的交通模型。

上海城市交通模型发展与应用经验借鉴：城市交通是一个综合性的问题，对于城市交通的研究需要从空间、系统以及时间三个维度来定义其边界。不同的空间尺度、不同的交通系统以及不同的研究年限往往对于研究方法、评估指标、预测精度都有不同的要求，从而最终影响到交通模型的选择。四阶段模型并非一个密不可分的整体，就四阶段模型预测的结果来看，至少包括两个层面的内容：一个是交通需求层面，包括交通量、交通分布以及交通模式；另一个是交通分配层面，主要是对于交通路径/路线的选择。

2.2 交通模型的分类

交通模型是对于通过一定的流程和计算来对交通运行情况或交通系统进行分析评估的方法的统称。自20世纪50年代以来，随着城市化进程的不断深入，如何在有限的城市空间内满足日益增长的城市功能需求成了一大挑战。就城市交通问题而言，一方面交通基础设施的建设速度似乎永远难以匹配城市机动化出行增长的速度，随之而来的是城市交通拥堵加剧，城市生产成本增加，城市环境品质降低；另一方面，交通基础设施的建设、运营与维护成本不断增长，要求城市规划、建设与管理部门更加科学、高效地制订城市交通改善计划。

交通模型通常被用来预测未来的交通需求、评估不同交通项目对于交通可能的改善情况、改善交通设计方案、评估系统运行效率，并最终帮助决策者做出更合理的判断。交通项目种类繁多，项目的规模、复杂程度、影响范围也不尽相同，在不同的项目执行阶段对于评估的要求也有不同的侧重。比如，城市公共交通系统规划方案的评估是希望了解未来一定时期内在规划方案实施的情况下，城市公共交通系统的竞争力，具体的评估指标可能包括城市公共交通分担比例、总体客流规模、主要客流走廊客流水平、公交运行速度、线路饱和水平、换乘比例、总体公共交通载客里程、公共交通载客时间、公交可达性等。对于具体某条公交线路开通/调整/取消的方案评估重点在于线路开通/调整后线路的客流量，或线路取消后客流的转移情况，高峰时段线路的饱和水平，高饱和区段分布情况，站点上下客量，公交行程时间等。对于公交线路运行情况的评估重点在于公交行驶过程中在各站点、交通节点的延误情况，以及在各段道路上的行驶速度等。针对各具体项目的不同评估需求,往往要采用不同的技术方法,从而形成不同的交通模型。根据模型构建的技术方法来划分,目前与交通相关的模型包括以下一些主要形式。

(1) 简易模型。顾名思义简易模型是一种简化的模型,通常在项目初步研究阶段使用,为相关研究提供粗略的估算。这类模型通常形式非常简单,测算的结果通常只在数量级上具有参考意义,与此同时这样的模型也只需很低的构建成本,可以帮助项目研究人员在项目初始阶段判别研究的大致方向或规模。比如通过时间序列法来对城市的机动车保有规模进行估计就是一种常见的简易模型应用案例,在一定时期内可以预测城市机动车总量的规模,所需要的建模数据也比较简单,通常是近5~10年的城市机动车保有量统计数据。由于模型没有考虑机动车保有量与城市规模、社会经济水平以及产业之间的关系,因此无法对分类别的机动车规模进行进一步的测算,同时对于机动车保有量的增长速度的预测误差通常也会随着预测年限的增加而放大。但是,简易模型预测法对于较短的一段时期内机动车保有量的变化情况依然可能获得较好的预测结果,并为相关项目提供支持,比如在考虑近期城市需要增加的停车位供给量等方面。

(2) 节点模型。节点模型多用于分析评估局部路段及交叉口的通行能力与服务水平,辅助道路/节点的交通设计,同时优化信控交叉口的配时方案。节点模型多基于统计分析,采用静态、闭环的数学公式形式,整个计算流程通常不存在循环迭代的过程。节点模型的计算是针对一段时间内交通运行的平均状态,在输入与模型计算参数固定的情况下,计算的输出结果不会发生变化。典型的节点模型应用包括基于HCM(Highway Capacity Manual)的各种路段通行能力分析工具,可以计算路段的服务水平、车流密度、速度及延误等指标,还有节点信号优化工具Synchro,以及英国TRL(Transport Research Laboratory)基于道路通行能力研究报告开发的一系列节点评估与辅助设计软件 Picady(让行节点辅助设计工具)、Arcady(转盘辅助设计工具)和 Transyt(信控节点辅助设计工具)[14]。

(3) 需求模型。需求模型多用于预测区域的交通出行需求、出行分布、出行方式、出行时间以及出行路径等。需求模型是综合性的模型,根据现状区域交通出行特征,结合未来区域社会经济数据来预测区域未来的交通出行需求。需求模型通常由一系列数学公式组成,来模拟交通出行的各个方面。这些数学公式存在多种可选的形式,需要根据区域实际交通特征来确定,模型计算的过程需要经过循环迭代以达到一个稳定的状态,这个稳定的状态是以相关指标前后两次迭代的变化幅度来判定的,因此从严格意义上来说,需求模型并不存在一个固定唯一的答案。交通需求模型通常是针对一个较大的范围,这个边界的范围取决于交通需求模型预测的对象,希望尽可能多的将所要研究的交通出行需求的起讫点都包含在这个范围内。因此,常见的以居民出行为主要研究对象的交通需求模型多以城市为基本构筑单位。

(4) 宏观模型。宏观模型构建的基础是基于统计分析的交通流量、流速以及车辆密度之间的关系,多用于对路网交通流量的预测与分析。在宏观模型中是将交通流作为一个整体来进行模拟的,而非针对单独的车辆,在模拟的时间跨度上通常以1 h作为基本的研究单位。传统的四阶段模型实际就是需求模型与宏观模型的组合。宏观模型可以分析一定区域范围内交通流量在网络中的分布情况,来辅助判断区域的堵点、交通设施供给和需求之间的匹配程度等问题。严格来说,在现实世界中没有两个路口或两条道路是完全一样的,而宏观模型是基于统计学理论建立的模型,对于路段/节点的个性化特征很难进行准确的描述,因此无法对于设计层面的交通改善方案进行有效的评估。值得一提的是,交通需求模型与宏观模型通常以组合的形式出现,四阶段模型就是典型的需求模型与宏观模型的组合。因为需求模型要通过宏观模型将交通需求分配到交通网络中去,从而得到交通出行成本,并通过多次迭代的方式计算交通需求,而宏观模型分配的交通量,尤其是对于大区域的交通量通常来自需求模型,因此宏观模型逐渐成为需求模型与宏观模型组合的统称,本书的其余部分将延续这一惯例。

(5)微观模型。微观模型模拟每辆车在交通网络中的运动情况,微观模型的两大基础理论是车辆跟驰与车辆变道。在微观模型中车辆以总量控制、时间随机的方式加载到道路网络中,当车辆加载到网络中后模型将给车辆分配目标终点,车辆类型以及驾驶特征等初始参数,然后在模型运算过程中会根据车辆所在位置、当前的行驶状态、车辆周边交通情况、车辆的行驶路径需求、车辆自身的驾驶习惯特征等一系列因素计算车辆的速度、加速度以及决定车辆是否变道等,计算的时间间隔通常小于1 s。微观模型以单个车辆为基础计算单元,考虑车辆与周边环境及其他车辆之间的互动,可以更细致地描述交通系统与交通环境,因此通常用于对交通运行情况的模拟与评估。与宏观模型相比,微观模型需要更多的建模数据,同时模型的运算量也更大,因此微观模型模拟区域通常是有限的。

(6)中观模型。宏观模型对于局部的交通系统模拟精度有限,而微观模型对于输入数据及计算能力都有较高的要求,在建模范围方面受到了限制。由此产生了将宏观模型与微观模型的特征相结合的建模方法,这就产生了中观模型。目前,中观模型理论框架与宏观模型基于流密速关系的理论和微观模型基于车流仿真的理论有何异同,在业内尚未统一明确[15]。通常认为,在中观模型中以个体车辆作为模拟的基本单元,但是车辆的行驶特征则由车辆所在的交通流队列决定,即基于宏观流密速规律取队列的平均速度。中观模型在节点延误的模拟上可以取得更可靠的结果,模型也更容易满足稳定收敛条件,同时降低了计算的复杂程度,因此在片区级的交通建模方面取得了较多的应用[16]。但是由于中观模型忽略了个体车辆的行驶特征,因此对于交通运行层面的评估精度低于微观模型。

(7)用地与交通一体化模型。用地与交通一体化模型是专门用来模拟城市经济发展、城市交通系统以及城市用地发展之间复杂互动关系的模型。这种模型基于经济规律来模拟预测不同的交通设施供给水平条件下城市居住人口及岗位可能的分布情况。用地与交通一体化模型没有固定的模型架构,常见的模拟因素包括五个主要方面,分别是社会经济水平状况、房地产市场状况、劳动力市场状况、就业市场状况以及交通设施水平。应当说,用地与交通一体化模型考虑的影响因素远远超出了传统交通模型的范畴,同时,其评估的重点更多的是在于对城市经济形态的影响。因此,在进行常规的交通项目方案评估时通常并不建议引入用地与交通一体化模型,该类模型主要是作为一种顶层设计,被应用在城市总体规划编制与评估之中。

2.3 不同类别交通模型的适用范围

交通模型是多种基于软件的交通分析方法与流程的统称，可以用来对不同的交通场景及情况进行分析，并为相关决策提供数据支撑。正如本书2.2节提到的不同的交通模型往往有不同的理论基础，因此各种交通模型也有不同的适用范围。目前，国内在针对不同交通模型的适用性方面还存在一些明显的认知误区。

以国内各个城市广泛开展的交通影响评价(以下简称"交评")工作为例，影响程度大多通过四阶段模型来评估，实际上是非常不合适的。四阶段模型作为需求模型与宏观模型的结合，其重点在于预测交通需求水平，包括交通产生吸引量、交通分布情况以及交通方式的选择情况，同时通过分配算法预测交通出行可能的到发路径/路线。在四阶段模型中可以对道路饱和水平进行一定的分析，但是这种分析并不适合用来做交通影响评价的参考。在交通产生吸引量的测算方面，交通影响评价都是通过相关规范中各类用地的出行率来进行预测的，本身并没有问题，但是出行率手册中对于出行的描述是基于到达和离开的，跟严格意义上的交通产生与吸引并不是同一个概念。比如，对于住宅来说，无论居住人是离开住地还是到达住地，从交通产生吸引的角度对于居住地来说都属于交通产生量。对交通需求模型的基本概念有兴趣的读者可以参考文献[17]。在交通分布预测方面，多数评价项目都位于城市内，评价范围按照项目体量的不同多为相邻干道/快速路围合的区域。以一般城市的干道分布间隔为参照，评价范围的尺度是远小于城市居民出行距离的。以大城市为例，《城市道路交通规划设计规范》(GB 50220—95)要求主干路网密度达到$0.8 \sim 1.2 \text{ km/km}^2$，可以粗略地认为主干道围合的区域面积平均为$2 \text{ km}^2$，而大城市的居民平均出行距离通常为$5 \sim 10 \text{ km}$，远超交通影响评价范围。换句话说，项目地块的多数到发交通，其出行的另一端并不在影响评价范围内，而通过四阶段模型在限定的影响评价范围内计算其出行分布显然是没有意义的。当然，大多数的交评模型会通过虚拟的外部/端点交通小区来解决这一问题，但是对于虚拟的外部/端点交通小区覆盖的范围以及涵盖的人口岗位数量通常不做说明。实际上，在交评的研究时限与研究尺度上也很难对虚拟的外部/端点小区覆盖范围做出准确、合理的估计。而作为交评中最重要的影响程度方面的评价，四阶段模型中对于道路通行能力的估值来自统计结果，作为对于一个城市各类道路平均通行能力的描述是合理的，但是对应到具体道路其适用性就需要确认了。因为每条道路的几何参数、交通流结构、路侧其他交通设施的布置情况以及节点的交通控制方案都是不同的，且这些因素对于道路通行能力都有显著的影响，而这些因素恰恰是在四阶段模型中无法被有效模拟与评估的因素。对于交通影响评价而言，适宜的技术手段应当考虑根据出行率手册测算项目的到发交通需求，根据评价范围内的实际道路交通流量及流向估计项目产生吸引交通的来向，并通过微观仿真模型的技术手段来评价项目建设对于局部路网的影响程度，对于重要的交通节点可以构建节点模型来测试不同的节点方案，并优化信号配时。

交通模型被广泛应用于交通规划、设计、建设及运营等不同阶段,用于评估方案的实施效果,模拟交通系统的运行情况,优化交通系统的运营管理。但是,每种模型都有其适用的评估范围,不同的项目阶段对于定量评估有着各自的要求,因此需要不同的模型评估手段来支持。在进行模型选择时应当结合项目实际需求考虑以下五方面:

(1) 交通模型应当与所研究的物理空间范围及重点相适应,参考《美国道路通行能力手册》(*Highway Capacity Manual*)从空间上划分研究范围,从小到大包括节点、单一道路、交通走廊及交通网络[18]。

(2) 交通模型应当与项目关注的交通模式相适应,常见的交通模式包括机动车、常规公交、轨道交通、货车、自行车及步行等。

(3) 交通模型应当与项目中涉及的交通管理措施(比如匝道流量控制、绿波、事故应急响应等)相适应。

(4) 交通模型应当与项目中涉及的交通政策措施(如浮动出行时间、可能的交通模式转移、交通需求管理等)相适应。

(5) 交通模型输出的评估结果应当与项目需求相适应,常见的模型输出结果包括路段、节点饱和度、车公里/人公里、出行时间、行驶速度以及排放水平等。

下面将结合各种常见的交通评估需求对不同种类的交通模型按适应性进行分类,具体分为三类:适用、可用及不适用。讨论的模型种类包括宏观模型(参考2.2节的模型分类情况将需求模型与宏观模型合并统称为宏观模型)、中观模型、微观模型与节点模型。

2.3.1 不同项目阶段的模型适应性分析

交通项目尤其是大型交通项目通常会经历规划、设计、建设及运营等不同阶段。在每个阶段都有通过交通模型来对不同方案进行比选评估的需求。

(1) 规划阶段。规划阶段泛指方案规划、工程可行性研究、建设规划等内容,通常发生在具体项目方案设计工作启动之前。规划阶段解决的主要问题是明确项目需求、项目可行性、影响/服务范围和设施规模,并提出方案的初步布局。规划阶段经常需要通过交通模型来预测项目需求、影响/服务的范围以及比选布局方案,并依据预测结果确定设施规模。

(2) 设计阶段。设计阶段包括总体设计、初步设计、施工图设计等内容。设计阶段的主要工作为结合现场实际情况将规划方案转变为可实施的设计方案。设计阶段经常需要结合现场条件及预测需求进行局部方案比选,以确认设施规模,并评估服务水平。

(3) 建设阶段。建设阶段是指依据设计方案进行项目建设。建设阶段经常需要评估不同的施工组织方案,进行施工区域管理,从而减少施工对区域交通的影响。

(4) 运营阶段。运营阶段指运营交通系统或交通设施。运营阶段经常需要结合实际情况调整运营计划,以提升运营效率。

对于模型评估来说,在规划阶段通常关注系统的整体需求与影响;进入设计阶段,这种关注从整体转移至局部;当进入建设及运营阶段,关注的重点由需求逐渐转向运行。根据项目不同阶段的特点,一般情况下各阶段不同模型的适应性如表2-2所列。

表 2-2　基于项目实施阶段的模型适应性分析

项目阶段	模型			
	宏观模型	中观模型	微观模型	节点模型
规划阶段	适用	可用	不适用	不适用
设计阶段	可用	适用	适用	可用
建设阶段	不适用	可用	适用	适用
运营阶段	不适用	可用	适用	适用

2.3.2　不同项目范围的模型适应性分析

依据研究范围的不同可以将项目分为节点、路段、走廊以及区域四个主要层级。

（1）节点在交通系统中包括三种常见的形式：①交通流交叉、汇合或分流的区域；②单一交通流受到交通管控设备控制的区域；③通行能力有显著变化的区域（如减车道或增车道）。

（2）路段，即一般的道路，除端点以外通常不再包括节点。

（3）走廊，通常指连通两个区域间的一组道路及这组道路间的衔接道路。

（4）区域，泛指较大的、复杂的交通网络，包含多种交通元素。

在一般情况下，宏观模型适用于较大的研究范围，其研究的结论更多针对区域的总体水平或平均水平，从宏观模型到中观模型再到微观模型与节点模型，模拟的范围越来越聚焦。对于不同项目范围约束下不同模型的适应性如表 2-3 所列。

表 2-3　基于项目研究范围的模型适应性分析

研究范围	模型			
	宏观模型	中观模型	微观模型	节点模型
节点	不适用	不适用	适用	适用
路段	不适用	不适用	适用	可用
走廊	可用	适用	适用	不适用
区域	适用	可用	不适用	不适用

需要强调的是，表 2-3 的适应性分析是针对研究范围而非研究对象本身来设定的。比如对于城市中的某个道路交叉口，如果要判别其适宜的形式和规模，就要对交叉口的交通量进行预测，这便需要借助宏观或者中观模型来完成，但是这样的研究其覆盖范围必然超出节点本身，通常需要根据节点所处的范围结合城市交通出行距离特征来判断。另外，在计算机硬件水平快速发展的今天，构建区域级微观模型在技术上已经是可行的，但是从投入产出效益的角度来说，大区域的微观仿真模型其开发的必要性需要谨慎的论证。

2.3.3 不同设施类别的模型适应性分析

城市道路交通系统包含了多种设施类别,尤其是随着城市交通管理技术水平的不断提升与创新,出现了包括公交专用道、可变车道、合乘车道等创新性的交通设施。不同的交通模型对于这些设施的描述能力存在一定的差异,这也直接影响到针对这些设施进行评估时不同模型的适应性。针对不同设施类别的模型适应性分析如表2-4所列。

(1) 让行交叉口,指通过优先级控制的道路平面交叉口,包括一般让行交叉口及停车让行交叉口。

(2) 信控交叉口,指通过信号灯控制不同来向车辆通过的道路平面交叉口。

(3) 转盘,一种让行交叉口的升级形式,可以更好地平衡各进口的车辆通行率,通行规则为进口道车辆让行绕转盘行驶车辆。

(4) 立交节点,泛指各类在不同高程上通过平面上同一位置的交通设施,可以有效减少不同流向交通之间的冲突,在汇聚点通常通过让行规则控制。

(5) 普通道路,泛指城市内的各类主干路、次干路和支路。

(6) 高/快速路,路段通常采用中央隔离的设置形式,在与其他道路交汇时通常采用立交的形式,以保证交通可以连续通行。

(7) 合乘车道,指道路中专供多人合乘车辆使用的车道。

(8) 辅道,指分布于高等级道路(通常是主干道及以上等级道路)两侧的,用于服务道路两侧地块进出交通,同时避免进出交通对主线交通直接产生干扰的道路。

(9) 可变车道,可变车道是指可以根据道路交通流量改变允许车辆通行方向的车道。

(10) 公交专用道,指仅供公交车辆及大型载客车辆通行的车道,公交专用道可以是全天候的,也可以是分时段的。

(11) 收费站,指收费道路与非收费道路的衔接点,布局多以道闸形式,采用人工或自动的方式收取一定的道路使用费。

表 2-4 基于不同设施的模型适应性分析

设施类型	模型			
	宏观模型	中观模型	微观模型	节点模型
让行交叉口	不适用	不适用	适用	适用
信控交叉口	可用	可用	适用	适用
转盘	不适用	不适用	适用	适用
立交节点	不适用	不适用	适用	适用
普通道路	适用	适用	适用	不适用
高/快速路	适用	适用	适用	不适用

(续表)

设施类型	模型			
	宏观模型	中观模型	微观模型	节点模型
合乘车道	适用	适用	适用	不适用
辅道	可用	可用	适用	不适用
可变车道	不适用	不适用	适用	不适用
公交专用道	适用	适用	适用	不适用
收费站	不适用	不适用	适用	不适用

2.3.4　不同评估指标的模型适应性分析

交通模型的评估结论通常是一些可量化的指标，不同种类的模型可提供的量化评估指标也不尽相同，常见的模型评估指标包括以下方面。

（1）服务水平，通常以 A 到 F（从高到低）的字母来表示交通服务水平，服务水平是一系列因素指标综合评估的结果，常见的影响服务水平的因素包括车辆行驶速度、车流密度、车内舒适度等。

（2）车速，车辆（通常是指小汽车）在不同路段的平均行驶速度。

（3）出行时间，车辆或个体在研究区域内从某一点移动到另一点所要花费的平均时间。

（4）交通流量，在一定时间内通过某一空间断面的车辆数或出行者人数。

（5）出行距离，车辆或个体在研究区域内从某一点移动到另一点所要行驶的平均距离。

（6）客运量，在一定时间内公共交通系统或线路运载的乘客数量。

（7）饱和度，道路或公交线路所服务的车辆或人员数与其最大通行能力或承载能力的比值。

（8）车辆密度，道路一定空间范围内同一时间服务的车辆数。

（9）车公里/人公里，一定时间区域内所有车辆行驶的总里程，或者所有公共交通系统运送的乘客总里程。

（10）延误，由于交通拥堵使得车辆或乘客耗费的额外的出行时间。

（11）排队长度，通常指车辆在各类交叉口等待通行时的排队长度。

（12）停车次数，指车辆在行经某路段或交叉口时由于交通拥堵引起的车均停车次数或所有车辆的停车总次数。

（13）排放量，车辆行驶过程中各种温室气体的排放量。

（14）燃料消耗，车辆行驶过程中消耗的燃料。

（15）交通方式结构，出行者选择不同交通方式出行的比例。

基于一般主流建模软件，各类交通模型可以输出的评价指标如表 2-5 所列。

表 2-5 基于不同评估指标的模型适应性分析

设施类型	模型			
	宏观模型	中观模型	微观模型	节点模型
服务水平	可用	可用	适用	适用
车速	可用	可用	适用	不适用
出行时间	可用	可用	适用	不适用
交通流量	适用	适用	适用	适用
出行距离	可用	可用	适用	不适用
客运量	适用	适用	不适用	不适用
饱和度	适用	适用	不适用	适用
车辆密度	适用	适用	适用	不适用
车公里/人公里	适用	适用	可用	不适用
延误	可用	适用	适用	适用
排队长度	不适用	可用	适用	适用
停车次数	不适用	可用	适用	适用
排放量	不适用	不适用	可用	不适用
燃料消耗	不适用	不适用	可用	不适用
交通方式结构	适用	不适用	不适用	不适用

2.4 交通模型的发展动向

从模型的构建基础理论来看，单纯的交通模型可以分为三类：宏观交通模型、微观交通模型和节点交通模型。宏观交通模型研究交通产生、分布、实现方式以及路径或路线选择等一系列问题。微观交通模型主要从单个车辆的驾驶行为入手来研究交通运行问题。节点交通模型是从路口设计几何参数入手来研究节点道路的通行能力及交通设计管理问题。

2.4.1 宏观模型的发展动向

宏观交通模型是研究交通的本源问题，其研究对象最为复杂，学术讨论也最为热烈。20 世纪 50 年代，芝加哥发布了《芝加哥都市交通规划》(*Chicago Area Transportation Study*，CATS)。随后，20 世纪 60 年代在东京地区的交通研究规划中对 CATS 方法做了进一步完善，由此奠定了四阶段模型的理论基础。其后，四阶段模型在世界范围内获得了广泛的应用与认可。传统的四阶段模型以单次出行为研究的基本单元，也是通常所谈到的基于出行(trip-based)的模型。

随着四阶段模型应用的不断推广,研究者逐渐认识到同一个体的不同出行之间可能存在内在联系。而基于出行的模型割裂了这种联系,在一定的场景下会导致评估出现不合理的结论。于是便产生了将个体全日出行作为一个整体来研究的宏观模型,也就是基于出行链(tour-based)的模型。基于出行链的模型从基础数据分析开始就与基于出行的模型存在一定的差别,基于出行链的模型对于基础居民出行调查数据的分析处理集中在以下六方面:

(1) 确定主要工作场所。

(2) 明确基家工作出行链,当一天之中有多次往返于家及主要工作地之间的出行,则应明确第一次从家至工作地出行以及最后一次从工作地返家的出行。

(3) 明确基于工作地的子出行链,该出行链应发生在第一次到达工作场所与最后一次离开工作场所之间。

(4) 明确基家的非工作出行链,对于基家工作出行链之前与之后的出行进行归并分类。

(5) 当一个出行链有多于一个目的地时,明确主要目的地与非主要目的地。

(6) 计算每个出行链中各种出行方式的耗时,其中耗时最长的方式即为该出行链的主要模式。

对于全日出行的预测将包含所有以家庭为单位的出行链以及出行链中的各个停顿点,对于出行链的预测包括了出行链的类型以及出行链的数量。对于出行链类型的模拟通常采用二元 Logit 模型的形式,以户为单位判别该户是否会进行某种出行,然后由出行链产生模型来预测该户每种出行链的频率。

在基于出行链的模型中,关于出行的描述同样分为基家与非基家两大类,典型的出行链包括 H(家)—W(上班)—S(购物)—家(H)、H(家)—E(上学)—H(家)等。出行链的本质是几类出行的组合,因此以出行链为基础单位对出行进行分类无疑将大大增加出行的种类,从而增加模型构建的复杂度与实施成本。比如,北京市在 2000 年开展了居民出行调查,得到北京市居民出行链的类型共有 5 000 多种[19]。对于一些低频次的出行链来说,无论是对其产生的机理还是特征都很难进行准确的描述,同时,由于其发生频次较低,对于模型的预测结果通常不会产生显著影响,因此在基于出行链的模型中都会对出行链的种类进行一定的归并,以降低模型的复杂度。

在出行描述方面,基于出行链的模型与基于出行的模型的另一个不同之处在于以家庭为单位的出行链之间是有优先级的。确保以家庭为单位所有的出行都是可以相互联系和影响的,这种影响通过将优先级高的出行链的出行频次作为一个输入变量带入优先级相对较低的出行链中,从而影响优先级低的出行链。比如,一个双职工家庭中有一个学龄儿童,当该儿童因为生病等原因留在家中,那么父母中有一人很可能将留在家中陪伴孩子。在出行链类型判别模型中将对上述出行链中间的停留点进行判别,同时预测是否存在子出行链,比如基于工作地点的子出行链。

在分布方面,基于出行链的模型采用 Logit 模型而非重力模型。Logit 模型的构建考虑了居住地特征,户及个人特征,居住小区与工作小区的人口、岗位、零售业面积等。目的地选择模型的输出范围从理论上来说应等于模型研究范围内的交通小区的个数,但从实际操作的角度可以通过包括岗位种类等在内的信息来约束及减少可选目的地的数量,从而提高模型的计算效率。

在方式选择方面,基于出行链的模型包括两个主要的选择模型,一个是在出行链层级的方式选择模型,另一个是在出行层级的方式选择模型。其中,出行层级的方式选择模型将被纳入出行链层级的方式选择模型作为一个影响因子。在出行链模式和出行模式之间有着一定的对应与制约关系。以常见的五种出行方式为例,即独自开车、合乘、公共交通、自行车与步行,在出行链层级与出行层级的相互影响与制约关系如表2-6所列。比如,在出行链层级选择合乘作为出行方式,那么在具体某次出行时就会排除单独驾驶与公共交通,仅将合乘、自行车与步行作为可选的出行方式。

表2-6 出行链模式与出行模式之间的对应制约关系

出行模式	出行链模式				
	独自驾驶	合乘	公共交通	自行车	步行
独自驾驶	√	×	×	×	×
合乘	√	√	√	×	×
公共交通	×	×	√	×	×
自行车	×	√	√	√	×
步行	√	√	√	√	√

在最终的分配阶段所有的出行链都将分解成出行,再分别按照机动车出行与公交出行分配到道路或公交网络中。

基于出行链的模型从形式上明确考虑了不同出行段之间的相互影响,解决了基于出行模型的这一缺陷。但是随着交通研究的不断深入,尤其是交通政策逐渐成为交通研究的热点,基于出行链的模型也逐渐表现出适应性不足的问题。比如,基于出行链的模型无法反映在一定条件下对于非刚性出行需求的取舍、对于家庭成员之间的互动考虑不足等。归根结底,无论是出行模型还是出行链模型,其研究的对象都是出行本身,而出行是人为了完成一定活动的副产品,因此这就衍生出了研究人类活动的基于活动的模型。

基于活动的模型认为出行需求本身实际上是由于个体要在特定的时间与空间参与某种活动而引起的。因此,个体的活动特征(包括在家与不在家)将决定其出行特征。比如一个人进行了网购以后可能就不再需要专门到附近的购物中心去购物了。因此,想要准确地模拟人群的出行需求,就需要关注活动与出行之间的联系,并且了解人群的活动需求。同时要注意到,个体并非孤立的,很多活动都发生在个体之间,有不止一个个体参与,同时,单独个体的活动经常也会受到其他个体的影响,这就是基于活动(activity-based)的交通模型。基于活动的模型在美国得到了极大的推广。图2-11是截至2012年基于活动的模型在美国部分城市的发展与应用情况。

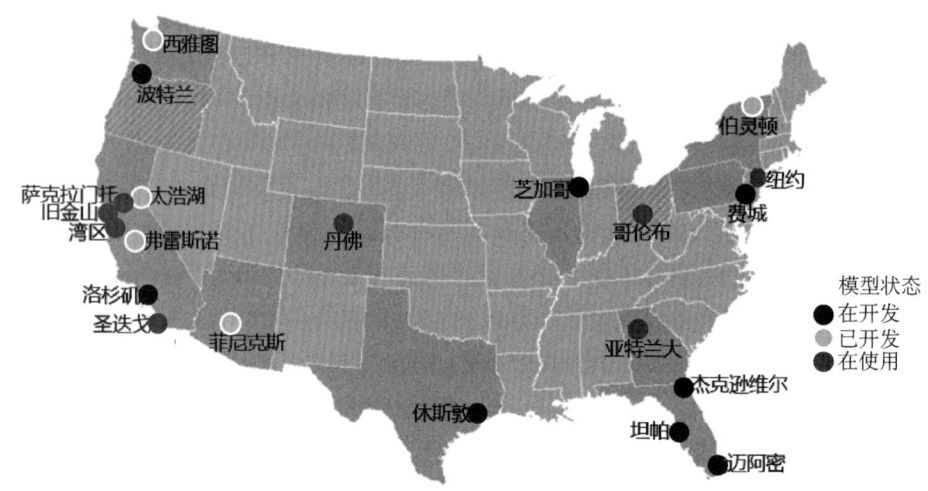

图 2-11　美国部分城市基于活动的模型开发与应用情况（2012 年）

从理论上看，基于活动的模型能更加明确、直接、连续地描述出行与个体活动之间的关系。同时，基于活动的模型将个体全天的所有出行看作一个整体，重视各次出行之间的联系，并将其与个体全天的活动相对应。因此，基于活动的模型被认为可以更好地预测不同个体对于交通政策、设施等的态度与反应。同时，基于活动的模型在结构上更接近微观仿真模型，模型以个体或家庭为单位来评估其活动在时间及空间上的分布。而确保个体出行在时间与空间上的连续性是基于活动的模型与基于出行的模型的一个显著区别。在基于活动的模型中，所有的活动和出行都是基于时间排序的，一天之中在不同的时间段的活动（出行）是与个体的特征（如年龄、收入、工作状态等）紧密相关的。在进行一天的活动安排时，首先考虑的是刚性活动需求，其次才会考虑加入其他可能的活动，而当一种活动实现以后，有类似需求的活动产生的可能性就会降低。同时，一天之中活动越来越多，则可供活动的时间就会越来越少，从而也降低了产生其他活动的可能性。

从模型的基本功能来看，基于活动的模型属于交通需求模型，其核心功能就是预测不同区域的交通出行需求，包括出行量、出行时间、出行分布以及出行方式。从结构上来看，有别于基于出行的模型，基于活动的模型首先预测的是个体的活动需求，然后再根据活动需求来决定是否需要出行，以及如何出行。对于个体来说，这种出行需求会受到家庭内部及社交网络内其他个体的影响。对于基于活动的模型来说，预测的基础信息就是研究范围内个体与家庭的特征，因此对于大多数基于活动的模型首先要生成（预测）研究区域的人口及家庭，而这些人口与家庭要在区域层面上符合人口数量、年龄分段、工作状态、收入、户人口结构、机动车保有水平等一系列指标，这些指标统计的区域颗粒度越细则越有利于基于活动模型的预测。在进行实际模拟计算时，基于活动的模型采用了大量的选择模型（各种类型的 Logit 模型）来模拟包括个体在通常是一天的时间中会开展哪些活动，在什么时间开展这些活动，这些活动的场所以及为了到达这些活动场所会选择什么样的出行方式等。同时，基于活动的模型强调不同选择之间的内部联系，比如对于出行目的地的选择通常会影响出行方式的选择,下一次的出行(活动)起始时间不会早于前一次出行(活动)的终了时间,上一次出行的方式也与下一次出行之间存在逻辑关系等。

尽管有不同的方式来模拟个体的选择活动,但在交通模型研究领域已经达成了广泛的一致,即个体的选择并不是随机的,通常个体会比对不同的可选项,并选择可使其个人利益最大化的选项。因此,基于随机效用最大化(random utility maximization)原理的离散选择模型便受到了青睐。从使用情况来看,基于随机效用最大化理论的离散选择模型能够提供最好的容错性,这一点尤为重要,因为在实际建模过程中,通常很难准确、全面地构建效用函数。

从基于出行的模型向基于活动的模型发展,要求对于个体的社会经济属性有更详细的描述。在基于出行的模型中,对于出行需求的计算是针对一定区域的,称为 Traffic Analysis Zone(TAZ),模型根据这一区域的人口数量、收入水平、户均规模、机动车保有量以及办公、商业、工业等岗位情况预测出行需求。计算的基础数据通常是区域相关指标的均值,而忽略个体差异。因此,基于出行的模型也被称为是集计(aggregated)模型。基于活动的模型的计算基础是人的活动,与个体的社会经济属性有直接的关系。因此,在模型计算时需要针对每个个体或家庭进行,因此也被称为非集计(dis-aggregated)模型。对于以四阶段模型为代表的基于出行的模型其计算流程是一个由集计逐步分解的过程。首先,在交通产生吸引阶段计算所有交通分区不同目的的出行总需求;其次,这些出行需求通过分布计算分解到不同的 OD 对;再次,在方式选择计算中,同一 OD 对之间的出行进一步分解至不同的出行方式;最后,不同方式的出行再进一步分解至不同的出行时段(出行时段选择模型视模型的结构可以安排提前至方式选择或者分布计算之前)。在完成这些分解之后模型进入分配阶段。与四阶段模型相反,基于活动的模型其计算过程是一个由非集计到集计的过程。首先,在个体层面预测其活动(出行)需求,可能的出行目的地、出行时间以及出行方式等;其次,再逐步将出行按空间、时间以及方式进行归并;最后,进入分配阶段。

在这里需要强调的是,宏观模型从基于出行的集计模型的架构向基于活动的非集计模型的架构发展的内在动力并非出于对提高模拟精度或降低误差水平方面的要求,更多的是基于模型的适用性方面的需求,本书第 3 章还会从建模的数据需求与模型校核等方面来继续探讨这一问题。

2.4.2　微观模型的发展动向

微观仿真模型的研究起源于 20 世纪 60 年代,在 70 年代完善了跟驰模型与变道模型两大基础理论,从 80 年代开始由实验室走向实践。微观仿真模型的发展主要集中在三个方面。

首先是外部接口,向上与宏观交通需求/规划模型衔接,以 PTV 交通咨询公司的 VISUM 和 VISSIM 与美国 Calliper 公司的 TransCAD 和 TransModeller 为代表的商用建模平台都实现了宏观与微观模型之间的无缝衔接,但这种衔接基本都是从宏观到微观,也就是直接将一个宏观模型转化为一个微观模型,在宏观模型完成对交通流的分配后进入微观层面来研究交通的运行问题；向下与节点模型衔接，直接获取节点模型在节点处的设计方案，主要聚焦在信号配时方面[20]。随着城市交通信号控制手段的不断发展，微观仿真模型对于信号的模拟水平也在不断提高，从固定配时向自适应配时发展，比如 PTV 公司开发了专门的 VisVAP 组件来模拟自适应信号机，同时 PTV 公司还开发了专门的程序接口来读取包括 MOVA，SCOOT 等在内的主流信号机的配时方案，从而可与 MOVA，SCOOT 等的模拟器协同工作。

其次是动态分配技术，在静态路径的基础上，近年来微观仿真模型融入了宏观模型的分配理论，开发出了动态分配功能，允许模拟车辆根据路网的拥堵状况局部调整路径，以求更为有效地模拟区域交通的实际运行状况。

最后是与行人模型的衔接，微观仿真模型的模拟区域多为城市内部较为繁忙的地带，行人成为交通运行中一个重要的因素，微观仿真模型正在尝试将行人引入仿真研究范围来模拟人车之间的互动情况。PTV 公司开发的 Viswalk 行人模拟软件就是在这方面的尝试，目前已经可以作为一个模块加载到 VISSIM 中。西班牙 TSS（Transport Simulation System）公司开发的 AIMSUM（Advanced Interactive Microscopic Simulator for Urban and Non-Urban Networks）交通仿真软件为此开发了专门的软件接口与著名的行人仿真软件 Legion 进行衔接。

2.4.3 节点模型的发展动向

节点模型主要研究道路节点在一定的几何参数（宽度、转弯半径、停车线位置等）与车流组成（车型比例结构与转向比例结构）条件下的通行能力，通常会提供理论的优化配时方案。节点模型的理论基础来自大量的实际路口的调查数据分析结果，以英国 TRL 在 20 世纪 80 年代公布的 Research Report 67 和美国 TRB 编著的《道路通行能力手册》为代表，其理论基础一直较为稳定。虽然，近年来相关研究也在检讨早期公布的研究结果是否符合复杂的城市交通环境，或者大城市与小城市驾驶行为的差异是否对路口的通行能力有决定性影响，但从总体上来看，节点模型的研究对象较为明确，边界条件清晰，因此到目前为止模型结构并没有发生实质的变化，更多的研究主要集中在如何有效地调查与测算节点的交通通行能力，并寻找其背后的一般规律。

2.4.4 交通模型与软件平台的发展趋势

2.4.4.1 模型技术与应用的发展趋势

交通模型依据其模拟范围、模拟精度以及构建原理的不同大致可以分为宏观、中观、微观、节点等不同层次。通常来说，宏观模型覆盖区域广、数据精度低，而微观模型覆盖区域小、数据精度高。但是，随着计算机运算能力的不断加强，以及数据获取手段越来越丰富，宏观模型与微观模型的外部边界正在变得越来越模糊，宏观模型的基础数据精度在不断提高，而微观模型的覆盖范围也在不断扩大。本书 2.3 节已经对于不同模型在各自领域内的发展趋势进行了探讨。在抛开模型的种类边界之后，不同类型的模型在技术与应用方面存在着一些相似的发展趋势：

（1）模型与地理信息系统技术相结合的趋势。交通的最大特点是空间性，而地理信息系统（Geographic Information System，GIS）的专长就是描述空间地理特征。因此，GIS与交通模型的结合是学科及技术发展的自然结果。GIS与交通模型的结合带来了一系列的好处，包括提高了数据维护效率、提高模型输入数据的精度以及便于模型的调试与结果的表达。

（2）模型的精细化发展趋势。模型的精细化表现在模型对交通基础设施网络细节的描述能力不断加强、交通小区的尺度不断缩小，以及对于模拟对象分类的不断细化。

（3）模型功能不断拓展，并且有向多层面发展的趋势。国际上先进的交通模型在功能上已经涵盖土地、经济、环境、能源等多个方面。

（4）不同模型一体化应用的趋势。不同类型的模型有其各自的应用领域与范围，但是模型的产生是为了满足实际应用的需求，随着交通研究的不断深入，越来越多的项目研究周期跨越了规划、设计与运营等多个阶段，随之而来的在模型实际应用方面也出现了宏观与中观、中观与微观、微观与节点等不同层级的模型一体化应用的情况。近年来，快速发展的基于活动的模型就表现出涵盖从宏观到微观的诉求。

2.4.4.2 模型软件平台的发展趋势

交通模型与模型软件平台这二者之间有着本质的区别，交通模型通过一系列的数学公式与算法来模拟现实生活中交通出行在生成、分布、方式选择以及运行等方面的规律；而模型软件平台是通过一系列自带的内部函数与用户界面来帮助模型师提高其建模效率的一种工具。模型软件平台的发展也可以从一个侧面反映模型发展的需求。本书无意在众多的模型软件平台中进行比选，本节将介绍PTV，Caliper以及Citilabs这三家公司的软件平台，介绍的原因仅出于对其发展趋势方面的考量。

1. 与GIS技术的结合

在模型与GIS相结合的同时，模型软件平台也不约而同地加强了对于GIS功能的支持。为此PTV公司推出了PTV Visum Data Analytics，这是一个GIS工具，用来满足交通领域的专业人士对于交通数据在GIS领域的分析需求，该工具支持以GIS地图的形式处理及分析任何与交通相关的数据。该工具既可作为Visum的一个组件，也可独立运行。Visum Data Analytics不限制网络容量，可以随意切割生成子网络，支持包括Shape文件以及Open StreetMap等不同格式的GIS文件的输入与输出，且与PTV微观仿真模型有接口，同时支持对包括公共交通、交通安全等方面内容的分析。

相类似的，Caliper公司推出了Maptitude，这款软件不仅支持交通相关数据的空间分析，它还是一个更为纯粹的地理信息系统软件。Maptitude自带大量丰富的地理信息数据，用户通过Maptitude可以高效地编辑地图，开展数据的空间分析。Maptitude支持大量的数据格式的输入与输出，并具备几乎所有常用的GIS分析功能。

Citilabs公司推出了Streetlytics来提供交通流相关的信息服务，通过该工具可以查询、管理不同路段全天或分时段的道路交通流量、分时段的交通主要流向、交通拥堵状况、区域人口分布、不同区域的出行需求以及出行OD空间分布情况。另外，Citilabs还推出了Sugar Access来提供基于地图的不同交通出行模型的可达性分析。

2. 模拟功能的拓展

PTV 公司推出了一系列的建模软件,包括以下 9 种:

(1) VISUM,宏观(中观)建模软件,提供多样的接口帮助用户集成多源信息,包括 GIS 格式文件、公交智能调度系统班次文件、车辆 GPS 文件、公交一卡通数据等,并通过 VISEM 组件支持活动相关的交通出行分析与模拟。

(2) VISUM Safety,专注交通安全领域的相关分析,提供黑点数据管理功能、道路交通安全管理功能以及道路交通安全影响评价功能。

(3) VISSIM,微观建模软件,提供对包括道路交叉口、高速公路、公共交通及行人等多种类型的交通场景或元素的模拟,支持动态分配与自适应信号的模拟。

(4) Viswalk,专注行人仿真领域,支持 CAD 格式的文件导入,根据社会力模型,通过动态路径规划模拟行人聚集区的人流与服务水平。

(5) Vistro,微观/节点仿真软件,专注交通影响分析,提供区域信号优化配时功能,并评估不同场景的交通运行情况,提供交通节点的服务水平数据。

(6) Optima,对短时交通运行状况进行预测,这个软件的特点在于融合了规划模型的预测模拟数据与道路实时交通流数据,以此对短时交通运行状况进行预测。

(7) Balance,提供区域自适应信号配时方案,并根据交流状况每 5 min 调整一次信号控制方案。

(8) Epics,提供单点自适应控制信号配时方案,并根据交通流状况进行实时调整。

(9) Vistad,交通安全事故信息数据库管理软件,提供针对交通安全事故信息的快速查询,支持多级访问权限,并支持欧洲常见事故记录的电子数据读取。

PTV 公司推出的上述各软件之间都有良好的接口,比如从 VISUM 模型中可以快速生成整个模拟区域或任何子区域的 VISSIM 模型,在 VISSIM 模型中可以嵌入 Viswalk 来对行人与机动车冲突情况进行更加细致的模拟,同时 Balance 与 Epics 提供的信号控制配时方案可以在 VISSIM 环境下直接被调用与运行,Optima 以 VISUM 模型模拟的流量为基础,混合实时交通流检测设备的数据来进行短时预测,等等。

Caliper 公司推出的产品包括 Maptitude,TransCAD 与 TransModeller。如前所述,Maptitude 是一个纯粹的 GIS 地理信息系统。而 TransCAD 是一款宏观(中观)模型软件,集成了强大的 GIS 分析功能,支持从交通需求到分配,从小汽车到公共交通的多个层面的交通规划模型的建立与场景的分析,并且支持基于活动的模型架构。TransModeller 则是一个微观模型软件,支持包括高速公路、城市内部复杂区域等不同场景的多种车辆类型的模拟。另外,TransCAD 也可以直接生成研究区域的 TransModeller 模型。

Citilabs 公司推出的产品主要有三种:Cube,Sugar 和 Urban Engines。其中,Sugar 是作为一个面向 ArcGIS 的组件来开发的,旨在帮助用户在使用 ArcGIS 时增强其针对交通的分析功能。Urban Engines 是一款针对城市公共交通规划与运营分析的软件,其中包含了 Cube 中部分的建模功能,同时该软件支持针对公交 GPS 数据以及公交 IC 卡数据的处理与分析。Cube 是 Citilabs 最重要的系列产品,其中包括:Cube Voyager,一款宏观模型软件,支持基于出行链或活动的模型;Cube Avenue,一款中观模型软件;Cube

Dynasim,一款微观模型软件;Cube Land,一款交通与用地一体化模型软件;Cube Cargo,一款货运模型软件;Cube Analyst,功能是通过道路车流量、公共交通站点上下客情况及其他调查数据估计出行矩阵;Cube Cloud,功能是通过云的形式管理模型软件并提供模型计算服务。Cube 系列软件支持不同产品之间的数据交互。

3. 模型软件的外部接口

建模软件平台发展的另一个趋势是平台更为开放,尤其是宏观模型软件都可以通过读取其他软件平台建立的模型,并自动产生基于本平台的模型。同时,各模型软件都支持用户在软件平台上的二次开发,提供与主流程序语言之间的接口,例如,TransCAD 开发自己专用的脚本语言 GISDK,用户可以通过 GISDK 来调用 TransCAD 的内部模块,编写自己的模型算法,构建自己的计算流程控制算法,同时允许外部程序通过 GISDK 调用平台的模块,而 VISUM 选择支持包括 Python,JavaScript 在内的编程语言,同时通过 COM 接口供外部程序对软件的自带模块进行调用。

2.5 交通模型的相关政策规范

2.5.1 美国与交通模型相关的政策规范

美国《交通授权法案》提供了美国交通领域所有活动的法律依据,它规范了一段时间内(通常是 5 年)联邦政府在美国各交通领域的总体目标、资金预算、资金分配原则和相关事项。

自 1962 年开始《联邦资助公路法案》要求 5 万人以上都市化地区的交通项目必须建立在持续的(Continuous)、合作的(Cooperative)、全面的(Comprehensive)城市交通规划程序(3C 城市化地区交通规划程序)基础上,并由都市规划组织(MPO)负责执行。3C 城市化地区交通规划程序包括数据收集、数据分析、交通需求预测以及替代方法的评估。1962 年,《联邦资助公路法案》同时限制全国 1.5% 的年度交通建设费用必须用于调查、规划和未来建设计划的经济分析。自此,包括数据收集与建模,3C 城市化地区交通规划程序得以在美国系统而全面地开展。

美国联邦法律规定,MPO 负责制订运输计划和方案,以满足在其区域内人员和货物对机动性的需求。为了达到这个目的,MPO 必须使用交通需求预测模型,而且交通需求预测模型在决定其区域运输计划和方案是否符合《州空气质量改善实施计划》程序中扮演了重要的角色。

美国联邦公路管理局迅速按照 1962 年《联邦资助公路法案》的要求,颁布了一系列的政策和程序备忘录,全面地说明了如何组织和执行 3C 城市化地区交通规划程序,并执行了广泛的项目来发展规划程序和计算机程序,编写程序手册和指导手册,教授培训课程以及提供技术支持。其目的是发展 MPO,将 20 世纪 50 年代建立的规划过程标准化、计算机化和实用化,并传播关于这些程序的知识,包括 3C 城市化地区交通规划程序的

10个基本要素,即影响发展的经济、人口、土地使用、交通设施、出行方式、终点站和中转站设施、交通控制特征、分区条例和细分法规以及建筑法规、财政来源、社会和社区价值因素。

为了促进3C城市化地区交通规划程序技术步骤的采用,美国联邦公路管理局发布了一系列步骤手册,此后许多年这些手册成了技术标准,如《都市区域的重力模型校正和测试手册》《用计算机校正和测试重力模型手册》《交通量分配手册》《人口预测方法》《都市交通规划中的人口、经济和土地利用研究》《标准土地利用编码手册》《经济研究在都市交通规划中的作用》《小都市区的交通量分配和分布》《模式选择估计公交使用的9种方法》《出行产生分析指南》。

2.5.2 英国与交通模型相关的政策规范

与美国相似,英国也非常重视交通模型的发展,同时制定了详细的政策与规范来指导和保障模型在规划及其他交通研究工作中的应用。从国家层面由财政部颁布相关管理条例(*Green Book*),规定所有需要政府财政投入的项目都需要进行投资效益评估,并且要求通过定量的方式以货币为单位表述项目的投入与收益。

根据 *Green Book* 的精神,英国交通部编制了交通项目评估导则(*Transport Analysis Guidance*,TAG),详细叙述了开展交通项目评估的方法与步骤。TAG是一系列手册,开篇首先针对项目管理人员介绍了交通项目评估的一般流程,整个交通项目评估可以分为三个主要阶段:方案设计、方案评估、方案实施与后评价。其中,方案评估应当从经济、环境、社会以及政府(主要是对政府财政支出平衡)四个角度展开。TAG中明确指出模型是评估的核心手段,同时也提到模型的建立需要相当的人力、物力以及技术的投入,并且每个模型都有其使用的边界。TAG提到应当正视并且合理对待模型的不确定因素与误差:"The achievement of the validation acceptability guidelines described in TAG does not guarantee that a model is 'fit for purpose' and, likewise, a failure to meet the specified validation standards does not mean that a model is not 'fit for purpose'"。TAG要求作为一个项目完整的交通评估报告应至少包括四个部分:①模型使用数据及相关调查方法;②模型校验分析;③需求模型的建立;④预测模型的边界条件。

在开篇之后,TAG分卷讨论了建模过程中一些关键的技术问题。在建模原则与预测卷中定义了标准模型结构、需求模型、分配模型、需求模型与分配模型之间的界面、标准模型结构之外可考虑的其他模型架构(微观仿真模型、土地与交通一体化模型、基于活动的模型以及动态分配)以及模型使用的可能风险与如何合理规避风险。在预测部分主要讨论了如何设计预测场景以及如何规避预测风险,其中的一个重要手段就是打破预测场景的核心假设并通过模型进行再次评估。

在数据与调查卷中谈到了建模的数据基础及常规的数据采集手段。该卷详细介绍了英国目前可用于构建模型的一些基本数据的情况以及获取这些数据的途径。这些数据包括:

(1)规划与需求数据,值得一提的是英国从国家层面建立了用地与交通一体化模型来预测各地的人口、岗位以及经济发展水平等基础条件,有效地规避了地区在建模过程中过于乐观估计相关边界条件的情况,国家模型的成果以 TEMPRO 的形式提供给不同的地区使用。

(2) 交通流数据,主要来自不同地区的交通流自动检测设备,这些数据可以从交通部的道路交通数据统计页面获得,数据包括日平均车流量,覆盖英国所有 A 级道路以及高速公路任意两个交叉口之间的断面,更详细的数据可通过政府数据页面获得,但是只提供给注册用户。

(3) 行程时间数据,通过 GPS 系统以及自动车牌识别系统计算获得,数据的统计维度为每 15 min,同样可以通过交通部的网站进行查询。

(4) 英国公路局也提供了相当数量的交通流数据,这些数据来自英国公路局交通信息系统(Highways Agency Traffic Information System)。

(5) 公共交通数据,铁路客流量可以通过铁路售票系统的数据库获得,但是这些数据不包括伦敦地铁与轻轨,同时也无法有效表明通票以及免票的情况。另外,英国还有国家铁路出行调查数据可供查询。

(6) 其他数据还包括普查数据、全国居民出行调查数据、航空数据和地形图数据等。

交通需求模型卷介绍了构建交通需求模型的基本方法,该卷讨论了交通分区的原则、出行矩阵、如何针对人群及出行目的进行分类、如何划分模型时段、如何构建出行成本、如何构建出行方式选择模型、出行率的稳定性、如何构建出行分布模型以及如何校核交通需求模型,最后该卷讨论了模型的收敛性、真实性以及敏感性方面的问题。

在道路交通分配卷与公共交通分配卷中介绍了道路交通流分配模型以及公共交通客流分配模型的基本原理、分配方法、模型的校核和收敛标准等内容。

另外,在 TAG 中还从经济、环境、社会、政府四个不同的角度介绍了评估的基本方法、指标以及原则。

英国另一项比较重要的全国性规范是《道路与桥梁设计手册》(*Design Manual for Roads and Bridges*, DMRB),其中与交通模型直接相关的为第 12 卷,分为上、下两册,上册为交通项目评估手册,下册为交通项目评估建议。《道路与桥梁设计手册》中详细介绍了交通评估的一般方法,包括如何定义研究范围、模型的常见类型以及如何选择合适的模型架构、调查的一般方法与数据分析、如何构建基础年出行矩阵、交通分配、如何评估调查数据的误差、模型的校正、预测的基本方法、交通项目评估中的环境与经济评估、预评估与后评估等内容。

值得一提的是,在 DMRB 中明确提出了关于分配模型校核的标准。对于道路交通流量在 700~2 700 车次/h 范围的路段,模拟误差在 15% 以内的定义为准确模拟;对于交通流量小于 700 车次/h 的路段,模拟误差小于 100 车次/h 的定义为准确模拟;对于交通流量大于 2 700 车次/h 的路段,模拟误差小于 400 车次/h 的定义为准确模拟。全部模拟范围内建议准确模拟的路段比例不低于 85%。对于核查线总流量模拟误差建议小于 5%(断面个数>5)。同时,在 DMRB 中还提出了 *GEH* 的概念,*GEH* 的计算公式如下:

$$GEH = \sqrt{\frac{(M-C)^2}{(M+C)/2}}$$

式中　M——路段流量模拟值；

　　　C——路段流量观测值。

DMRB 建议在所有模拟区域 85% 以上路段的 GEH 值应小于 5，而核查线总量 GEH 值应小于 4。在出行时间模拟方面，DMRB 建议 85% 以上的路线模拟出行时间与观测出行时间之间的误差应小于 15% 或 1 min。

此外，伦敦作为英国的首都与经济中心，对模型的使用做出了一些详细的规定，比较重要的包括《伦敦交通项目建模导则》(*Modelling Guidelines — Traffic Schemes in London Urban Networks*)。该规范规定了在伦敦交通模型使用的要求，比如对于超过 200 万英镑投资的项目应采用 SATURN 分配模型，并通过 TRANSYT 与 VISSIM 软件来辅助评估节点的饱和度以及交通运行情况。同时，该规范详细定义了在微观与节点层面不同的建模平台的适用性。

交通信号设计标准(*Design Standards for Signal Schemes in London*)详细规定了对于伦敦信号配时路口的信号配时设计方法、不同的信号装置适用的条件以及如何通过模型来设计与评估信号配时方案。

《伦敦交通局微观建模指引》(*Micro-Simulation Modelling Guidance note for TfL*)介绍了微观仿真模型的原理，评估了目前市场上流行的微观仿真模型平台的优势与局限。该规范还讨论了如何定义微观仿真模型的模拟范围、构建微观仿真模型的数据需求、模型基本参数、在伦敦构建微观仿真模型的特殊要求、微观仿真模型的调试、微观仿真模型的应用、微观仿真模型应提供的评估指标等内容，并以几个实际案例作为在伦敦构建使用微观仿真模型的模板。

2.5.3　我国与交通模型相关的政策规范

我国住房和城乡建设部于 2010 年 5 月颁布了《城市综合交通体系规划编制导则》，该导则中明确规定了应综合运用交通调查数据、统计数据、相关规划定量指标，建立交通分析模型，形成科学的交通需求分析方法。交通需求分析中常用的基础数据如下：

(1) 人口，包括基于交通小区的人口规模、构成、分布等。

(2) 就业、就学岗位，包括就业、就学岗位总量和交通小区分布，就业岗位应按照行业及交通特征划分。

(3) 车辆保有量数据，包括机动车、非机动车的规模、分类，通常要用到 5 年以上的历史数据。

(4) 交通基础设施相关数据，包括道路、公共交通、枢纽、停车等。

(5) 客货运数据，包括各种交通方式的客货运量、客货运周转量、交通节点的交通集散量。

(6) 交通运行数据，包括主要道路的交通量、行程车速、交通延误等。

交通需求分析的主要内容及模型有：

（1）出行生成，包括各交通小区的人员、车辆出行生成，一般可采用回归模型、生成率模型、聚类分析模型等进行测算。

（2）出行分布，包括人员出行分布和车辆出行分布，一般可采用增长率模型、重力模型、介入机会模型等进行测算。

（3）出行分配，包括各种交通方式反映在道路网络上的交通量和客运网络上的运输量，按照分析目的的不同，一般可采用平衡分配模型、最短路径分配模型、多路径概率模型、容量限制模型等进行测算。

（4）利用通用的交通分析软件进行交通需求分析时，应对交通模型参数进行重新标定。

（5）进行交通需求分析时，可以根据技术条件和模型技术发展趋势，采用组合交通模型或其他形式模型。

针对我国近年来多个城市大力发展轨道交通的实际情况，住房和城乡建设部于2016年颁布了《城市轨道交通客流预测规范》(GB/T 51150—2016)，该规范规定了在轨道交通客流预测工作中应当参考的主要依据，预测工作应当设定的边界条件。该规范明确提出了客流预测应以城市交通需求预测模型为主要技术手段，各阶段客流预测应以上一阶段的客流预测成果为基础，客流预测报告中应给出客流预测的技术流程，而在该技术流程中至少应包括四个步骤：客流预测依据和条件、客流预测模型建模及标定、客流预测模型校核、预测及结果的判读。同时，该规范还提出，线网规划或建设规划修编、调整时，应重新进行线网规划或建设规划专题客流预测。在工程可行性研究和初步设计阶段，如果线路方案或建设时序与原计划之间的差异达到一定条件时，应重新进行客流预测。

同时，该规范还规定了城市轨道交通客流预测依据的基础资料应包括城市社会经济数据和土地利用数据，客流预测应在城市综合交通和交通设施调查的基础上进行，而用于客流预测的城市综合交通调查的数据必须是近5年内的，超过5年应重新进行调查；城市综合交通调查应至少包括居民出行、机动车流量、公共交通等主要内容，并在此基础上进行城市交通现状分析。交通现状分析应以调查数据和相关资料为基础，突出重点，切实反映城市交通基本的主要特征和城市综合交通体系的现状及问题。城市交通设施调查应包括现状与规划的城市道路网络、常规公交网络、轨道交通网络、对外交通枢纽等内容。

对于预测模型规范规定的城市轨道交通客流预测须以城市交通需求预测模型为基础，该模型应利用反馈迭代技术，综合反映各类交通出行方式以及公共交通出行方式之间的竞争关系，并与城市或地区本身的交通发展和居民出行特征相吻合。城市交通需求预测模型应具备对出行规模、出行空间分布（尤其是主要客流走廊）、交通方式构成、公共交通客流指标、轨道交通客流指标科学合理预测的功能，同时应能对影响轨道交通客流的各因素进行敏感性分析。轨道交通客流预测的交通区划必须以城市交通需求预测模型交通分区系统为基础，并涵盖线网规划范围，应采用逐层细化的原则，对轨道站点周边的交通分区进行细化。模型基础网络应包含现状及对应预测年的道路网络、公共交通网络和换乘接驳网络。模型标定应以居民出行调查和其他相关调查所得数据为基础，标定过程应反复进行，不断更新，标定结果应符合所在城市交通出行特征和统计检验的要求，还应考虑未来城市的快速发展变化。模型主要参数的标定应符合以下要求：

（1）出行率应综合考虑收入水平、交通可达性、车辆拥有等相关因素的影响，分析确定不同特征年、不同群体、不同出行目的的出行率值。

（2）出行分布应反映不同年限、不同出行目的、不同区域的平均出行距离、区内外比例等出行特征变化。

（3）方式划分应考虑不同人群的不同交通方式竞争关系，可采用分层设计，同时，应对分层合理性进行分析说明，分层形式可采用 Logit 模型的形式。

模型校核应分为总体和细部两个阶段进行，校核工作每年至少应进行一次，每次校核应收集最新资料和调查数据。总体校核应对公共交通各交通方式的客运规模及主要客流走廊等进行校核，包含公共交通客运量校核、轨道交通乘降量校核、核查线校核等，总体上要求模拟值与观测值的相对误差应在 15% 以内。细部校核应对交通大区层次的出行规模、出行分布、方式结构等模型的每个环节的结果进行校核，并与总体校核互动开展，相应地要求模拟值与观测值的相对误差应在 15% 以内。另外，《城市轨道交通客流预测规范》（GB/T 51150—2016）还对客流预测工作应提供的预测指标进行了较为详细的定义。

另一项与模型相关的技术标准是住房和城乡建设部于 2010 年颁布的《建设项目交通影响评价技术标准》（CJJ/T 141—2010），该技术标准对于城市城镇新建项目的交通影响评价应考虑的要素进行了定义，包括评价启动的阈值、评价的范围与年限、不同业态建筑的交通产生吸引率、新增交通需求与背景交通量、交通影响程度的分级标准等。较为遗憾的是，该技术标准没有对评价所应采用的模型技术方法做出明确的规定。

3 交通模型的检验与数据需求

3.1 交通模型建立的一般流程
3.2 交通模型检验工作的必要性
3.3 交通模型的误差分析与精度要求
3.4 交通模型的校验
3.5 交通模型的数据需求
3.6 交通建模数据采集手段及发展趋势

3.1 交通模型建立的一般流程

交通模型建立的目的在于理解并预测交通网络的运行会因相关项目的实施产生何种反应。因此,首先需要建立一个可靠的基础模型,确保其可以正确地反映现状交通的运行情况。并以基础模型作为场景测试模型的基础与基准,对相关的测试结果进行比较和评估。准确的模型可以对项目决策起到辅助和支撑作用。通常当建模人员熟悉了模拟区域的情况并收集了足够的数据之后,建模工作就可以正式开始了。在准备建立交通模型之前,应当首先明确以下一些与项目模型相关的内容:

(1) 模型的范围:明确需求是建立一个适用模型的基础,在模型建立之前应首先明确所需的分析指标以及研究范围,关于需求与范围应当在所有项目相关方之间达成共识,并将这些信息明确地传达给建模人员。而这些信息将有助于建模人员选择合适的模型,甚至合适的建模软件平台,同时也有助于明确模型的输出指标。

(2) 模型的类别:模型是对于现实世界的简化描述,主要关注对于相关研究与分析有重要影响的特定因素,因此在模型开发之初就应当明确本次建模工作需要考虑哪些影响因素,同时应当提供哪些评估指标,并确定适宜的模型类别。

(3) 基础年模型:基础年模型是用于合理、准确地模拟现状交通状况的模型,通常需要通过调查数据对其进行检验,基础年模型通常用于对现状交通问题的分析或者作为不同场景方案测试的基准,需要根据项目的实际需要以及相关数据的可获取性来确定模型的基础年。

(4) 场景预测模型:场景预测模型应当以校验过的基础年模型为基础,按照预设的方案和场景对模型进行调整,这些调整包括道路网、交通管控方式、交通需求管理手段等。在进行方案评估时需要就不同场景的预测模型提供的结果进行比对,来判断不同方案的适宜性。

(5) 模型的建立与校验:交通模型的构建是一个较为复杂的过程,模型的校验是其中一个重要的环节,在模型开发工作启动时应当尽早明确用于模型校验的数据与标准。

通常,交通模型的建立可以分为以下六个主要阶段:

(1) 第一阶段,明确方案内容、需求以及研究范围。
(2) 第二阶段,现场踏勘与数据收集。
(3) 第三阶段,建立框架模型。
(4) 第四阶段,对基础年模型进行校核。
(5) 第五阶段,对基础年模型进行验证。
(6) 第六阶段,开发、调整与完善场景测试模型。

交通模型开发的一般流程如图3-1所示。

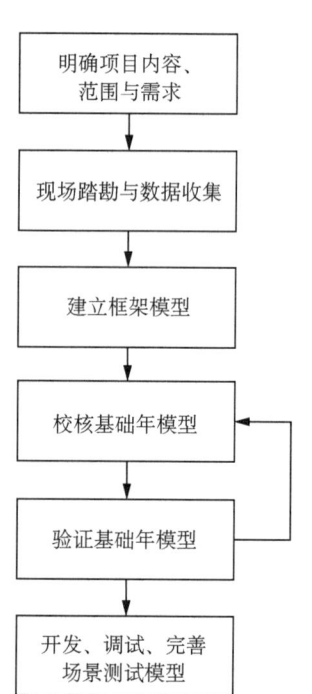

图3-1 交通模型开发的一般流程

在交通模型开发之前,首先要明确需要评估的项目内容、评估范围与测试需求。模型的边界应当考虑覆盖可能受到评估项目影响的所有使用者及区域,这些影响包括交通流量、出行时间以及延误等。对于模型边界的确定应当在模型建立的第一阶段完成。如果以道路交叉口来定义模型边界,则在确定模型边界时应考虑以下因素:

(1) 交通流量可能会因为项目的实施产生显著变化。
(2) 区域物理交通设施因为项目的实施将发生变化。
(3) 交通管理或运行将会受到项目实施的影响。
(4) 路口与研究区域的路口存在可预见的关联性,比如路口排队溢出等。

如果研究范围包括了智能交通信号控制分区的一个部分,同时在项目方案中涉及对路口的信号周期进行调整,则应考虑将整个控制分区纳入研究范围,如果不考虑对信号周期进行调整,那么在不满足上述情况的条件下,可以不将整个分区纳入研究范围。

现场踏勘与数据收集:建模人员应当对模拟区域充分踏勘以了解该区域的交通状况和周边环境,并根据踏勘情况与测试需求制订方案并收集相关数据。

建立框架模型:根据测试需求建立框架模型,确保模型功能可以满足项目的测试需求。

校正基础年模型:对于基础年模型的校核决定了模型的测试精度,建模人员应当根据实际情况采用合适的数据与技术方法对模型进行校正。校核模型的目的在于通过输入可验证的模型参数来模拟现状交通,模型的校核工作通常是根据所模拟的不同时段分别进行的。

验证基础年模型:验证基础年模型指的是通过现场调查数据来评估基础年模型的准确性,在理想情况下,用于验证基础年模型的数据应当独立于用于校核基础年模型的数据。项目相关方应当在模型建立前就模型的验证数据与方式达成一致,同时,应当保持验证数据的获取与校核数据在同一时间。无法进行有效验证的模型通常代表着基础数据质量较差或者模型的校正工作不够充分。模型验证指标与模型类型以及建模平台有关,通常包括交通流量、行程时间、路口饱和度、排队长度等。对于基础年模型来说,由通过停车线的交通流量所计算的节点或路段的饱和度应不大于100%。但是,当流量来自分配模型或在调查过程中考虑了整体交通需求而非通过停车线的车流量时,则饱和度超过100%的情况是有可能发生的。发生饱和度超过100%的情况通常有以下几个主要原因:①调查得到的流量数据有误或输入有误;②过低地估计了道路的最大通行能力;③节点的信号设置有误。

开发、调整与完善场景测试模型:场景测试模型的开发应当基于验证后的基础年模型,对于基础年模型的调整应当仅限于反映项目场景所引起的变化。对于基础年模型的调整方式和调整内容应当在项目相关方之间达成共识。每一个测试方案都是独特的,在这里无法穷尽在基础年模型上所需要调整的内容。建模人员应当采用合理的方法在模型中尽可能全面、合理地表述测试方案。

任何项目的评估都是对项目实施后可能产生的影响进行预测,在项目方案规划设计阶段这种评估是无法通过现场调查来验证的,因此,建立一个可验证的基础年模型是非常必要的。方案场景测试模型应当建立在经过验证的基础年模型之上。对于方案场景测试模型本身的评估主要在于两个方面,即模拟方法以及模型的输出结果。

3.2 交通模型检验工作的必要性

关于交通模型的建立有很多经典的教材可以学习与参考,在这里就不一一赘述了,本节着重讨论模型建设的检验问题。从目前国内交通模型的实践情况来看,很多模型的开发过程没有经过严谨的检验,甚至有些模型直接跳过建立框架模型、校核基础年模型以及验证基础年模型等步骤,直接进入场景模型的开发,这样开发出来的交通模型其评估结论的可靠性是难以保障的。

模型是对现实世界某一事物或过程的一种描述方式,根据人们对实际问题的认知程度,采取抽象或简化的方式来体现这一事物或过程的本质、规律及特征。交通模型研究的对象是个体的行为选择与城市交通设施供给在交通管控及交通政策引导下复杂的互动过程,属于社会科学范畴。坦率地说,对于城市交通的内在规律众多学者还在不断地探索过程中。因此,交通模型的预测结果不可避免地存在各种误差,甚至是错误。美国威斯康星大学统计学荣誉教授 George Box 在美国交通模型改善学会组织的关于交通预测的学术研讨会上曾说过:"本质上所有的交通预测模型都是存在问题的,但是有一些模型是有用的,一个实际的问题是当模型存在多严重的误差才会使其变得没有用处。"这是模型检验工作要解决的核心问题。相似的观点在英国交通部发布的《交通分析导则》中也有论述。

从本质上来看,交通模型是一个封闭系统,通过一系列数学公式来描述交通系统中各种元素之间的关系,但是交通模型模拟的对象却是一个开放系统,实际生活中出行者面对的影响因素经常不断地变化,而出行者对于影响因素的反应也并不总是合理的,即使同一出行者面对同样的影响因素在不同时刻也可能做出不同的反应。关于个体的出行行为在多大程度上可以被预测尚没有定论。全球复杂网络研究权威艾伯特-拉斯洛·巴拉巴西(Albert László Barabási)认为,个体的日常行为模式不是随机的,而是可预测的,且遵照他的乐观估计个体行为的可预测率在 93%[21]。如果这一结论是可信的,那么任何对于个体行为的预测至少存在 7%的误差。事实上,当我们仔细观察一个城市交通系统的运行情况,以天为统计单位几乎没有一个道路交叉口的流量在两天之中是完全相同的,如果观测的颗粒度聚焦到小时,再将流量细分到转向与车型,那么无疑将进一步放大这种差异,而多数模型预测的时间尺度通常是以小时为单位的。城市中总是存在着一些非常发性拥堵点,我们并不知道拥堵何时会在这些地方发生。从行为学与运筹学的角度来看,交通涉及不对称信息中的博弈问题[22]、有限理性行为个体选择问题[23]以及网络中的动态优化问题[24]。除去这些不可预知的随机因素,交通模型师并非无所不知,因此交通模型或多或少总会存在遗漏的信息,导致模型不能完美地模拟真实世界。因此,模型校验的目的就在于确认模型的可用性。

对于交通模型的验证并不总是发生在模型开发的过程中。交通模型的开发通常是针对某些确定的需求,随着城市交通系统的不断完善,出现了越来越多新的运输系统、新的管理措施及政策。这些新的系统、措施与政策在既有交通模型开发之初是不存在的,但是既有模型经常会被要求去预测这些新系统、措施与政策对于城市交通的影响。所以,在这种情况下,既有模型对于新场景的适应性是难以保障的。新事物的涌现总是超出我们的想象,而模型在设计之初很难预见未来的需求,模型也不可避免地要应对新场景的挑战。在具体测试工作开展之前进行适当的模型验证将有助于识别模型对于测试要求的适用性,并提示模型可能需要改善或调整的地方,从而增强结论的可信度。

3.3 交通模型的误差分析与精度要求

交通模型的误差一般来自以下几方面:

(1) 调查误差,指用于构建模型的调查数据由于受到调查方法、调查时间、抽样比例、样本分布、调查对象配合意愿等多种因素的影响导致数据分析结论与实际情况之间存在差异。

(2) 数据处理误差,模型的计算需要多种调查统计数据,这些数据通常要经过一定的清洗与整理才能供模型计算分析使用。在这一过程中可能导致模型计算使用的数据与实际不一致,进而产生由于数据处理引起的误差。比如,对于宏观模型,其计算的基本单元是交通分析小区(Traffic Analysis Zone,TAZ),因此很多数据都需要归并至交通分析小区层面,但是交通分析小区的划分并不总是与城市的数据统计单元划分一致,特别是近年来随着对于模型预测精细度要求的不断提高,交通分析小区的尺度有越来越小的趋势。就目前的主要城市来看,交通分析小区的尺度基本都小于城市数据统计的最小单元尺度。

(3) 输入数据误差,模型的计算通常会有一些输入性的基础数据,而这些数据可能来自第三方提供的调查数据,比如宏观模型常用到的社会经济数据,包括交通分析小区层面的人口、岗位、机动车保有量等,当统计数据与实际数据有出入时,就会导致模型产生由输入数据引起的计算误差。

(4) 参数估计误差,交通模型在进行参数标定时通常采用统计分析的方法,针对一组研究对象提取其共同的特征,比如宏观模型中的出行率,或者微观模型中的驾驶行为,但是个体之间不可避免地存在差异,统计规律总是难以完全匹配调查数据,因此模型根据统计分析得到的参数进行计算所得的结果总会跟实际调查数据之间存在一定的差异。

除了上述误差来源以外,交通模型还可能包含其他一些误差,比如随机误差、其他未知的误差等。这些误差在建模过程中几乎是不可避免的。随之而来的问题是"模型要达到怎样的精度才是可用的?"目前,国内尚没有出台有关模型模拟精度方面的规范或导则。在后续章节具体讨论模型验证问题时,我们将借鉴一些欧美国家关于模型校验常用的指标供读者参考。但是模型的精确度,更准确地说基础年模型的精确度并不总是等同于可用性。英国交通部颁布的建模导则开篇就提到"一个完全满足检验标准的模型并不代表它就是有效的模型,同样地,一个不能完全满足检验标准的模型也并不代表它就是无效的模型"。这样的说法并非要否定模型检验的意义,而是要强调决定模型有效或无效的首要前提是模型的用途。对于一些与近期实施项目相关的模型，要求预测交通流量或乘客量与观测交通流量或乘客量之间的差异越小越好。另一些有关交通政策的影响力的研究，则更关注模型对于政策的敏感性是否合理，此时基础年模型在交通量方面的模拟精度就不是决定性因素了。这也是基于活动的模型受到越来越多的关注与应用的原因。根据美国交通模型促进学会长期跟踪总结全美各地的交通模型开发与使用情况来看，基于活动的模型在对于交通流量模拟的准确度方面与基于出行的四阶段模型相比并没有优势，而基于活动的模型其主要优势在于对多种交通政策方案的测试有着良好的适应性。从交通影响评估到区域交通规划，不同的交通模型其研究的区域与范围均有所不同，这将直接影响到对于模型准确性的要求。一般来说，当模型预测的年限越久远，研究的范围越大，其相应的精度要求就越低；反之，当模型的研究年限越近，研究的范围越小，其相应的精度要求就越高。

3.4　交通模型的校验

3.4.1　交通模型检验的常见方法

标准的交通模型开发过程包括参数标定、模型校核以及模型检验。但是在实际执行过程中这三者之间的边界有时较为模糊，尤其是模型的校核与检验，在数据受限的情况下往往被当作一个步骤来执行。参数标定通常指依据调查或观测数据，通过统计分析的方法提取模型计算所需要的相关参数的过程。模型校核是指通过调整模型的参数来使模型测算的结果与调查数据更为吻合的过程。模型检验是指将模型测算结果与调查数据进行比对的过程。理想情况下，用于模型检验的调查数据与用于模型校核的调查数据应当是不同组数据，但是在多数实际的模型开发过程中受限于数据的可获取性，这一要求往往难以满足。除了常规的将测试结果与调查数据进行比对的检验方法之外，还可以采用敏感性测试的方法来检验模型的有效性。敏感性测试是指改变模型的输入数据或预设条件来测试模型输出结果的变化是否合理。

交通模型检验的挑战性在于该项工作要求模型的各个计算模块及模型的整体计算流程都需要经过验证，对于复杂模型来说，这意味着大量时间与精力的投入。而在模型检验过程中发现的问题有时需要回到参数标定或模型校核阶段来解决，因此这是一个多次循环往复的过程。对于常见的四阶段模型来说，这意味着交通产生吸引、交通分布、交通方式选择以及交通分配各步骤都需要进行单独的验证，在此基础上还需要对总体计算流程进行验证。对基于活动的模型来说，需要进行检验的步骤可能多达 $10 \sim 20$ 个。以交通产生吸引计算为例，常规的检验方法是将模型计算的出行率或出行量与居民出行调查分析所获得的出行率或扩样获得的出行量进行对比。但是这样的检验方法无法有效识别"沉默出行"（沉默出行是指在居民调查过程中受访者有意或无意漏报的出行），只有等到交通分配阶段才能根据实际观测路面出行量与预测交通流量之间的差异来判别。

常见的模型检验方法可以归纳为以下三个主要类别：

（1）比对基础年交通模型测算结果与实际交通调查结果。这种检验方法是比较常用的一种检验方法。在理想情况下，用于检验的交通调查数据应当与用于模型参数估计及模型校核的调查数据有所区别，但实际情况中受限于调查执行周期及成本，这个要求往往难以满足。在这种情况下，可以考虑对于模型研究范围采用不同的分区系统来对测算及调查结果进行统计与比对，但是从验证的有效性来说，这种做法不如采用独立数据进行验证的方式。

（2）采用历史数据对模型测算的结果进行检验。可以使用历史数据来对模型进行检验，从而解决数据获取难的问题。交通模型构建的数据基础通常来自短期的集中调查，所有的参数标定都基于这些调查数据，我们希望通过这些数据可以反映出现象背后的本质规律。基于短期数据分析获得的规律可能完美地再现了目前的场景，但是长期来看这些规律本身是否会发生变化，通过当前的调查数据无法论证这一点，而这也是通过历史数据对模型测算结果进行验证的另一个作用。交通模型的基本用途是对未来的场景进行预测，要达成这一目标，模型必须能合理模拟交通变化的规律。一个有效的交通模型如果可以预测未来，应当也可以合理地再现过去已经发生的交通场景。

（3）敏感性测试。敏感性测试是通过改变模型的输入数据来判断模型的输出变化是否合理。这种改变可以来自交通需求层面，比如基础的人口、岗位、机动车规模；也可以来自交通供给层面，比如道路、公交线路；还可以是针对某些计算参数的，比如出行费率等。另外，敏感性测试可以是针对模型某个计算模块的，也可以是针对模型全计算流程开展的。

下面我们重点讨论三类模型的常见检验方法，分别是宏观交通模型、微观交通模型以及节点交通模型。中观交通模型在形式与特征上属于宏观交通模型与微观交通模型的结合体，因此，对于中观交通模型的检验可以根据其具体架构参考宏观交通模型与微观交通模型的相关方法与标准进行。

3.4.2 宏观模型的检验

对于宏观模型的检验通常包括以下五个方面。

1. 对于输入数据的检验

宏观模型的输入数据包括社会经济数据和交通设施供给数据。这两类数据几乎是所有宏观模型（包括基于活动的模型）的计算基础。高质量的基础年社会经济数据以及交通设施供给数据对于模型的参数估计、校核以及验证都有很大的帮助。合理的规划年社会经济数据以及交通设施供给数据则是有效预测未来交通发展情况的基础。因此，可以说基础输入数据是模型开发成败的关键。

社会经济数据是指跟交通产生吸引量计算直接相关的各类数据，一般包括人口、家庭户、岗位等。这些数据还可以依据不同的指标做进一步分类。比如，人口可以根据年龄、性别等进行分类；家庭户可以根据交通工具保有水平、户人口结构等进行分类；岗位可以根据岗位类型进行分类。还有一些宏观模型则使用用地数据作为基础输入数据，在这类模型里社会经济数据对应的是各类用地，可能是用地面积也可能是规划开发建筑体量。在宏观模型里，社会经济数据记录的最小单元通常为交通分析小区。

交通设施供给数据是指各类交通网络，包括道路网和公交网络，也包括各类专用路权的交通网络，比如轨道交通网络、共乘车道（High Occupancy Vehicle，HOV）网络及公交专用道网络等。在有些模型中还会对非机动车或步行网络单独进行设施建模。

目前，国内交通模型的建立所使用的社会经济数据主要来源于统计局提供的各类统计数据。其中，数据精细度较高的是人口普查以及经济普查工作中收集到的各类数据。人口普查工作每10年开展一次，经济普查工作每5年开展一次，当交通模型模拟的年份不与这些调查年份重合时，通常要基于这些调查数据对现状进行一定的推测。相比国外发达国家及城市，我国各城市目前用于构建交通模型的社会经济基础数据总体的统计颗粒度较低，对于城市来说，公开公布的数据通常以街道为单位，实际统计的数据通常以社区为单位，而国外的数据统计颗粒度已经达到了以地块为基本单位。以美国洛杉矶为例，其交通模型分区有4 109个，但是其基础数据统计区块的个数达到203 191个。另一个实际问题是来自不同渠道统计的社会经济数据往往存在一定的差异，这种差异可能是由于统计口径或统计方法不同引起的，但是如何去复核与验证目前还缺乏快速、低成本的手段。基于手机信令的城市人口岗位分布研究在国内方兴未艾，随着5G技术的推广，是否能提供较为准确的第三方数据还有待进一步观察。其他可用于辅助分析的社会经济数据还包括公共事业费数据、学校注册登记数据以及通过卫星照片分析所获得的各类建筑体量的数据。

对于基础年模型的社会经济数据的验证过程比较直观，基本方法是将模型中的社会经济数据按照统计单元的划分情况进行加和，并与原始统计数据进行比对。在整体比对的情况下还可以采用抽样比对的方法，即随机选取一定数量的交通分析小区，根据公共事业费数据、卫星照片分析的各类建筑体量数据等对这些交通分析小区内的社会经济数据取值的合理性进行确认。对于未来规划年的社会经济数据的验证则主要是基于对其合理性的判别。首先，确保按照行政规划单元加和的社会经济数据与上位规划目标保持一致，其次要结合区域既往社会经济发展速度分析未来年规划指标增长幅度的合理性。

基于活动的宏观模型中对于社会经济数据的需求与基于出行的模型有所不同。基于活动的宏观模型要求社会经济数据对应至个体，而基于出行的模型对于社会经济数据的需求仅限于总量层面。比如，在基于出行的模型中，在交通分析小区中记录的是小区人口总量、家庭户总量、学生数总量、各类岗位数总量、平均收入或中位数收入水平、性别比例、年龄比例等。在基于活动的模型中，在交通分析小区中记录的则是每个个体的年龄、性别、就业或就学状态、收入水平、家庭归属等。由于基于活动的模型对于社会经济数据需求的精细度已经超出了一般统计工作调查可获取或公布的数据精细度，因此在基于活动的模型中，个体的社会经济特征都是由算法根据区域的总体特征指标拟合产生的。在这种情况下应当注意总量约束的范围不宜过小，否则算法为了匹配约束指标容易生成不合理的个体数据。

交通设施供给数据主要来自各城市的测绘部门、规划部门以及建设部门。同时，对于基础年模型来说还有各类第三方地图服务商提供的卫星地图、全景街拍等数据可用于对交通设施供给数据的检验。对于交通设施供给数据的检验可以从两个层面入手。首先，在总体层面，可以通过对各类交通设施的规模进行加和，并与相关职能部门公布的统计数据进行比对。对于道路交通网络来说，在模型中经常要根据模拟精度的需要对于主（辅）道或者双侧通行的道路分别进行模拟，因此，从绝对里程数上来比对往往要耗费比较多的精力去处理基础数据，对此建议采用车道公里作为总规模比对的指标，从而可以消除模型中因路网表述差异所带来的统计难题。对于公共交通网络来说，无论是公交线路总长度，还是线网规模等都与常规统计口径一致，故可以直接使用。其次，在局部层面，可以采用抽样的方法，借助卫星地图、全景街拍或者采用实地踏勘的方式确认模型中对于交通设施的描述与实际是否一致。对于交通设施供给数据除了检验其规模以外，还要确保其正确的衔接。对此可以通过建模软件自带的功能检查交通网络的连接性，还可以通过计算不同方式交通出行的成本矩阵来发现潜在的问题。

2. 对于交通产生吸引计算的检验

交通产生吸引计算是宏观交通模型计算的第一步，用于模拟交通模型研究时段内的交通出行需求，通常是针对普通工作日全天或者高峰小时的。在基于出行的模型中，交通产生吸引步骤将计算研究时段内各类交通出行的次数；在基于活动的模型中，交通产生吸引步骤将计算研究时段内的各类活动、出行链以及出行链的中间停留点等。

在基于出行的模型中，交通产生吸引被分为基家出行与非基家出行两大类。基家出行是指出行的一端为出行者居住地的出行。通常依据出行目的的不同，基家出行可以进一步分为基家工作、基家上学、基家购物、基家休闲等出行种类。非基家出行是指出行起讫点都与出行者居住地无关的一类出行。交通产生吸引计算通常按照产生、吸引分别计算，对于基家出行来说，产生端即为出行者的住所，吸引端为非住所；对于非基家出行来说，产生/吸引端应按照具体的出行目的来进行定义。交通产生吸引的计算多采用交叉分类法与回归分析法，或二者相结合的方式。交叉分类法多应用于交通产生出行的计算，回归分析法多用于吸引端的计算。通常交通产生计算总量与交通吸引计算总量并不相等，在进入下一步计算之前要注意对交通产生总量与吸引总量进行平衡，以确保二者的总量是相等的。

在基于活动的模型中，预测的是研究区域内人员在一定时间内的活动情况，同样也可以分为基家与非基家两大类，具体以出行链的方式来表示。基家出行是指起始和终了位置都为出行者住所的出行，非基家出行则是指起始和终了位置不是出行者住所的出行。在同一出行链中，起始与终了位置总是一样的。出行链起始位置和终了位置间可以有其他停靠点，原则上对于同一出行链不应出现位置相同的停靠点，如果出现位置相同的停靠点则应当考虑对出行链进行分离。在基于活动的模型中，不存在产生与吸引的概念，因此也不存在产生与吸引平衡的问题。所有的出行都以出行链的模式来描述，故需要确保出行的起点与终点数目总是一致的。但是，在基于活动的模型中，需要对出行链的目的地进行选择，而选择函数多采用多元 Logit 模型的形式，效用函数考虑的变量包括个体特征、家庭特征、各交通分析小区的相关特征等。

对于交通产生吸引计算进行检验的一种常见方法是将模型计算出的不同种类出行/出行链与居民出行调查获得的相关数据进行比对。由于居民出行调查相对执行成本较高,因此很难保证检验数据的独立性。在极少数的情况下,当居民出行调查抽样率较高时,可以将居民出行调查分为两组,一组用于模型参数的标定,另一组用于模型计算的验证。另一种方法是通过历史调查数据及社会经济数据对交通产生吸引计算进行检验。多数情况下对于交通产生吸引计算参数的标定与检验的数据源通常为同一组数据,在这种情况下,在模型检验时可以考虑采用与参数标定不一样的分类统计方法。比如,在参数标定时对于人群的分类采用经济收入和户规模为指标,在验证时可以考虑使用拥车水平或居住区域来对计算结果和调查数据进行重新分类比对,这样有助于发现原有模型是否存在分类上的缺陷。需要注意的是,对于交通产生吸引的计算一般来说分类越细,计算结果与调查值之间的误差就越小,同时这也意味着后续步骤计算的工作量越大。另外,宏观模型构建的目的在于对未来场景进行预测,相关分类数据在未来场景中的可获取性也是在对现状数据进行分类时应当考虑的一个因素。对基于活动的模型来说,除了在总体层面上对各类交通活动总量进行预测值和调查值之间的比对以外,还可以对个体层面的计算结果进行检验。比如,对于某一特征的个体模型预测其出行链种类与组成是否与调查结果相吻合。而对于未来年交通产生吸引计算的验证则主要集中在比对未来年和现状年相关指标的延续性及合理性上,比如交通出行强度的变化、不同目的出行比例结构的变化等。

上述内容中提到的交通产生吸引量指的是出行两端都在模型研究范围内的出行,可以理解为"内内出行"。在现实世界中还存在研究区域人员到发研究区域外的出行活动,或研究区域外人员进入研究区域内的出行活动,以及研究区域外人员经过研究区域的出行活动。这些可以称为"内外出行"和"外外出行"。这些出行的相关信息通常很难从居民出行调查中获取,也不在交通产生吸引阶段进行预测。关于这些交通出行的调查经常通过境界线以及对外交通枢纽的乘客访问调查来获取。而对于这部分出行的预测也会通过特殊的计算单元来完成,具体形式取决于出行的类别。

3. 对于交通分布计算的检验

交通分布计算用于预测交通模型中不同交通分析小区间的交通联系强度。在基于出行的模型中,常见的交通分布计算方法有增长系数法与重力模型法。其中,增长系数法适用于区域已有交通出行分布数据,且未来区域变化较为平稳的情况;重力模型法适用于没有现成的交通出行分布数据或未来区域变化较为显著的情况。目前,我国正处于城市化快速发展阶段,因此城市交通规划模型多采用重力模型的形式。在使用重力模型计算交通分布情况时,通常需要在交通分析小区层面对于小区的交通产生吸引量进行约束,确保交通分布的计算结果在交通分析小区层面与小区的交通产生吸引量基本保持一致,通常采用的计算是双重约束下的 Furness Balance 方法。一些模型在进行交通分布计算时,为了提高局部计算结果与调查结果的吻合度会使用"K 系数"对重力模型的计算结果进行再次调整,而"K 系数"的应用目标区域应当大于交通分析小区。重力模型计算时用到的数据为交通产生吸引阶段预测的各交通分析小区的各类交通出行的产生量与吸引量,以及交通分析小区间的出行成本，通常以出行距离、出行时间、出行费用等组合的形式来表示。

在基于活动的模型中，交通出行分布采用目的地选择的方式来实现，基本形式为多元 Logit 函数。而多元 Logit 函数在进行目的地预测时使用的数据与重力模型在进行分布计算时使用的数据有一定的相似性，其中常见的包括以交通分析小区为单位的人口、岗位或其他设施数量，以及到达各交通分析小区的交通出行成本。然而，比较特殊的是，在进行目的地选择计算时会增加绕行某中途停留点带来的额外出行成本，以此来判断某些非刚性出行需求是否会被满足。

对于交通分布计算的检验首先是对分布函数中参数合理性的检验。一般来说，两个区域之间的交通联系会随着交通出行成本的增加而减弱。因此，分布函数通常相对于交通出行成本呈单调递减趋势。在现实世界中也可能存在一些非单调递减的情况，通常是在交通出行成本较低的区域会出现一个分布的极大值，然后随着出行成本的增加呈现出单调递减的情况。对于具体的分布计算结果可以考虑从以下几方面来进行检验。

首先，可以将"出行距离"预测值与出行距离调查值进行比对。而这种比对应当是针对各种不同的出行目的进行分别比对。"出行距离"既可以用长度来度量，也可以用时间来度量。但是在实际调查过程中，受访者对于出行时间的描述准确度通常是不高的，多以 5 min 或 10 min 为最小计量单位，而对于出行起点和终点的描述则相对准确，因此用以长度计量的"出行距离"来检验出行分布计算更贴合实际。除了检验平均出行距离以外，还应该同时对出行距离的分布情况也进行检验。一般，通过散点图就可以对吻合度进行直观的比对。也可以通过计算来获取预测分布与调查分布情况的吻合度（Coincidence Ratio，CR），如式(3-1)所示。

$$CR = \frac{\sum_{T}[\min(PM_T, PO_T)]}{\sum_{T}[\max(PM_T, PO_T)]} \tag{3-1}$$

式中 PM_T——分布区段 T 模拟出行量占比；

PO_T——出行区段 T 观测出行量占比；

CR——计算吻合度。

CR 的计算值应当在 0 至 1 之间，1 代表模拟的出行分布与观测的出行分布完全吻合。

其次，可以对模型模拟区域大区之间的出行分布特征进行验证。大区可以对应实际行政区划的边界，也可以考虑一些自然的对出行有分割影响的物理边界，如河流、地面铁路线等。在大区层面的出行分布特征验证中同样也应该针对不同目的出行分别开展。以行政区划为例，有些出行会受到行政区划的影响，如上学出行；而另一些出行则不受行政区划的影响，如上班出行或购物出行等。在大区层面的出行分布验证可以比对同一大区内外出行的比例（模拟值 vs. 观测值），也可以比对某一大区与其他大区间联系的比例（模拟值 vs. 观测值）。大区层面的出行分布验证有助于了解模型是否在整体层面上反映了研究区域的交通分布特征。

对于未来场景下交通分布的验证则可以通过与基础年模型分布情况相比对来完成,重点分析未来场景下交通分布变化趋势是否合理,比如随着城市的扩张,老城区功能疏解,城市人口岗位向外围迁移,从而引起出行距离的增长。

4. 对于交通出行方式选择计算的检验

交通出行方式选择,顾名思义是用来预测出行者选择何种交通方式来完成其出行。对基于出行的交通模型,交通出行方式选择仅预测每次出行可能采用的交通出行方式;对于基于活动的交通模型,交通出行方式选择有两个层面,首先是在出行链层面预测可能的出行方式,其次才是在每次单独的出行层面预测可能的出行方式。在基于活动的交通模型中,出行链层面的交通出行方式与出行层面的交通出行方式之间存在内在的逻辑关系,出行层面的交通出行方式应当服从于出行链层面的交通出行方式,比如某个个体在出行链层面选择了单独驾驶的模式,那么在具体出行过程中就不再考虑包括公交、非机动车等在内的其他出行方式。

在交通方式选择阶段通常考虑的基本交通出行方式包括小汽车出行方式、公共交通出行方式、出租车出行方式以及慢行出行方式。在上述基本交通出行方式的基础上可以根据研究区域和研究项目的具体需求对交通出行方式做进一步细分。比如对于小汽车出行方式,在研究高载客率车道相关问题时可以进一步划分为单独驾驶与合乘;在研究拥堵收费相关问题时可以进一步划分为愿意支付拥堵费的驾驶者与不愿意支付拥堵费的驾驶者。对于公共交通出行方式可以根据其接驳方式来进一步细分,比如步行接驳、自行车接驳以及小汽车接驳等。交通方式选择的本质是预测出行者在完成某种目的出行时选择不同交通方式的概率,常见的形式有多元 Logit 模型或嵌套式 Logit 模型。

对于交通方式选择计算结果的检验最基本的方式是比对不同目的交通出行中各类交通方式占比的模拟值与调查值。目前,居民出行调查是获取交通出行方式选择信息的最主要渠道,但是由于居民出行调查抽样比例较小,因此对于一些低频率的交通出行方式存在估计误差较大的可能性,在有条件的情况下应结合其他数据对调查结果进行调整。常用的数据包括出租车载客数据,公交车载客数据等。应当注意的是,公交车载客数据并不直接等同于公交出行次数,还需要考虑流动人口、换乘等影响因素。

敏感性分析是在交通方式选择计算验证中常用的一种方法,主要用来帮助判断交通方式选择计算是否合理。比如增加小汽车出行的成本,会减少小汽车出行比例,而提升公交车辆运行速度,应当有助于提升公共交通的出行比例等。

5. 对于交通分配计算的检验

交通分配是指通过一定的算法将预测的分方式的交通出行需求加载到交通网络中去的过程。对于道路交通流量分配常用的方法是用户均衡法,通过循环迭代使得整个网络达到一个平衡状态,在这种状态下,出行者改变出行路径并不能再降低其出行成本。在每次迭代中都计算路网中各路段的流量,路段流量的变化会引起车辆通过该路段时耗的变化。这种分配方法的核心是流量延误函数,通常采用 BPR 函数的形式,有时也称为静态分配法,即在一次分配计算过程中所有的参数都是不变的。在用户均衡法的基础上还有一种改进的分配方法——随机用户均衡法,这种算法假设出行者没有完整的路网属性信息,或者他们对出行成本的感受不同。在随机用户平衡法中吸引力小的路径也可以获得一定的交通量,使得模拟道路网络中零流量路段的数量大大减少,模拟结果更贴近现实情况。

　　随着计算机运算水平的不断提高以及基于活动的模型不断发展,出现了通过微观仿真技术将交通流量加载到网络中来获取出行时间成本,并不断循环迭代使得路径选择趋于合理的新的分配算法,也就是动态分配算法。动态分配算法可以更准确地模拟不同交通流量造成的延误,同时对于不同的交通节点、管控方式、道路断面都有着更好的描述能力。一般来说,当交通网络处于不饱和状态时,动态分配算法与静态分配算法的计算结果比较接近,但动态分配算法计算更为复杂,因此要花费更多的时间;但是当交通网络接近甚至超过饱和状态时,动态分配算法可以更准确地模拟网络的运行情况,从而获得更准确的出行成本。动态分配算法依然以全网络出行代价最小为收敛目标,在分配过程中根据实际模拟产生的出行成本不断修正路径选择比例,直至满足收敛条件为止。动态分配算法虽然可以更准确地模拟交通网络的运行情况,但是当交通网络处于饱和状态时,动态分配算法并不能保证一定收敛,正如我们日常所见的城市交通有常发性拥堵点,也有偶发性拥堵点,而偶发性拥堵点在某种意义上可以理解为非收敛状态下的城市交通自然分配的结果。如何在不牺牲模拟准确性的前提下,提高算法的收敛水平依然是动态分配领域的一个研究热点。

　　对于宏观交通模型来说,针对交通分配结果的检验也是对模型最终计算结果的检验。与前面的一些检验步骤不同,对于交通分配结果的检验并不存在数据独立性的困惑。用于检验模型分配结果的数据通常是实际观测的道路交通流量、路段行车速度以及一定区段上的行程时间。对于交通流量可以是单个断面的流量,也可以是一组断面的流量,比如核查线交通流量。对于路段行车速度以及区段行程时间可以是针对小汽车的,也可以是针对常规公交车的。由于在宏观模型开发和参数标定的过程中几乎不直接使用交通流量、车速和行程时间的调查数据,因此使用这些数据对模型的分配结果进行检验被认为是满足检验数据独立性要求的。交通分配是宏观模型计算的最后一个步骤,这意味着前面各模拟阶段中累积的误差都将在分配阶段体现出来,因此相对于前面各个步骤来说,通常分配阶段的检验误差水平最高。

　　根据英国《道路与桥梁设计手册》第12卷以及美国交通模型促进学会的相关导则,对于宏观模型分配结果的检验包括以下一些主要指标:

　　(1) 单一道路断面交通流量检验标准。当单一道路断面观测流量在700～2 700车次/h,若模型的模拟值与实际观测值之间的误差小于15%,可认为该断面的交通量模拟精度满足标准;当单一道路断面观测流量小于700车次/h,若模型的模拟值与实际观测值之间的误差不大于100车次/h,可认为该断面的交通量模拟精度满足标准;当单一道路断面观测流量大于2 700车次/h,若模型的模拟值与实际观测值之间的误差不大于400车次/h,可认为该断面的交通量模拟精度满足标准。当模拟网络中85%的检验断面模拟精度符合标准,可认为模型的交通量模拟精度符合标准。

　　(2) 核查线总流量检验标准。单条核查线道路断面总流量的模拟值与观测值之间的误差不大于 5%,可认为该条核查线两侧交通交换量模拟精度符合标准。通常单条核查线应当至少包含 5 条道路断面。

(3) GEH 值检验标准。GEH 值是英国交通研究者提出的交通流误差统计分析指标,其形式可以降低实际交通流量对于误差计算值的影响。对于单一道路断面,当 GEH 值不大于 5 时,可认为该断面的交通量模拟精度满足标准。对于核查线总流量,当 GEH 值不大于 4 时,可认为该条核查线两侧交通交换量模拟精度符合标准。当模拟网络中 85% 的检验断面的 GEH 值不大于 5 时,可认为模型的交通量模拟精度符合标准。GEH 值的计算可以参照式(3-2)。

$$GEH = \sqrt{\frac{(M-C)^2}{(M+C) \times 0.5}} \tag{3-2}$$

式中　M——模拟交通量;
　　　C——观测交通量。

(4) 行程时间的检验。当行程时间的模拟值与观测值之间的误差不大于 15% 或绝对误差小于 1 min,可认为该条通道上的行程时间模拟精度符合标准;当模拟网络中 85% 的通道行程时间模拟精度符合标准时,可认为模型的行程时间模拟精度符合标准。

美国对于宏观交通模型分配结果的检验更倾向于使用车辆行驶里程数而非直接使用交通流量值。模型模拟精度的检验标准跟道路等级有关,美国联邦公路局建议,对于快速路或高速公路而言,若模拟车公里数与观测车公里数之间的误差不大于 7%,可认为模拟精度符合标准;对于主干路而言,若模拟车公里数与观测车公里数之间的误差不大于 10%,可认为模拟精度符合标准;对于次干路而言,若模拟车公里数与观测车公里数之间的误差不大于 15%,可认为模拟精度符合标准;对于支路而言,若模拟车公里数与观测车公里数之间的误差不大于 20%,可认为模拟精度符合标准。

对于路网中车公里数,在现阶段很难通过直接的交通调查来获得,需要依据道路断面观测流量通过一定的算法来拟合,前提条件是道路断面观测流量在网络中的分布足够密集。交通流量反映的是交通网络中某一个点的交通情况,而车公里反映的是交通网络整体交通负荷的情况,在数据条件允许的情况下应该考虑对两组数据分别进行验证。

对于公共交通分配结果的检验可以考虑从以下几点着手,包括站点上下客数据、线路最大断面乘客数据、核查线公交客流数据等。对于公交分配结果的检验美国与英国均没有给出硬性规定,究其原因可能是因为公交客流情况相对机动车交通流更为复杂。比如,在大型城市中,几乎没有不与其他线路重合的公交线路,即使轨道交通拥有独立路权,也会在某些区段与地面公交重合。当不同线路间有可替代性时,出行者选择某一线路除了考虑线路的频次、价格、舒适度以外,一个更重要的因素是当前状态下哪条线路的车辆首先到达候车地点。其中存在一定的随机性,车辆的到站时间受到道路交通运行状况的影响,同时,乘客的到站时间也是不固定的,而公交车通常不在中途站停车候客,因此对于公交客流来说,有相当一部分是随机选择的结果。如果曾经开展过城市公交客流调查,就会发现同一线路不同班次的车辆其载客水平经常存在很大的波动,而且这种波动是没有明显规律的,甚至以天为统计单位,同一线路在不同的普通工作日其统计客流量也会存在明显差异,这些都给检验标准的制订带来了困难。美国交通模型促进学会参考相关城市的模型校验研究报告,对于公共交通客流分配的检验标准给出了一些参考建议:

(1) 对于站点上下客,模拟值与观测值之间的误差不大于9%。

(2) 对于核查线公交客流,模拟值与观测值之间的误差不大于20%。

(3) 对于线路客流量,若线路日客流量小于1 000人次,模拟值与观测值之间的误差不大于150%;若线路日客流量在1 000~2 000人次,模拟值与观测值之间的误差不大于100%;若线路日客流量在2 000~5 000人次,模拟值与观测值之间的误差不大于65%;若线路日客流量在5 000~10 000人次,模拟值与观测值之间的误差不大于35%;若线路日客流量在10 000~20 000人次,模拟值与观测值之间的误差不大于25%;若线路日客流量在20 000人次以上,模拟值与观测值之间的误差不大于20%。

3.4.3 微观交通模型的检验

微观交通仿真模型以单辆车为基本模拟对象,以秒或亚秒(即不足1 s)为时间单位模拟研究区域的交通运行情况。微观仿真模型适用于城市内部复杂交通场景的研究,近年来在世界各地微观仿真模型的应用越来越广泛。微观交通仿真模型并不关心交通出行需求因何产生,其研究的重点是车辆在各种交通环境中如何完成其出行这一过程。

虽然,微观模型的构建涉及大量的交通信息与参数,但是在计算步骤上相对简单,通过建模软件内置的车辆模型及用户定义的交通场景与规则完成对交通运行情况的模拟。在对微观模型进行检验之前,先要确认微观模型模拟的范围[25]。微观模型研究区域应当尽量覆盖评估项目可能产生影响的范围,在此基础之上对于模型的边界建议至少外扩一个交叉口的距离。

对于微观交通模型的检验可以分成两大部分,即对于模型输入数据的检验与对于模型输出数据的检验。

1. 对于模型输入数据的检验

微观模型输入数据的检验包括对于交通网络的检验、对于交通需求的检验以及对出行者驾驶行为特征的检验。

对于交通网络的检验具体包括:

(1) 对于交通网络连通性的检验。该检验的重点是交通节点的连通性,而交通节点主要包括平交路口和立交节点。模型对于交通节点的模拟应当如实反映平交路口的渠化方案以及立交节点的拓扑结构。

(2) 对于交通网络几何特征的检验。交通网络几何特征包括路段长度、路段车道数、道路限速、车道宽度、车道曲率、车道坡度等。

(3) 对于交通节点控制方式的检验。检验的内容主要是确认交通节点的控制方式与实际或规划情况是否一致。常见的交通节点控制方式包括让行、停车让行、信号控制(单点、触发、联动)等。

(4) 对于交通管控情况的检验。常见的交通管控包括转向限制、车道使用限制等。

微观交通模型的交通需求是机动车出行量,输入的方式有两种,一种是直接在模型的每个边界端点输入具体的机动车出行量;另一种是以 OD 矩阵的方式输入机动车出行矩阵。公共交通则以固定线路与频次的形式来模拟。对于微观交通模型而言,其交通需求除了具体数量外还需要验证车型结构比例,不同类型的车辆在交通流中的占比对于微观交通模型的仿真结果会有显著影响。微观交通模型的交通需求可以通过交通量调查的方式来获得,常见的方式是路口分车型分转向的流量调查。对于以 OD 矩阵形式输入的机动车出行需求可以通过特定的算法根据路口交通流调查来构建 OD 矩阵,也可以通过局部车辆 OD 调查的方式来直接获取车辆出行 OD 矩阵。微观交通模型出行需求的另一个主要来源是宏观交通模型。值得注意的是当构建微观交通模型出行需求的数据来自实际调查时,经常会遇到上下游交通流量数据不连续的现象。导致这种现象的原因可能有几种:①调查执行过程中出现失误,导致数据的不连续;②上下游调查点中间存在重要的地块交通出入口,对于交通需求有显著的影响;③道路交通拥堵导致上下游交通量产生观测差异,需要根据差异产生的具体原因对数据进行必要的修正。

出行者驾驶行为特征的验证。对于出行者驾驶行为特征很难进行直接的验证。通常对于有区域建议驾驶行为特征参数取值标准的地区,在没有特殊原因的情况下,模型中出行者驾驶行为特征参数应当与区域建议值保持一致。对于没有区域建议驾驶行为特征参数取值标准的地区,可以通过比对实际道路通行能力与模拟道路通行能力来对相关驾驶行为特征参数进行适当的调整,可考虑调整的驾驶行为特征参数包括车头时距、驾驶人反应时间、变道时距、红绿灯切换反应时间、排队跟车间距等。

2. 对于模型输出数据的检验

对于微观交通模型输出数据的检验主要集中在交通流量、行程时间以及车辆排队情况等几个方面。

1)交通流量检验

微观交通模型交通流量的验证标准与宏观模型要求较为相似。

单一道路断面交通流量检验标准,当单一道路断面观测流量在 700~2 700 车次/h 时,若模型的模拟值与实际观测值之间的误差小于 15%,可认为该断面的交通量模拟精度满足标准;当单一道路断面观测流量小于 700 车次/h 时,若模型的模拟值与实际观测值之间的误差不大于 100 车次/h 时,可认为该断面的交通量模拟精度满足标准;当单一道路断面观测流量大于 2 700 车次/h 时,若模型的模拟值与实际观测值之间的误差不大于 400 车次/h 时,可认为该断面的交通量模拟精度满足标准。当模拟网络中 85% 的检验断面模拟精度符合标准,可认为模型的交通量模拟精度符合标准。对于单一道路断面,当 GEH 值不大于 5 时,可认为该断面的交通量模拟精度满足标准。当模拟网络中 85% 的检验断面 GEH 值不大于 5 时,可认为模型的交通量模拟精度符合标准。

在单一道路断面交通流量检验的基础上,建议研究区域所有观测断面的模型模拟总量与实际调查总量的误差不大于 5%,或 GEH 值不大于 4。伦敦交通管理局对于微观交通模型的流量模拟精度提出了更高的标准,要求研究区域内重点路段的模拟 GEH 值不大于 3,模型边界道路的交通量模拟值与观测值之间的误差不大于 5%[26]。

2）行程时间检验

微观交通模型对于行程时间的验证要求模拟行程时间与观测行程时间之间的误差不大于15%或1 min。对于微观交通模型的验证来说，行程时间的验证相比交通流量的验证显得更为重要。这是因为首先在很多时候微观交通模型的交通需求输入直接来自交通调查，因此流量的模拟值和调查值之间有着天然的一致性；其次，微观模型的重点在于模拟交通网络的运行情况，而行车速度或者行程时间正是反映交通运行情况的最直接的指标。

3）车辆排队检验

微观交通模型对于车辆排队情况的验证一般不做强制性的数据要求。这是因为在现实生活中车辆排队是一个动态变化的过程，且对于车辆是否处于排队状态某些情况下是一个相对主观的判断；而在微观模型中对于车辆排队则有着严格的定义，可以根据仿真的状态准确地输出相关结果，故模拟情况和观测情况之间的直接比较是不对等的。伦敦交通管理局要求微观模型模拟的车辆排队情况与实际车辆排队情况有足够的相似性。比如某条道路是否存在周期性的排队情况，在控制周期内车辆排队是否可以消散等都是判断相似性的方法。

应当注意的是，微观交通模型的模拟结果存在一定的随机性，因此对于微观交通模型的输出结果通常要求至少是连续三次模拟结果的平均值。微观交通模型是针对车辆运行状况的全过程的仿真模拟，因此在仿真开始时交通网络中是没有车辆的，在这种情况下，模型的输出结果也不具有参考价值。在正式开始统计模型输出结果之前，通常要求微观交通模型增加一段"预热"仿真，使得模型中的行驶车辆数达到合理的水平。"预热"仿真的时长跟模型的覆盖范围有关，模型覆盖范围越大，相应地，所需的"预热"时间就越长。当微观仿真模型的交通需求是以OD矩阵的形式表达时，模型通常是以动态分配的方法将OD矩阵加载至交通网络中。在这种情况下，应当首先保证动态分配已达到稳定收敛，才能进行有关输出结果的验证。伦敦交通管理局对于动态分配收敛的判别标准是：连续四次分配结果，95%的路段交通流量变化幅度不超过5%，同时，95%的路段行程时间变化幅度不超过20%。

3.4.4 节点交通模型的检验

节点交通模型的研究范围通常是一个道路交叉口或者连续的几个道路交叉口。节点交通模型研究的重点是不同道路交叉口设置形式与管控方式对其通行能力的影响，以及研究区域在一定交通流条件下的交通运行情况。节点交通模型的主要作用是辅助各类道路交叉口的渠化设计以及信号控制方案的优化。节点交通模型不存在复杂的分步骤计算过程，其输入数据主要包括道路设施信息、交叉口控制方案信息以及交通流量信息，其主要输出数据为路段或交叉口的饱和度、车辆排队水平、车辆延误水平以及优化信号配时方案等。

1. 对于模型输入数据的检验

与微观交通模型相似，在节点交通模型中也需要对研究区域的交通网络及交通设施进行细致的描述。但是,区别在于在微观交通模型中这种描述是通过绘制路网的形式来表达,而在节点交通模型中这种描述则直接通过具体的数字来描述。节点交通模型的另一个特点是以单条车道为基本研究对象,车道的通行能力是模型的输入数据。节点交通模型对于车道通行能力的准确度要求很高,而车道通行能力的获取要求严格依照道路实际或设计参数来进行计算,或者通过现场实测的方式来获得。对于节点交通模型输入数据的检验主要包括以下一些方面:

(1) 模拟道路的检验。除了道路的长度、车道数等常规数据的检验以外,还需要对其他一些方面进行检验,包括路段的结构、道路交叉口展宽、左转及直行待行区的容量和车道的通行能力。其中,对于路段的结构检验,由于节点交通模型是以单条车道为基本模拟对象的,一个路段通常应根据各条车道的转向以及信号相位设置情况考虑单独或合并模拟。另外,道路交叉口展宽是一种常见的形式,在节点交通模型中对于展宽段的描述包括展宽段的长度及使用频率。

(2) 节点控制方案的检验。对于让行控制的区域应当明确让行优先级关系与最大可让行量,对于信号控制的区域应当检验信号控制方案的设置是否符合信号设计规范,包括最短绿灯时长是否满足要求以及相位切换设置是否满足要求。如果在同一相位内存在让行的情况,应当明确主要交通流方向与次要交通流方向,并确保该项设置符合交通控制与管理的基本规则。当模拟场景为现状实际情况时,应当要求模型不对信号方案进行优化,同时要确保节点交通模型中的信号设置方式与实际保持一致。随着智能交通技术的广泛应用,越来越多的信控交叉口采用了触发式或联动式的控制方式,这意味着信号周期以及各相位的时长都是可变的。在这种情况下节点交通模型中的信号周期以及相位时长应当采用多个观测信号周期的平均值。

2. 对于模型输出数据的检验

节点交通模型的输出通常包括节点的饱和度、节点延误、车辆在节点的停车次数、节点各进口的车辆排队情况以及节点的冗余通行能力。在上述输出数据中车辆排队情况被用作主要的模型输出数据检验标准。伦敦交通管理局要求节点交通模型模拟的车辆排队长度应当与现场实际调查的车辆排队长度保持一致。这里的车辆排队长度指的是每个进口道在绿灯起始时的车辆排队长度,以标准车(pcu)为计量单位。同时,对于节点交通模型中的车道通行能力进行了严格的限定,要求模型中的车道通行能力与现场调查值或规范计算值的偏差不得大于5%,在有行人穿越的路段偏差不得大于10%。

3.5 交通模型的数据需求

交通模型是反映交通行为规律的数学模型,是基于一定的数据信息,按照特定的理论与技术,通过数学方法,借助专业计算机软件,反映一定时空范围内人、车、物的交通行为规律,是重要的交通决策和管理技术分析工具。交通模型的开发与验证需要大量基础数据的支持,有些数据来自行业统计或规划,有些数据来自现场调查。随着信息技术的发展,包括手机信令、GPS 数据以及社交数据等非传统交通领域的数据也被越来越多地应用到交通模型研究中。当然,不同种类的交通模型在数据需求的深度与广度上也有所不同。

3.5.1　宏观交通模型的数据需求

宏观交通模型主要研究交通本源问题,即交通为什么会产生以及交通需求如何得到满足。从数据需求的角度来说,宏观交通模型的数据需求特征体现在广度上,可以分为三个主要类别:

（1）交通需求数据。各种与交通需求产生直接相关的数据,包括人口数据以及相对应的社会经济属性,如性别结构、年龄结构、收入水平等;各类岗位数据;各类用地规模及建设规模数据;居民出行数据;机动车保有水平数据等。

（2）交通设施数据。道路交通网络数据,包括道路的等级属性、道路连通性、道路车道数、道路限速、道路限行情况、节点转向限制等;公共交通网络数据,包括公交线路、站点、服务频次、票制票价等信息。

（3）交通运行数据。交通系统运行过程中产生的数据,包括道路交通流量、道路交通行程时间、小汽车载客率、出租车载客率、出租车行驶里程、出租车载客行驶里程、公交车载客量、公交车站点上下客数量,枢纽换乘量等。

3.5.2　中观交通模型的数据需求

中观交通模型的产生与应用旨在填补宏观交通模型与微观交通模型之间的空白。从目前国内实际应用情况来看,对于中观模型的界定一是对宏观模型进行了局部细化,二是在较大范围内构建的微观模型,但是在路网描述精细度上比较粗略,从严格意义上来说,二者其实都不是真正的中观交通模型。目前,中观交通模型的理论框架与宏观交通模型基于交通流量延误分配的理论和微观交通模型基于个体车辆仿真的理论有何异同在业内尚未达成统一且明确的认识[27]。中观交通模型的应用面向较大区域,希望能够更准确地模拟交通在区域内的运行情况,同时又希望避免花费过多的精力在模型建立的细节及调试方面。因此,中观交通模型建立时增强了对交通节点的模拟能力,同时允许较为准确地模拟车辆在交通网络中实际占用的空间,以此来避免宏观交通模型对于节点延误估计不足以及出现饱和度过高的路段等不切实际的情况。但是,在具体车辆模拟方面中观交通模型采取了忽略个体差异的策略来降低模型的复杂度与计算成本,将车辆作为队列来进行模拟,同一队列的车辆具有相同的运动特征,并且车辆队列的运动特征服从统计的流密速关系[28]。中观交通模型的数据需求包括以下内容:

（1）交通需求数据。中观交通模型原则上不进行底层的交通需求计算,中观交通模型的需求数据通常为 OD 矩阵的形式,数据的来源可以通过宏观交通模型输出局部区域的 OD 矩阵,也可以通过 OD 调查来获得相关数据。

（2）交通设施数据。在宏观交通模型的道路交通网络数据与公共交通网络数据的基础上,至少需要补充交通节点信息,包括道路交叉口的转向信息以及道路交叉口控制方式与控制方案信息。对于路网描述的精细度则随模型的具体需求有一定的弹性。

（3）交通运行数据。该类数据主要包括道路交通流量、道路交通行程时间、公交线路客流量、公交站点上下客数量，枢纽换乘量等。

3.5.3 微观交通模型的数据需求

微观交通模型模拟每一辆具体车辆在路网中的行驶情况，可以细致地分析车辆在行驶时与路网、路网中的控制系统（如交通信号）以及其他车辆间的相互作用。在微观交通模型中包括了路网中微小的细节，例如是否有足够的时间间隔使车辆完成并道。因此，与宏观及中观交通模型相比，微观交通模型能更真实地反映交通运行情况[29]。微观交通模型可以提供关于交通运行过程的大量的分析数据，同时，微观交通模型的构建也需要很多的数据支持。微观交通模型对于数据需求的精度要求更高。微观交通模型的数据需求包括以下内容：

（1）交通需求数据。微观交通模型不进行底层的交通需求计算，微观交通模型的需求数据可以是在尽端道路加载的分类型的各类机动车数量，也可以是OD形式的各类机动车出行矩阵。在微观仿真模型中，对于公共交通车辆通常采用固定线路、固定频次的方式进行模拟。在微观交通模型中，需要明确各种类型机动车的具体数量或者比例，当机动车的外形尺寸比较特殊时，一般可以通过建模软件专门构建该机动车的车体模型。

（2）交通设施数据。在微观交通模型中对于交通设施数据的需求包括道路长度、道路宽度、车道数、道路的曲率等。当然，取决于项目的具体需求，在某些情况下还会需要道路的坡度、路边泊位布局、路侧公交车站布局、路口渠化信息、各类交通标线信息、转弯半径、信控路口信号控制方案等。

（3）驾驶行为数据。该类数据是指在一定路段限速条件下，车辆的速度分布特征、车头时距、静止状态下车辆的停车间距等。

（4）交通运行数据。该类数据主要包括道路交通流量、道路交通行程时间、道路交叉口车辆排队长度等。

3.5.4 节点交通模型的数据需求

节点交通模型主要用于辅助各类道路交叉口的渠化设计以及信号控制方案的优化。节点交通模型的数据需求包括以下内容：

（1）交通需求数据。该类数据通常是以pcu为单位的交通流量数据，有些情况下也可以是OD矩阵形式的机动车出行矩阵信息。在节点交通模型中，不对车辆类型进行区分，不同车辆类型比例对于模型的影响将在车道通行能力设定环节体现。

（2）交通设施数据。该类数据主要包括道路长度、车道数、路口渠化信息、转弯半径、展宽段及待行区容量、车道通行能力等。

（3）交通运行数据。该类数据主要是道路交叉口车辆排队数据。

3.6 交通建模数据采集手段及发展趋势

数据是交通模型建立的基础,高质量的模型离不开准确的基础数据的支撑。综合上述各类模型建立所对应的数据需求,交通模型在建立过程中所使用的数据主要包括以下四种:

(1) 社会经济数据。通常为一定区域范围内的人口、居民户数、岗位以及与其相联系的收入、机动车保有水平、户人口数量及结构等,数据通常来自统计普查。

(2) 交通供给数据。通常包括道路交通网络以及公共交通网络,具体为道路等级、车道数、路段的连通性、公交站点的位置、线路走向等。

(3) 交通系统使用情况数据。这是模型建立过程中非常重要的一部分数据,通常包括道路车流量数据以及公共交通客流数据。从数据覆盖面上来看,在条件允许的情况下应该尽可能多的收集车流/客流数据。

(4) 出行者需求特征信息。针对出行者的访谈几乎是获得其出行需求特征的唯一渠道。这类调查通常会花费大量的财力与人力,因此从执行的角度通常会将调查的样本量控制在最小的可接受程度。对于此类调查的抽样率业内至今没有达成共识。

3.6.1 国内外城市交通调查情况

1. 美国交通综合调查情况

1921 年,美国就开始进行交通调查和研究工作,各州交通部门相继开展了大量交通调查,建立了系统的交通需求与规划模型,为美国交通部(U.S. Department of Transportation, DOTs)和都市规划组织(MPO)提供科学管理依据。另外,美国在 1996 年编制了《交通调查手册》(*Travel Survey Manual*)用来指导全国的交通调查工作,在该手册中将交通调查分为 7 个常规类,选定的每一类调查都应能反映交通运行的重要特征。美国《交通调查手册》中对于调查的分类参见表 3-1。

表 3-1 美国综合交通调查主要内容

序号	调查类型	常规调查内容	常规运用模型
1	家庭出行/活动调查(Household Travel Activity Surveys)	调查区域内的家庭出行信息,或者调查区域内的居民出行信息	出行产生、出行分布、出行方式选择、出行时间分布、出行者行为
2	车辆截访和外围调查(Vehicle Intercept and External Surveys)	路段、特定方向上的车辆出行特征调查,或者车辆出行路径/OD 调查	出行分布、模型修正
3	公共交通调查(Transit Onboard Surveys)	调查公共交通使用者的 OD 起讫点、出行目的和出行特征	出行方式选择、公交分配

(续表)

序号	调查类型	常规调查内容	常规运用模型
4	商业车辆调查（Commercial Vehicle Surveys）	调查区域内商业用车出行特征，通过随车调查、驾驶员访问等方式实施	商业车辆出行模型，包括出行产生、分布和出行时间
5	办公商业场所调查（Workplace and Establishment Surveys）	选定调查场所内员工访问，或者进出场所人员调查	出行吸引模型、停车需求和出行费用分析
6	酒店/游客调查（Hotel and Visitor Surveys）	调查区域内酒店访客，或者进出酒店人员	访客出行模型，包括出行产生、出行分布和出行时间
7	停车调查（Parking Surveys）	在调查区域和调查时段内所有停车的车辆信息，或者调查区域内所停车辆	停车费用模型，用于出行模式选择分析

2. 北京市交通综合调查情况

北京1986年开展了第一次综合交通调查，调查内容为居民出行调查，截至2014年共开展了五次综合交通调查，内容包括6大项17小项。同时，自2002年起每年开展小样本调查。北京第五次综合交通调查的项目参见表3-2[30]。

表3-2 北京第五次综合交通调查主要内容

调查类型	调查子项	子分项调查内容	调查规模
居民出行调查	居民出行调查	居民出行入户访问调查	4万户
		志愿者GPS出行轨迹跟踪调查	1 980户家庭连续一周出行情况
		居民出行意愿调查	5 564名人员
		流动人口出行调查	523个宾馆/地下室，8 036份问卷
无线信令数据采集分析		无线信令数据采集分析	2014年7月至2015年7月
公共交通调查	公共交通调查	轨道交通调查	12 599份乘客问卷＋6 731份换乘意愿问卷＋19个站点换乘量调查
		地面公交调查	69条线路，3万余份乘客问卷
		出租车	2 000辆车，36 748份乘客问卷
道路流量调查		核查线道路流量调查	482条道路
		境界线道路流量调查	19条道路＋公路
专项辅助调查		对外枢纽乘客调查	火车站、机场和长途客运站离京人员，12 000份问卷
		就学分布	46万学生

(续表)

调查类型	调查子项	子分项调查内容	调查规模
数据收集类调查		土地使用状况数据收集	国土局、规委、建委
		人口与就业状况数据	统计局、公安局、民政局
		就医分布状况	卫生局
		机动车保有量分布状况	交管局

北京在 2014 年的交通调查工作中更加注重新技术的应用,开发了基于智能终端和互联网的出行调查采集系统,在信息数据方面引进了通信信令、GPS 设备、公交 IC 卡数据、公交 GPS 数据、地铁 IC 卡数据、公共自行车 IC 卡数据、道路交通流自动检测数据和高速公路 ETC 数据等,从而增加了数据的覆盖面。

3. 上海市交通综合调查情况

上海于 1986 年组织开展了第一次综合交通调查,调查所得数据用于开展第一轮上海城市综合交通规划编制、创建上海交通规划模型、论证内环高架、杨浦大桥、地铁 2 号线、延安高架等重大工程。第二次综合交通调查发生在 1995 年,调查所得数据用于支撑新一轮上海城市总体规划编制、开展第二轮综合交通规划、编制上海市城市交通发展白皮书以及编制轨道交通网络。其后,上海形成了五年一次综合大调查,每年一次小样本调查的成熟机制。最近一次有信息正式公布的综合交通调查在 2014 年,调查分为五大类、24 个调查项目,上海第五次综合交通调查的项目参见表 3-3[31]。

表 3-3 上海第五次综合交通调查主要内容

调查类型	调查子项	调查类型	调查子项
交通基础数据调查	1. 社会经济、基础设施调查 2. 人口和就业岗位调查 3. 停车设施调查 4. 货运车站、堆场及仓储普查	系统运行特征调查	1. 道路流量和载客人数调查 2. 道路车速调查 3. 轨道客流特征调查 4. 公共汽(电)车客流调查 5. 交通环境调查
人员出行情况调查	1. 居民出行调查 2. 流动人口出行特征调查 3. 对外枢纽客流问询调查 4. 典型用地吸引特征调查	信息技术挖掘	1. 基于综合交通信息平台数据 2. 基于手机信息的出行特征 3. 基于 GPS 的车辆出行特征 4. 基于遥感的交通相关用地 5. 基于牌照识别车辆出行特征 6. 基于一卡通的交通特征
车辆使用情况调查	1. 小客车使用特征调查 2. 货运车辆出行特征调查 3. 四类集体班车出行特征调查 4. 出租车出行特征调查 5. 典型用地停车特征调查		

上海在第五次综合交通调查中除了传统的人工调查以外,还采用了一些领先的数据采集技术,主要包括以下几方面。

1) PDA 录入技术

采用 PDA 调查,在调查现场即可完成数据录入工作,无须后期再进行人工录入,并且通过 PDA 预先设定的程序可以对调查信息的完整性、出行次序时空轨迹的逻辑性、地址的准确性等进行当场检查,从而提高了工作效率和调查质量。

2) 卫星遥感技术

通过对高分辨率航空遥感用地解译获得全市 23 万个分析单元的用地信息,从而更加准确地掌握全市 28 类主要用地类型的面积总量及空间布局,掌握全市 13 类建筑的建筑总量、空间布局及每个分析单元的用地开发强度。

3) 手机信令分析

通过 2011—2014 年移动手机信令数据来辅助校核人口分布、出行分布等人工调查的结果,具体有三个方面的技术应用,即轨道车站客流换乘特征分析、校核线手机客流穿越特征分析以及手机用户昼夜分布分析。

4) 车牌识别信息技术

通过上海全市 42 个市境道口、343 个中心城快速路断面和 14 个越江桥隧的车牌识别数据来辅助校核小客车实有量、车辆出行分布等人工调查的结果。同时,通过车牌识别数据来判别车辆行驶路径以及对长期在沪使用的外牌车辆进行识别。

5) 车辆 GPS 信息

通过获取 2.9 万辆出租车和 1 万辆货车的 GPS 信息来调查中心城地面道路的车速。同时,车辆 GPS 数据也是辅助校核出租车、货运车辆出行特征的主要手段。

6) 基于交通卡的信息提取技术

通过对公交 IC 卡数据的分析来获取公交卡持有者的上车站点与换乘情况。同时,通过对刷卡时间规律的分析来判断用户的出行属性,并进一步分析不同类型用户的公交出行时空分布特征。

3.6.2 城市交通数据采集的常见类别与方法

城市交通相关数据的采集,除了统计部门可以提供的包括人口、岗位、机动车保有量等数据以外,其余数据需要通过不同的交通调查来获取。交通调查是指采用一定的技术手段来调查城市交通系统的有关特征,了解城市交通设施、交通系统运行及交通管理的现状,分析问题症状的一种活动。交通调查为交通模型的构建提供了数据支撑。为了指导城市交通数据采集工作,乌鲁木齐市编制了《乌鲁木齐市综合交通调查实施导则》[32],用以指导城市各类交通相关调查。

准确的数据是交通模型构建的基础,在开展具体调查工作之前,首先要确保调查数据具有代表性。多数的交通模型都是针对正常交通环境的,因此应当考虑选取普通工作日作为调查实施的日期,通常建议为周二至周四,具体调查日期应当注意避开学校假期,另外,调查区域及邻近区域不应有道路施工或临时道路封闭的情况,同时应当注意调查过程中是否有交通事故等偶发性事件可能对调查结果产生影响,尤其是交通流与行程时间等与交通运行状况密切相关的调查。交通调查的具体时段通常应当包含早、晚高峰,当然也可以根据所调查内容的具体需求来考虑是否还要纳入其余时段。

3.6.2.1 居民出行调查

居民出行调查是指在调查区域内,对一定比例居民的家庭基本信息、个人基本情况、常用车辆情况、个人出行情况及出行意愿情况进行调查,收集各类与居民出行有关的基础信息,以分析城市居民的出行特征。国内外有关居民出行的调查方法有信函法、电话调查法、网上调查法、入户访问法等,通常采用一种或多种方式相结合的形式,以居民户为单位实施调查。从调查的效率及数据质量的角度来说,入户访问法是居民出行调查最佳的执行方法。居民出行调查是宏观需求模型建模最主要的数据来源之一。

居民出行调查具体包括调查方案设计、调查组织实施、调查数据处理等几个阶段。其中,调查方案设计阶段包括背景资料收集、样本设计、问卷设计和调查步骤设计等工作;调查组织实施阶段包括调查组织与培训、试调查与预调查、调查实施与监控等工作;调查数据处理阶段包括对调查数据编码与录入、数据校核、数据加权与扩样、调查质量评价、调查成果编制等工作。例如,乌鲁木齐市居民出行调查内容包括以下五大类信息:

(1) 家庭户特征,包括户类型、总人数、本户6周岁以下人口、常住人口数、暂住人口数、住房性质、房屋类型、户年总收入、家庭车辆拥有情况、网购快递使用情况等。

(2) 个人基本特征,包括性别、年龄、居住状态(常住、暂住)、就业就学状态、工作地或学校地址、职业、工作状态、对目前工作的满意程度、单位或学校距离最近的公交站的步行时间、公交卡类型、短出行次数、有无常用车辆、网购快递使用情况等。

(3) 常用车辆情况,包括车辆类型、车辆性质、购车时间、车辆排量、行驶总里程、工作日使用次数、工作日一天平均行驶里程、用车主要目的等;

(4) 个人出行情况,包括出发时间、出发地点、出发地性质、到达时间、到达地点、到达地性质、出行目的、出行交通方式、出行费用、停车费用等;

(5) 出行意愿情况,包括住所到公交站的步行时间、购车意愿、购买小汽车主要因素、可接受的通勤时间范围、出行季节差异、公交换乘次数等。

对于国内外居民出行调查的各种方法,从实施效果来看,入户访问法依然是目前数据采集准确度最高的方法。对于居民出行入户调查推荐采用"提前预约、当面访问、现场采集、当场确认"的流程。首先,调查员按照抽样方法选定抽样调查户后,在入户调查前派送《致居民的一封信》并预约调查时间;然后,在调查日开展入户访问调查,调查完成后赠送调查纪念品。

目前,国内的居民出行调查大多采用平板电脑等设备现场录入居民出行信息,并借助平板电脑的地图服务提高出行起讫点的定位准确率。在设计调查程序时,应当考虑对于访问内容进行合理的阈值编码,并针对各问题设置一定的逻辑关联,以减少调查或录入过程中一些错误。由于该方法无纸质问卷留底,因此需要调查员高度认真负责,在调查实施期间,应当设置督导员随机抽取调查员进行跟访调查。与此同时,应当开通调查热线,及时回答调查员在调查实施过程中遇到的各种突发问题。

由于居民出行调查过程中不可避免地存在样本偏差、调查错误等情况,因此对于调查获得的原始数据需要进行清洗、扩样及综合校核等步骤,如此才能最终提供可参考的数据结果。通常,居民出行调查结果分析应包含以下具体信息:

(1) 社会基本属性,由家庭(户)社会属性和个人社会属性组成。前者包括住房、收入、人口状况、家庭拥有车辆数等,后者包括收入、年龄、性别、就业、学历、职业等。

(2) 居民出行特征,包含出行次数、出行方式、出行目的、出行时耗、出行距离、出行时辰分布、出行空间分布等。

(3) 出行意愿分析,包含购车意愿、购车原因、单程出行忍受时间、公交换乘次数、冬季出行特征、住所距公交站点步行时间等。

3.6.2.2 道路交通调查

道路网是城市肌体的动脉,而交通则是动脉中流通的血液。道路与交通的肌理功能直接决定了城市运转的效率。道路交通调查包括道路断面交通流量调查、道路交叉口交通流量调查、载客率调查、区间车速调查以及车辆 OD 调查等。

1. 道路交通流量调查

在宏观与中观交通模型中,流量调查的结果经常被用于对模型分配结果进行校核或验证;而在微观与节点交通模型中,流量调查的结果则被作为模型输入的基础交通量。道路交通流量调查包括核查线道路断面交通流量调查和道路交叉口流量调查两大类。

对于核查线道路断面交通流量调查,欧美发达国家已经告别了人工调查的方式,主要依靠流量自动采集设备来获取路段上的车流量、车型占比及车道占有率等数据。国内目前对于核查线道路断面交通流量的调查方式尚处于人工调查向自动化采集的过渡阶段。在北京、上海等城市的道路交通流量调查中已经开始使用视频检测、感应线圈以及 ETC 等流量自动采集技术。而道路交叉口交通流量调查需要对交通流按照车型及转向来进行统计,目前的自动识别技术对于车辆转向识别还存在一定的困难,因此主要依靠人工调查来完成。道路交通流量调查应根据调查的需求来选择调查实施的时间。从交通模型的角度来看,调查应至少包括城市的早、晚高峰。同时,应当注意,城市内部交通出行高峰与城市对外交通的高峰多数情况下并不重叠。从乌鲁木齐市历次交通调查的数据分析结果来看:

(1) 乌鲁木齐市城市内部交通出行的早高峰为 09:00—10:00,午高峰为 13:30—14:30,晚高峰为 19:00—20:00。

(2) 乌鲁木齐市对外交通出行的早高峰为 10:00—11:00,午高峰为 17:00—18:00,晚高峰为 18:00—19:00。

对于核查线断面的选择可以参照《交通工程调查指南》[33],郊区干线公路核查线间距为 3~5 km,市区道路核查线间距为 1~2 km,且大体应遵循以下几个原则:

(1) 综合行政区边界和组团区块因素,以快速路、高架路和主干道为核查线道路。

(2) 选择核查线一侧相交的所有道路,每个路段应双向分侧实施调查。

(3) 调查点位应避开交叉口和匝道影响,建议调查点距离交叉口≥150 m。

(4) 调查点位应视野开阔,便于调查人员观测,且有安全的缓冲防护区域。

对于道路交叉口流量调查以主要道路相交的交叉口为主,兼顾某些特征次干道或支路相交交叉口。现场调查以进口道停车线为观测线。通常配备两名调查员,一名负责机动车调查,另一名负责非机动车和行人调查。在交通繁忙的交叉口,应视车流量高低增减机动车调查人数。对于流量调查的车型分类应根据数据应用的具体需求来决定,在城市范围内应包括小客车、大客车、出租车、轻型货车、大型货车等基本类别。在满足数据应用需求的基础上,应控制车型分类的数量,更多的车型分类通常意味着更多的调查记录工作以及更多的人员投入。

2. 载客率调查

载客率调查是指获得一类或多类车辆车均载客人数的调查。载客率调查的结果常被用于宏观需求模型中个体机动化出行人次与出行车次之间的转化。载客率调查通常与道路交通流量调查同步开展,小汽车与出租车应当分别调查统计其载客率。

载客率调查的方法相对简单,通常采取人工调查的方式,调查人员无差别地记录经过观测点的车辆内的载客人数。小汽车载客率调查时,驾驶人应当作为载客人数来统计,而出租车载客率调查时,驾驶人则不应作为载客人数来统计。同时,在进行载客率调查时,处于未载客状态的出租车辆不应纳入调查范围。

3. 区间车速调查

区间车速调查指通过一定的方法获得一定时间段内某条道路或交通走廊车辆行程时间的调查。区间车速的调查结果常被用于对模型延误函数的标定以及对模型中车行速度的校核与检验。

区间车速调查常用的方法包括 GPS 数据分析法、车牌识别法以及跟车调查法。GPS 数据分析法是指根据车载 GPS 数据分析获取一定时间段内某条道路或交通走廊车辆的行程时间。数据大多来自出租车车载 GPS 设备。GPS 数据分析法具有数据量大、数据获取成本低等优点。但是,出租车作为运营车辆通常在未载客状态下行驶速度较低,而在载客状态下行驶速度又高于普通车辆,因此可能会给调查结果带来一定的偏差。

车牌识别法是指在车速调查区间的两端分别记录过往车辆的车牌信息与通过时间,分析同一车辆经过不同调查点所需的时间,从而获取一定时间段内某条道路或交通走廊车辆的行程时间与速度信息。在主要交通走廊上通过车牌识别法同样可以获取较高的调查样本量,但是车牌识别法只能记录车辆经过起讫点的时间,无法获知车辆在调查区段内的实际行驶情况,因而对于延误分析等更深入的研究就没有什么作用。车牌识别法调查得到的数据更适用于宏观需求模型行程时间或车速的检验。对于中观与微观交通模型则更加关注行程中分段行驶的具体情况,因此需要能够记录更多行程信息的调查方法。

跟车调查法是指通过实际驾驶车辆通过调查路段来获取区间车速或行程时间的调查方法。调查中,每台调查车辆配备至少 2 名观测人员,携带秒表及记录表格。调查车辆紧跟车队行驶,不允许主动超车。其间,调查人员记录车辆启停时刻及停车原因。通常,跟车次数要求往返 6~8 次,每次往返时间不超过 40 min。其中,市郊公路调查路线长度不宜超过 15 km,市区边缘道路路段长度不宜超过 10 km,市区繁忙道路调查路线长度应小于 5 km。相对而言,跟车调查法执行成本较高,同时调查样本量较少,在交通运行状态不稳定的区域通过跟车调查法较难获得理想的调查结果。

4. 车辆 OD 调查

车辆 OD 调查是指通过一定的技术手段获取调查范围内车辆出行 OD 信息的一种调

查。车辆 OD 调查的结果既可以用来检验宏观需求模型与中观模型分配算法对于路径选择计算的合理性,也可以借助 OD 调查来直接获取中观模型与微观模型的出行需求矩阵。

OD 调查的方法主要有两种:一种是抽样形式的部分车辆问询调查,即在经过调查点的车辆中选取一定比例的车辆,拦停后问询驾驶人驾驶路径及目的地,同时记录经过调查点的车辆总数,最后通过扩样来获取区域的车辆出行 OD 矩阵;另一种是全样调查,即在调查点无差别地记录经过车辆的车牌信息,并在不同调查点间进行车牌匹配,最终获取区域的车辆出行 OD 矩阵。

车辆 OD 调查相对比较复杂,受到实际调查执行情况的影响,通常会存在一定的误差。以全样车牌记录 OD 调查为例,误差产生的原因包括对于车牌的错误记录,调查范围内存在停车场等都会引起车牌匹配率下降,最终导致误差产生。对于全样车牌记录 OD 调查而言,通常要求车牌匹配率达 70% 以上,才能认为调查结果是比较令人满意的。

3.6.2.3 出入境交通调查

出入境交通调查是指对到达或离开城市的交通出行的调查,多用于宏观需求模型的开发,可作为对于城市居民出行调查的一种补充。出入境交通调查包括两种主要的形式,一种是针对出入境车辆的调查,调查地点多位于城市对外联系的道路出入口,调查内容包括车流量调查以及车辆 OD 调查,这部分调查与道路交通调查类似;另一种是针对出入境人员的调查,调查地点主要为城市对外交通枢纽,通过抽样的方式选取部分到达或离开的旅客,了解其年龄、性别、工作状态、是否为本地居民、停留时间、出行目的以及出行方式等信息。

3.6.2.4 公共交通调查

公共交通是一种"绿色、低碳、环保"的交通出行方式,从国内外城市交通发展的态势来分析,公交优先是缓解城市交通拥堵、降低居民出行能耗的重要措施,是城市交通发展的战略核心。公共交通调查包括断面客流调查、线路客流调查以及公交乘客问询调查三个主要类别。公共交通调查的结果常被用于对宏观交通模型的校核与验证。

1. 公共交通断面客流调查

公共交通断面客流调查是指对于地面公交断面客流的调查。对于轨道交通而言,由于起讫点都有乘客进出记录,因此对于断面客流可以通过站点进出数据进行较为准确的推算。公共交通断面客流调查通常会调查穿越河流、铁路、高速公路或快速路、行政区域边界等分割线的公交客流量,或者主要公交走廊上的断面公交客流量。多采用断面人工观测法,即在主要公交客运走廊和核查线路段两侧,由调查人员记录公交线路、预估载客数、行驶方向和通过时刻等。也可以通过公交 IC 卡和公交车 GPS 设备所获得的数据,整理出二者对应的关系,统计站点上、下客流量,并进一步估计路段客流量和客流站间 OD 等。值得注意的是,公交卡仅代表部分公交乘客信息,因此该数据并不能代表全部公交客流量,需要对其进行扩样处理。另外,由于多数地面公交车辆并不记录乘客的下车信息,因此在估计过程中不可避免地会产生一定的误差。

2. 公共交通线路客流调查

公交线路客流调查多采用人工跟车调查的方法。对计划调查的公交线路按照比例抽取一定数量的班次,由调查员跟随调查车辆记录途中经过站点的上、下客数据、到达以及离开时间等信息。

3. 公交乘客问询调查

公交乘客问询调查用于调查乘客的个人基本信息、出行信息以及对于公交服务的感受与意见等。调查地点可以是公交车站,也可以由调查员乘坐公交车随车问询。调查的乘客个人基本信息包括性别、年龄、职业和收入等;出行信息包括出发地、目的地、出发时刻、出行目的、是否换乘、出行时耗、接驳方式等。对于公交服务满意度的调查通常包括了解乘客对于候车时间、换乘便捷性、服务态度、出行信息服务、乘车舒适度、候车环境卫生等方面的意见。

3.6.2.5 交通生成源调查

城市交通是因土地开发后产生的人和物的流动,即城市用地是交通产生和吸引的重要生成源。从广义层面分析,城市不同用地性质的土地开发都是交通生成源,如住宅区、商业区、办公区等;从狭义层面分析,交通生成源更侧重于某些特定用地开发,如交通枢纽、大型工厂、商业综合体、金融核心区等。交通生成源调查所获取的结果有助于掌握不同类型用地的交通产生吸引量,尤其是对于非居住用地。交通生成源调查对于宏观需求模型的准确性有很大的帮助。居民出行调查主要解决的是交通出行产生端的问题,对于吸引端常常缺乏可靠的数据来构建及验证模型。多数宏观交通需求模型在进行产生吸引平衡时会使用产生量来平衡吸引量,正是由于交通产生量的计算直接来自居民出行调查,相对来说可信度更高,而对于交通吸引量由于缺乏必要的检验手段与数据支持,则可信度较低。需要强调的是,交通生成源调查是一项长期持续的调查,无论是美国的《出行生成手册》(*Trip Generation Manual*)还是英国的交通出行率信息系统(Trip Rate Information Computer System,TRICS)都源自定期更新、不断完善的交通生成源调查。

交通生成源调查的内容包括以下一些信息:

(1) 交通生成源特征信息,包括交通生成源的用地性质、区位、用地规模、建筑规模、工作岗位、最大设计容纳能力、建筑主要进(出)口数、周边公共交通配套设施等。

(2) 交通生成量信息,包括调查日进(出)生成源的车辆数、人数和货运量。其中,在车辆数调查中,建议按照车辆类型进行统计,并同时调查车载乘客数(含司机和乘客)。在进行交通生成源调查时,通常会以问询的方式了解以下内容:

① 车辆出行特征应包括车辆类型和乘客数(建议新增)、货物类型、出发时间、出发地点、到达时间、出行目的、费用(过路费、停车费)等。

② 人员出行特征应包括来源(员工或访客)、交通方式、出发时间、出发地点、到达时间、出行目的、停车信息(停车地点、时间、费用、步行距离)等。

3.6.3 城市交通数据采集技术的发展趋势

随着信息与采集技术的不断发展,交通信息的采集手段和来源越来越丰富,采集手段也更趋向自动化,为交通模型获得更加全面的数据提供支撑。这些数据有些来自交通系统本身,有些来自交通系统之外,主要包括手机数据、公交IC卡数据、各类车辆GPS和车牌识别数据以及社交媒体数据。比如手机数据多用于城市居住人口与岗位分布情况的研究,同时也被应用于大型枢纽与交通吸引点的交通分布研究;车牌识别数据被用于车辆出行 OD 与路径分析;GPS 数据被用于车速调查;视频数据被用于交通量调查;IC 卡数据被用于轨道交通及公交客流与 OD 调查等。目前,这些数据的主要用途是对传统调查数据的补充与验证,未来随着相关技术的进一步成熟与发展,可能会逐步替代传统调查方式。这些数据来自不同的系统及领域,一方面为进一步探究交通行为的本质提供了更多的可能性;另一方面,如何对多源数据进行合理的校验与融合处理是模型基础数据处理面临的一个重要挑战。

3.6.3.1 手机数据

手机数据由于其用户覆盖面广、无须特殊的数据采集设备、数据获取成本较低以及数据连续性较好等特点,是目前国内交通行业研究的一个热点。可获取的数据一般分为两种:手机话单数据和手机信令数据。数据的主要内容包括:经匿名处理的用户标识码基站的小区编号、事件类型发生的时刻。手机话单数据和手机信令数据的差异主要体现在事件类型上。手机话单数据的事件类型包括主叫、被叫、硬切换、发短信、接短信等,而信令数据除了具有话单数据的事件外,还包括开机、关机、小区切换、位置更新等。手机信息在交通领域的应用主要集中在以下一些方面[34, 35]:

(1)利用手机数据获取居民出行 OD,主要是基于手机定位信息,以及在此基础之上根据个体活动频率识别工作地和居住地,从而分析城市的职住分布并估计通勤 OD。

(2)出行特征分析,通过对个体手机在较长时间内进行追踪,通过分析用户个人移动轨迹的随机性来判别用户的出行特征。

(3)活动特征分析,通过手机数据分析个体的活动地图,以及由此延伸出来的对于特定吸引点分析其客流的空间分布与时间分布。

(4)利用手机信令结合模糊算法等判别个体的出行方式与出行目的,进而分析不同类型出行的距离、出行时间、分布等特征。

总的来看,手机信令数据在用户位置信息判别上较为准确,但其采样间隔和定位精度仍不足以获取用户的出行轨迹,同时在判别用户出行方式与出行目的方面的可靠性还有待验证。

3.6.3.2 公交 IC 卡数据

公交 IC 卡的使用无论在国内还是国外都有着多年的历史,并且已经由早期的公交收费功能发展成多领域的多功能一卡通。对于公交 IC 卡的数据分析主要集中在两个方面:一方面,获得公交客流信息,包括总客流、线路客流、断面客流、站点客流、客流时空变化分布等;另一方面,获得居民公交出行特征信息,包括居民公交平均出行次数、起讫点分布、平均换乘次数、出行时耗特征、出行距离特征等[36, 37]。具体技术包括:

(1)公交出行 OD 推算,通过将 IC 卡与 GPS 数据相联系,通过乘客出行的连续性、规律性以及线路空间位置关系等条件的约束推测 IC 卡用户的上、下客站点,并进而推断乘客的公交出行 OD。从目前的技术应用情况来看,对于上客站点的识别率可达 90% 以上,对于下客站点的识别率可达 50% 以上。

(2) 公交出行行为分析,通过 IC 卡采集数据对个人出行行为进行分析,比较不同位置的行程时间分布与停留时间分布,并使用熵对用户进行分组。

从应用效果来看,IC 卡数据在封闭系统(如轨道交通)中有着非常好的应用效果,但是对于常规公交,由于上车刷卡、公交运营无固定时刻表以及 IC 卡时钟与 GPS 时钟之间存在差异等因素的影响,分析精度还有待进一步提高。

3.6.3.3 GPS 轨迹数据及车牌识别数据

GPS 技术的运用和车牌识别技术的发展使得追踪车辆移动成为可能。通过对 GPS 数据的分析可以获得车辆出行距离、出行时间以及出行路径等方面的信息,进而可以获得行程车速、时耗、延误以及出行时间可靠性等方面的信息。针对出租车 GPS 数据的分析更能获得城市出租车运营基本面的情况。

单点车牌识别数据可以反映一个断面或一条车道的车流量、车型组成以及时间分布特征。在一个网络内,通过多点车牌识别数据可以分析车辆的行驶路径、行程时间等信息。在封闭道路系统内,可以通过车牌识别数据拟合车辆的 OD 信息[38]。

3.6.3.4 社交媒体数据

近年来,随着移动互联网的快速发展,智能手机、平板电脑等智能终端越来越普及,智能手机已成为有史以来使用最广泛的电子设备之一,人们越来越习惯于通过智能手机上的各种应用软件随时随地获取和分享信息。在众多用于信息获取和分享的社交媒体应用软件中,基于用户地理位置的服务已经成为主流。用户在日常生活中产生的含地理位置信息的社交媒体数据也在呈爆炸式增长[39]。这些数据不仅能提供用户参与相应活动的位置和时刻等信息,而且具有大样本、低成本的优势,能记录较长时间段的纵向数据,使其在交通领域有了应用的价值。目前的应用主要有以下几个方面:

(1) 出行行为分析。通过对用户位置标签进行类聚,根据个体在不同地点出现的情况将用户的活动模式进行分类,并对活动类型、活动时长和位置信息等进行分析。

(2) 土地利用分析。通过对含位置信息的社交媒体数据进行分析,得到个体的活动模式,进而从居民的活动出发来构建和识别城市活动空间结构,分析土地利用,发现区域功能。

(3) 特殊事件发现。使用基于位置的社交网络中大量用户发出的媒体内容来检测异常事件,如体育赛事、交通事故、节日活动等。

社交数据虽然样本量很大,但是存在样本结构性偏差问题,用户群体主要集中在中青年人群。另外,虽然社交媒体数据对活动的位置和时间信息有详细准确的记录,但无法准确获得活动的开始时间和结束时间。同时,社交数据对用户行为的记录是不连贯的、碎片化的。

4 乌鲁木齐市城市交通规划模型体系设计

4.1 概述
4.2 乌鲁木齐市综合交通模型体系总体目标
4.3 乌鲁木齐市综合交通模型体系设计
4.4 乌鲁木齐市综合交通模型体系功能设计
4.5 各层级交通模型的衔接与建议适用范围
4.6 分阶段任务与目标

4.1 概述

4.1.1 乌鲁木齐市行政区划

乌鲁木齐是中国新疆维吾尔自治区首府，也是中亚地区的核心城市之一。乌鲁木齐不仅是新疆的政治、经济、科教、文化和交通中心，也是我国西部地区与中亚诸国联系的重要门户。随着我国"一带一路"倡议的提出，乌鲁木齐将成为"新丝绸之路经济带"上一个举足轻重的核心发展节点，城市的发展也迎来了新的机遇与挑战。

乌鲁木齐全市行政区划土地总面积 13 783.1 km²，辖七区一县和三个国家级开发区，如图 4-1 所示。七区一县为：天山区、沙依巴克区、高新技术产业开发区（新市区）、水磨沟区、经济技术开发区（头屯河区）、米东区、达坂城区和乌鲁木齐县；三个国家级开发区为：乌鲁木齐经济技术开发区、乌鲁木齐高新技术产业开发区和乌鲁木齐甘泉堡经济技术开发区。

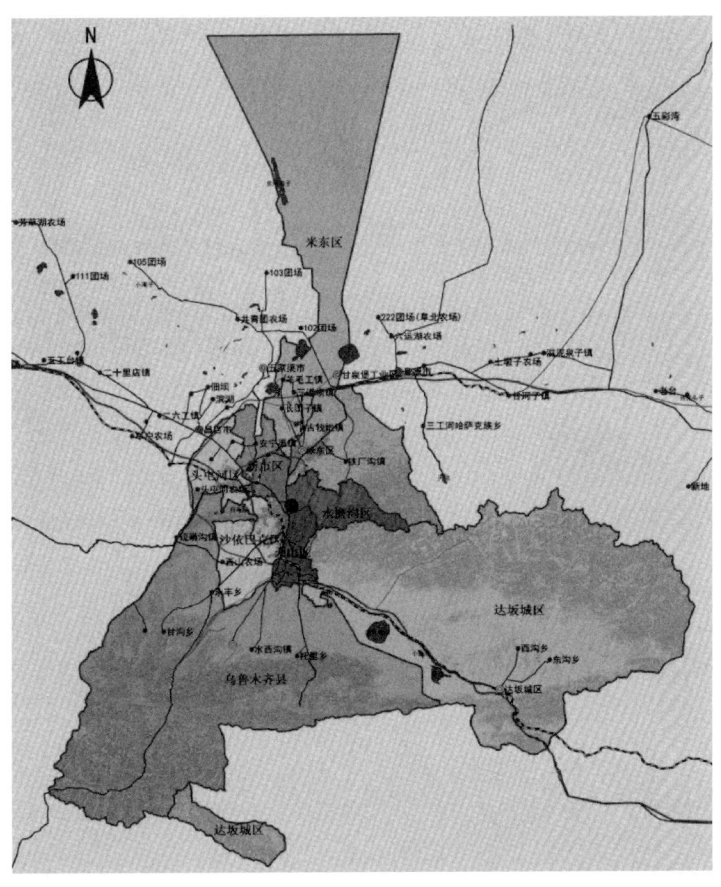

图 4-1 乌鲁木齐市行政区划

4.1.2 全国城镇体系规划

在《全国城镇体系规划(2006—2020年)》中,乌鲁木齐地区是我国第二层级中重要的人口-产业聚集区,是我国最西部的城市群和全疆城镇化的主要空间载体,是三个国家级门户城市之一。《全国城镇体系规划(2006—2020年)》提出以乌鲁木齐为中心的乌鲁木齐城镇群是实施西部大开发的重要发展地区,也是我国参与跨国区域合作的主要地区,对于促进省区经济发展、引导人口省内转移、培育新兴市场等均具有重要意义。我国城镇空间结构规划如图4-2所示。

《全国城镇体系规划(2006—2020年)》对新疆城镇发展提出了宏观要求,其中与乌鲁木齐直接相关的内容有:①推进乌鲁木齐城镇群建设;②加强天山及其南北两缘的水源涵养区、沙漠周边防沙固沙区和天山天然林保护区的生态保护和环境治理;③建设出疆大通道,建设乌鲁木齐铁路集装箱物流中心,预留好公路主枢纽运输站场;④建设乌鲁木齐—兰州成品油通道等。

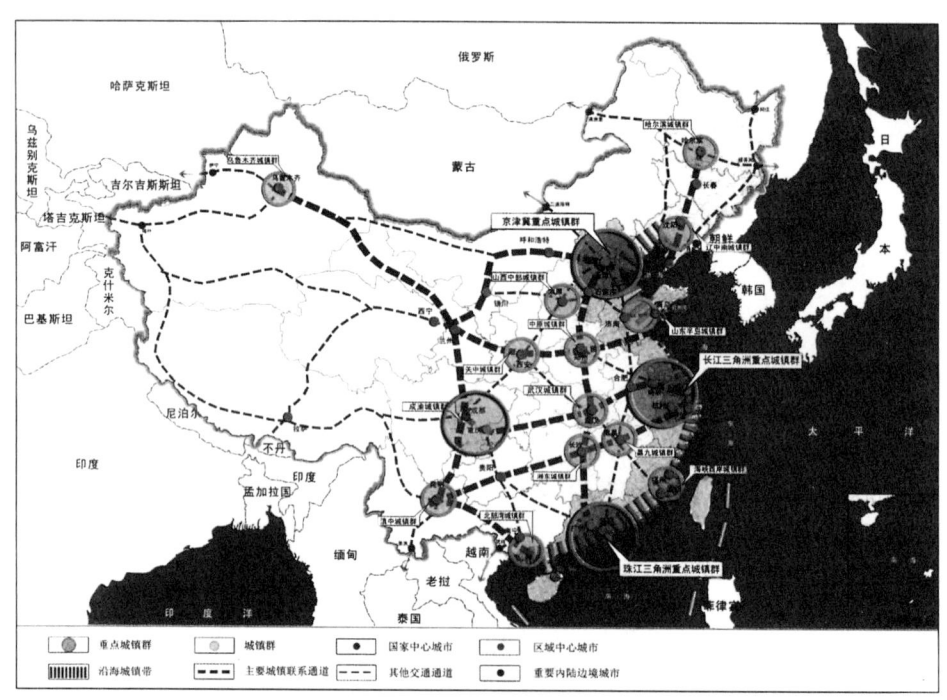

图4-2 我国城镇空间结构规划(2006—2020年)
(图片来源:住房和城乡建设部城乡规划司,中国城市规划设计研究院.全国城镇体系规划(2006—2020年).北京:商务印书馆,2010:45.)

4.1.3 新疆城镇体系规划

根据《新疆城镇体系规划(2012—2030)》的发展目标与要求,加快乌鲁木齐国际城市建设和都市圈建设,提升综合竞争力;把乌鲁木齐打造成为我国西部地区重要中心城市、面向中亚西亚的现代化国际商贸中心、具有较强国际影响力和竞争力的大都市,区域重要的综合交通枢纽,多民族和谐宜居、天山绿洲生态园林城市。

4.1.4 乌鲁木齐市都市圈发展规划

《乌鲁木齐都市圈发展规划(2009—2030)》确定总体空间结构为"四区四带、一核三心"。四区:即将都市圈划分为中部、东部、西部、南部四个发展分区。四带:即天山北坡发展带、天山南坡发展带、甘莫发展带和准东发展带。一核:即乌昌都市区,是都市圈和中部地区的生产组织中心和生活服务中心,都市圈的交通枢纽和信息中心。三心:即石玛地区、奇台县、吐鲁番市三个中心城市,其中石玛、奇台和吐鲁番分别是西部地区、东部地区和南部地区的服务中心和交通枢纽。乌鲁木齐市重点以发展商贸旅游服务业、先进制造业、高新技术产业为主。

4.1.5 乌昌地区城镇体系规划

《乌昌地区城镇体系规划(2008—2020)》确定乌鲁木齐作为自治区首府,也是乌昌地区的中心城市,承担着政治、经济、文教与科技中心职能。依托其区位、交通、科教、市场与产业优势,目标是建成面向中亚地区的国际商贸中心、国际物流中心、中亚金融中心、国际文化交流中心、跨国区域联络中心和先进的制造业基地、国际能源资源合作基地、国际休闲度假基地、生态农业基地。

4.1.6 乌鲁木齐市城市发展情况

借助独特的地理区位优势和国家战略发展扶持,乌鲁木齐正逐渐发展成为一座充满活力的城市,城市社会经济保持着快速稳定的增长态势。截至2019年年底,乌鲁木齐市全年实现地区生产总值(GDP)3 413.26亿元;城市常住人口达355.2万。中心城区居民日均出行量近800万人次/日。城市居民日出行量以及经济与人口的快速增长对城市的综合交通系统提出了更高的要求。近年来,乌鲁木齐市不断加大对城市交通基础设施的投入力度,以改善城市的综合交通运输系统。

1. 道路交通基础设施

截至2019年年底,全市城市道路总长为2 645.3 km,道路面积为4 168.2万 m^2,人均道路面积为11.73 m^2。其中,快速路总长为130.9 km,主干路总长为707.2 km,次干路总长为510.7 km,支路总长为1 296.5 km,各级道路比例约为1∶5.4∶3.9∶9.9。

此外,由于机动车保有量增长速度快,因此城市交通压力也在不断增大。截至2019年年底,全市各类机动车保有总量约123.1万辆,同比增长7.8%。其中,私家车保有量约为97.9万辆,同比增长6.82%。私家车千人拥有量为276辆。乌鲁木齐市已进入机动化快速增长阶段。

2. 公共交通基础设施

2012年,乌鲁木齐市入选国家"公交都市"建设示范工程的首批创建城市,公交建设得到了快速的发展。截至2019年年底,乌鲁木齐市全市共有公交线路232条,其中常规公交线路220条,快速公交(Bus Rapid Transit,BRT)线路12条。全市公交运营车辆4 411辆,其中快速公交运营车辆597辆,常规公交3 814辆。每万人拥有公共交通车辆数16.27标台。公交营运线路总长度为3 556 km,公交线网长度为1 161.9 km,公交专用道长度为203.9 km,其中快速公交专用道114.41 km,地面公交全年客运量7.1亿人次,日均客运量195.13万人次。全市出租车保有量13 138辆,日均客运量85.7万人次。全市营运轨道交通线路1条,即轨道交通1号线(于2018年10月25日运营北段,八楼站至国际机场站;2019年6月28日全线开通,三屯碑站至国际机场站),运营车辆156辆,配属列车26列A型车。轨道交通1号线全线南起三屯碑站,北至国际机场站,线路总长度为27.6 km,共有21个车站。

3. 重大交通枢纽

乌鲁木齐是我国西北地区重要的交通枢纽,也是全疆的铁路枢纽中心,集成区域客运和货运的功能,包含南站(客货运一等站)、西站(一等编组站)和新客站(一级客运站)等火车枢纽。截至2014年年底,兰新高铁和兰新客运专线已投入运营,对外交流更加便捷。

乌鲁木齐地窝堡机场作为国家门户枢纽机场,为亚欧重要国家航空枢纽,目前已开通了覆盖国际、国内和港澳台的多条运营航线。截至2015年年底,乌鲁木齐地窝堡机场完成旅客吞吐量2 396.3万人次,比上年增长4.06%,位列国内机场旅客吞吐量第18位,航空枢纽的地位逐渐提升。

2019年乌鲁木齐全年铁路、公路及航空三种方式共完成旅客运送6 420.45万人次,货物运输18 839.42万吨。

4.2 乌鲁木齐市综合交通模型体系总体目标

为了适应新发展形势的需要,做好新疆社会经济发展的领头羊以及"一带一路"倡议节点,乌鲁木齐提出了建设一体化交通枢纽城市的总体目标。乌鲁木齐市综合交通枢纽中心建设已不是传统意义上的交通枢纽建设,而是一座承载着多方面功能的枢纽城市建设。一方面是综合考虑国际与国内的交通运输需求,另一方面是航空、公路、铁路与城市综合交通系统的衔接。从这一点上来看,乌鲁木齐一体化交通枢纽城市建设是一场真正意义上的变革,将引起区域交通产生与运行的根本性改变。

交通模型是反映交通行为规律的数学模型,是基于一定的数据信息,按照特定的理论基础,通过数学方法,借助专业计算机软件,反映一定时空范围内人、车、物的交通行为规律,是重要的交通决策和管理技术分析工具。交通模型为城市交通的规划与管理提供了崭新的平台,其作用也随着交通机动化快速发展日益突出。这主要表现在两个方面:一是交通机动化需要投入巨资来兴建公路、轨道交通、综合枢纽等基础设施,具有较大的经济风险,因此需要借助交通模型进行科学、慎重的决策;二是为了解决机动化带来的城市交通拥堵问题,需要借助交通模型来分析交通现状、预测未来趋势,同时也为编制交通规划、制定相关政策等提供技术支撑。

乌鲁木齐综合交通模型体系的总体目标是立足于乌鲁木齐的发展阶段,建设适应乌鲁木齐城市整体发展定位、满足乌鲁木齐市实际需求、全面支持乌鲁木齐市各项交通相关工作的有机的一体化模型系统。

4.3 乌鲁木齐市综合交通模型体系设计

4.3.1 乌鲁木齐市综合交通模型需求分析

近年来,乌鲁木齐市政府不断完善城市交通基础设施,并开展了一系列城市交通研究工作,用以指导未来乌鲁木齐市交通系统的发展,主要项目如表4-1所列。

表4-1 乌鲁木齐市近几年交通相关项目

年份	研究课题/实施项目	内容概述	模型需求
2010	轨道交通前期规划研究工作	确定轨道交通系列规划修编工作任务大纲,明确了编制工作的技术路线,并提出了轨道线网的初步构想方案	宏观
2010	《乌鲁木齐市综合交通规划（2010—2020）》	规划一个积极支撑区域发展、高效安全与生态公平相结合的现代一体化综合交通体系,并制定各阶段建设计划、配套政策与机制,指导乌鲁木齐市综合交通系统的科学、可持续发展	宏观
2010	《中长期道路网规划（2010—2020）》	对乌鲁木齐市现状道路交通及相关建设规划的诊断评估,规划乌鲁木齐市中长期道路体系、网络布局、功能组织,制定相关道路建设计划	宏观
2011	轨道交通线网规划	在深入解读乌鲁木齐市各项上位规划的基础上分析乌鲁木齐市交通需求,确定城市轨道交通的发展战略、目标及功能定位,提出适合乌鲁木齐市的轨道交通线网层次、合理规模及布局方案	宏观
2011	《快速公交(BRT)系统规划》	根据乌鲁木齐市居民出行需求,规划快速公交系统,短期内快速提升公共交通服务水平与竞争力,为轨道交通培育客流	中观
2011	乌鲁木齐市交通影响评价地方标准	制定乌鲁木齐市建设项目交通影响评价的技术标准和办法,规范交通影响评价报告编制流程和提高评审查工作效率	中观/微观
2011	会展片区的交通专项规划	根据会展片区的发展需求,规划配套交通基础设施	中观
2012	《乌鲁木齐市公共交通规划(修编)》	对乌鲁木齐市公共交通系统组成部分进行了研究规划,明确乌鲁木齐市公共交通系统的发展目标和发展方向,提出公共交通系统建设方案和建议	宏观

(续表)

年份	研究课题/实施项目	内容概述	模型需求
2012	《乌鲁木齐市快速公交（BRT）系统后评估》	以BRT系统运行数据为基础，对BRT系统运行状况进行了分析评价，针对存在的问题提出了改善意见，为后期BRT系统建设和完善提供了可靠依据	中观/微观
	《乌鲁木齐市公交专用道两年建设规划和设计》	根据现场勘查与调查，选取适宜的道路作为重点研究对象，进行公交专用道的规划设计，并提出了详细的建设管理方案	中观
	《乌鲁木齐市交通发展白皮书》编制	白皮书将明确城市交通发展的战略、目标、政策和任务，是交通规划与政策的结合，兼顾了远期战略和近期行动的统一，是制订交通系统内部投资分配的依据	宏观
	《乌鲁木齐市公交服务一体化规划研究》	整合公交设施、协调公交运营服务和相关交通管理措施，明确乌鲁木齐市公交服务体系的一体化发展目标与发展战略，建立一套完整的公交服务体系框架	宏观
	《北京路沿线重要节点交通改善及仿真》	利用微观仿真技术对北京路沿线交叉口进行仿真优化研究，并提出改造方案	微观
	乌鲁木齐市田字形道路建设一期工程	道路建设工程	中观
2013	《乌鲁木齐市公交场站与枢纽规划》修编工作	结合城市规划建设及交通发展需求提出公交场站枢纽规划的类型、原则和标准，制订公交场站枢纽分期建设计划并提出规划实施保障措施	中观/微观
	《乌鲁木齐市出租车发展规划研究》	立足乌鲁木齐市交通发展目标，制订出租车行业发展战略目标，规划出租车设施布局方案，明确出租车管理信息化系统功能架构，建立定价机制与管理体制，形成发展保障措施建议和实施计划	宏观
	《乌鲁木齐市市政道路和交通秩序整治三年行动规划》	明确近三年综合交通整治的目标和任务，重点为次支路网改善、路段交通整治、平面交叉口改善、客货运枢纽地区交通整治、慢行交通改善、公共停车场整治等，对具体交通改善实施项目进行方案设计、政策制定和控规落地等工作	微观
	《乌鲁木齐市快速路系统仿真与运行评估及改善研究》	结合测绘路网、航拍影像图、车辆起讫点和车速等基础调查数据构建快速路系统仿真模型，通过对系统拥堵节点及成因进行分析，提出改善措施，并对改善方案开展效果评估	微观

(续表)

年份	研究课题/实施项目	内容概述	模型需求
2013	《乌鲁木齐市轨道交通1号线工程可行性研究报告》	依据客流预测结果对于乌鲁木齐轨道交通1号线从线位、线路敷设方式、车站、区间、信号、安防、控制中心、运营组织等多个方面进行分析研究,并提出设计方案	中观
	外环快速路扩容改建工程	道路建设工程	中观
	城北主干道第三标段通车	道路建设工程	中观
	"田"字路(二期)工程全线贯通	道路建设工程	中观
2014	《乌鲁木齐综合交通体系规划（2015—2030）》修编	结合乌鲁木齐市新版总规和建设丝绸之路经济带重要交通枢纽和"公交都市"等的需求,统筹城市内外、客货、近远期交通发展,形成支撑城市可持续发展的综合交通体系	宏观
	《乌鲁木齐市快速公交（BRT）规划》修编	结合新一轮总体规划对城市空间发展的定位和轨道交通线网的调整,配合近期轨道交通施工建设,对快速公交(BRT)系统规划进行修编	中观
	《乌鲁木齐市轨道交通线网规划(2014—2020)》	结合国家丝绸之路经济带的宏观政策,以2011年线网为基础,调整乌鲁木齐市近、中、远期轨道线网规划方案,为实现乌鲁木齐城市与综合交通系统发展提供更有力的支撑	宏观
	《乌鲁木齐打造丝绸之路经济带重要交通枢纽中心研究分析》	从宏观战略层面提出了乌鲁木齐市在丝绸之路经济带上的交通功能定位;分析评估乌鲁木齐市城市现有交通运输体系等对打造丝绸之路经济带重要交通枢纽中心的适应性和支撑能力;有针对性地提出建设发展规划和近期建设项目建议,并提出了相应的配套政策和保障措施	宏观
	《乌鲁木齐市有轨电车前期研究》	立足乌鲁木齐城市现状,多角度、多层次地分析发展有轨电车的必要性;明确有轨电车在乌鲁木齐市客运系统中的地位和作用,并针对适合发展有轨电车的区域,分析有轨电车建设发展的适用性和可行性,同时从规划政策、投资建设模式、运营模式、车辆管理、安全保障和产业化发展等方面明确保障乌鲁木齐市有轨电车发展的配套政策及措施等	中观
	《乌鲁木齐城市交通改善项目Ⅱ》	该项目包括城市一体化公交走廊建设、交通综合信息平台建设、公共交通配套基础设施建设和机构能力建设四个子项目,完善公交网络及配套基础设施,提升城市交通管理智能化水平,缓解交通拥堵,提高城市道路安全水平	中观

(续表)

年份	研究课题/实施项目	内容概述	模型需求
2014	《乌鲁木齐市轨道交通2号线一期工程可行性报告》	依据客流预测结果对于乌鲁木齐市轨道交通2号线一期工程从线位、线路敷设方式、车站、区间、信号、安防、控制中心、运营组织等多个方面进行分析研究,并提出设计方案	中观
	乌鲁木齐轨道交通1号线建设	轨道交通建设	中观
	克南高架东延桥下地面道路全线试通车	道路建设工程	中观
	乌鲁木齐市河北路东延道路工程	道路建设工程	中观
	乌鲁木齐市克拉玛依路南湖东西路高架道路东延	道路建设工程	中观
2015	《乌鲁木齐市城南经贸合作区综合交通规划》	在片区总体发展目标和功能定位的基础上,明确城南经贸合作区交通发展目标、提出交通配套需求,合理规划区域交通各子系统,形成支撑城市可持续发展的综合交通体系	宏观/中观
	《乌鲁木齐打造丝绸之路经济带综合交通枢纽中心交通专项规划》	结合国际客货运枢纽中心城市的发展经验,从丝绸之路经济带建设和五个中心的建设要求提出乌鲁木齐市打造丝绸之路经济带重要交通枢纽中心城市的功能定位及其发展目标,制定乌鲁木齐市综合交通体系规划方案	宏观
	《乌鲁木齐市城市道路"十三五"发展规划》	总结"十二五"城市道路规划建设的经验和教训,厘清"十三五"乌鲁木齐市交通道路建设的总体思路和目标,明确实施的重点任务和对策措施	中观
	《乌鲁木齐市老城区道路与交通空间整体提升规划》	在现状分析的基础上,对老城区交通问题的发展趋势进行预判,凝练老城区交通整合提升的目标,并制定道路系统整合提升战略与模式。科学合理地制定近期、中期的道路交通系统改造提升策略和措施,从交通出行角度改善老城区民生状况	中观
	《乌鲁木齐经济技术开发区(头屯河区)公共交通体系规划》	以乌鲁木齐市总规为纲领,与乌鲁木齐市铁路、公路、大中运量骨干公共交通网络的规划和建设相适应,从公共交通一体化的角度对区内各层次公共交通系统及公共交通枢纽及场站等进行梳理与整合规划	中观

(续表)

年份	研究课题/实施项目	内容概述	模型需求
2015	《乌鲁木齐城市交通改善项目(二期)公交走廊沿线停车管理研究》	在乌鲁木齐市停车供需现状分析的基础上,制定可持续发展需要的停车发展战略。依据近期和远期停车需求预测结果,通过差别化停车供给,结合用地条件,制订公共停车场布局规划方案以及近期公共停车场建设计划,调节停车供给,缓解和解决现状停车难的问题	中观
	《乌鲁木齐市交通拥堵收费研究》	界定乌鲁木齐市道路交通拥堵常发区域和常发时段,分析拥堵常发区域的道路系统条件和公共交通服务能力,研究道路交通拥挤收费的备选区域范围、分流交通路径、公交服务支撑网络等方案,并初步分析拥挤收费实施对乌鲁木齐市交通系统的影响程度	宏观/中观
	《乌鲁木齐市极端天气及偶发性事件对城市交通影响研究》	研究极端天气及偶发性事件对乌鲁木齐城市交通的影响,结合路网运行可靠性确定交通影响范围、影响程度及对策。对相关部门应急措施进行分析,并提出完善的意见和建议,结合乌鲁木齐市综合信息平台在应急方面的建设提出合理的意见	中观/微观
	《乌鲁木齐城市交通改善项目(二期)》	基础设施建设	中观
	阿勒泰路西北路交通改善工程	道路建设工程	中观
	G30乌鲁木齐绕城高速(东线)主线贯通	道路建设工程	中观
	乌鲁木齐BRT4(一期)和BRT6号线开通	公共交通系统建设	中观

从表4-1可以看出,乌鲁木齐市近年来开展的项目大体上可以分为三类:第一类是以综合交通规划、交通发展白皮书为代表,着眼于乌鲁木齐市中长期交通发展目标、需求、定位及规划,对应的模型需求层次以宏观模型为主;第二类是以快速公交规划、公交专用道规划设计为代表,聚焦交通子系统,着眼于近、中期,以实施为目的,以走廊或通道的交通系统提升与完善为目标进行的方案规划、设计与实施,对应的模型需求层次以中观模型为主;第三类是以快速路仿真评估、北京路重要节点交通改善为代表,以系统运行情况为主要研究对象,着眼于近期,对既有交通系统进行优化,对应的模型需求层次以微观为主。

在上述三类项目中,以第一、二类项目居多。尤其是目前乌鲁木齐整体城市交通系统骨架已经成形,对于城市交通基础设施的完善,主要集中在局部通道(公交、道路)的建设。可以预见,在近期至中期这种提升式的建设与研究还将是乌鲁木齐市城市交通发展的主旋律。因此,对于中观层面模型的需求显得尤为迫切。当城市交通基础设施进一步完善,建设力度逐渐下降时,城市交通工作的中心将逐渐转移至提高交通设施运转效率、提升系统管理水平等方面。在这种情况下,微观模型将发挥越来越多的作用。这也是世界先进城市交通模型应用与发展的一般规律。另外,乌鲁木齐正处于社会经济高速发展阶段,因此明确城市交通发展战略、引导城市交通实现可持续发展都需要宏观模型的支撑。

4.3.2 乌鲁木齐市综合交通模型体系框架选型

城市交通问题因其复杂程度与影响边界的不同而呈现出宏观、中观、微观以及节点等不同的层次。在实际工作中,城市交通包括了上层交通战略规划、各种交通基础设施的方案规划、工程设计以及具体的交通运行与管理。不同层次的分析所需的交通模型也不同。然而,现实中不同层级之间的边界往往并不清晰,同时,有些工作可能还存在跨越边界的情况,仅依靠单一模型便能完全满足实际项目需求的情况越来越少,因此,综合交通模型体系的提出也就显得更为重要。

从综合交通模型体系的框架来看有两种主要的模式:一种是一个模型覆盖多个层次,以美国纽约、加州等地为代表;另一种是多个模型对应不同的层次,以英国伦敦为代表。两种体系结构各有利弊。一个模型覆盖多个层次的体系结构其主要优点是各层次之间无缝衔接、一致性好;缺点是必须以基于活动的模型为基础,而基于活动的模型在美国以外的区域应用还较少。国内目前还没有完全基于活动模型应用的成熟案例,北京在做这方面的尝试,但主体结构还是以出行链为基础,另外模型的运算时间较长,根据目前可搜集到的模型计算时长报告来看,单次运行时间基本都在 20 h 以上,最后动态分配算法在微观层面无法保证绝对收敛,可能会引起宏观层面的不稳定。多个模型对应不同层次的体系结构,其优点是体系结构较为灵活,在各层的运算效率都比较高,各层模型的构建与应用在国内包括乌鲁木齐市都有成熟的经验;缺点是各层模型之间的数据交互需要精心设计,同时无法保证所有的数据交互都可以自动完成。乌鲁木齐市综合交通模型体系采用了多个模型对应不同层次的体系框架。

4.3.3 乌鲁木齐市综合交通模型体系设计

从实际情况来看,在区域层面,乌鲁木齐是疆内唯一的大城市,是三个国家级门户城市之一,乌鲁木齐市提出枢纽型城市的定位决定了乌鲁木齐市的对外交流与联系将进一步加强,对外交通将成为乌鲁木齐市交通体系中不可忽视的一部分;在城市层面,乌鲁木齐市目前处于城市快速发展与扩张时期,总体规划对近期至中期的人口增长还有较高的预期,随着社会经济水平的不断提高,快速机动化趋势明显,在今后的一段时期内乌鲁木齐市还将维持较大的基础设施建设投入。随着乌鲁木齐市综合交通一体化发展进程的不断深入,各种出行模式与设施之间的协调将得以加强。最后,随着交通管理水平的不断提升,交通管理精细化程度也将不断提高。综合上述需求与情况,建议乌鲁木齐市综合交通模型体系结构如图 4-3 所示。

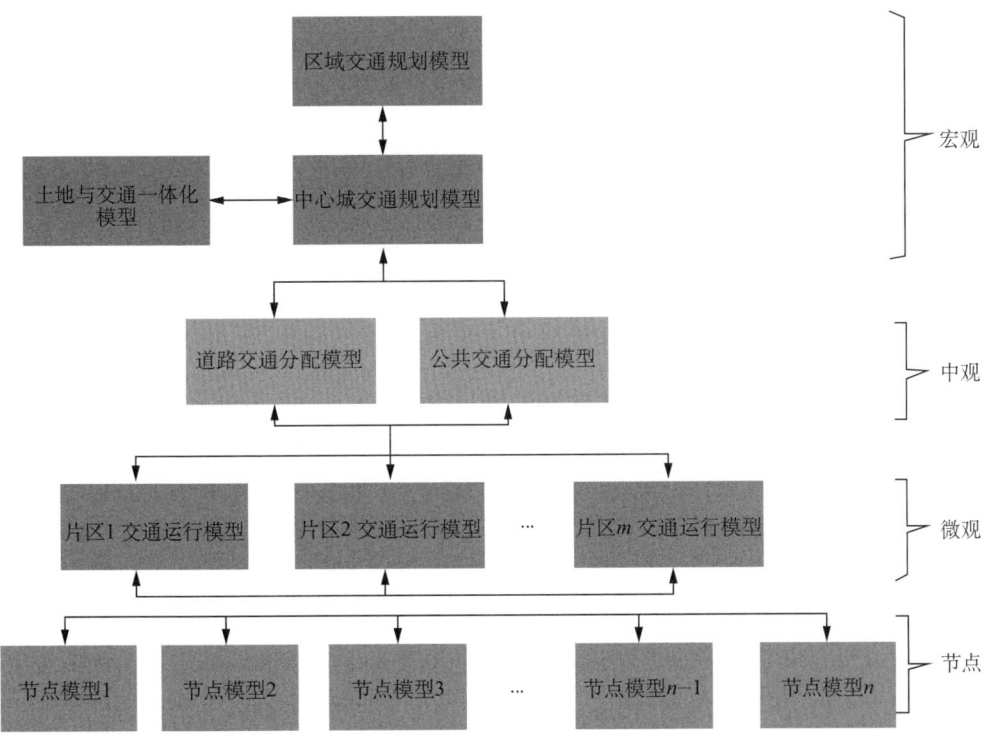

图 4-3　乌鲁木齐市综合交通模型体系框架

从层次上来看，乌鲁木齐市综合交通模型体系包含四个层次的模型：宏观模型、中观模型、微观模型和节点模型。

(1) 宏观模型。宏观模型以交通需求为主要研究对象，关注城市（区域）交通需求量，交通分布以及交通模式的选择，主要用于支持城市发展、交通战略、交通政策以及重大交通基础设施等项目研究，应用多属于规划层面。在乌鲁木齐市综合交通模型体系中，区域交通规划模型、中心城交通规划模型以及土地与交通一体化模型均属于宏观交通模型。

(2) 中观模型。中观模型以出行路径或线路选择为主要研究对象，关注城市不同道路与公交线路的车流与客流水平，主要用于线路客流预测、公交线网方案调整、道路流量水平预测等项目，应用多属于系统建设层面。在乌鲁木齐市综合交通模型体系中，道路交通分配模型与公共交通分配模型属于中观交通模型。

(3) 微观模型。微观模型以交通运行情况为主要研究对象，关注城市路段、节点在不同的设计与控制方案及流量条件下的服务水平、排队与延误情况等，主要用于道路提升设计，包括道路断面改造，路口设计、公交专用道设计、公交站点布局等，应用多属于局部设计与管理层面。在乌鲁木齐市城市综合交通模型体系中，不同片区的交通运行模型属于微观交通模型。

(4) 节点模型。节点模型以具体道路交叉口的设计与管理方案（如让行、信号配时方案）为主要研究对象，关注在一定的交通需求与场地条件限制下，道路交叉节点可能采取的设计方案以及管理方式,通常可以用来评估交叉口设计方案、信控相位设计、信号周期以及不同相位的信号时长等内容。在乌鲁木齐市综合交通体系中,最下层即为节点模型。

4.4 乌鲁木齐市综合交通模型体系功能设计

4.4.1 宏观交通模型

从理论上来说,交通系统中的任何变化都会引起交通需求的变化,而宏观模型的主要用途就是用于评估和预测项目所引起的交通需求的变化。宏观模型所考虑的细节应与项目的需求相匹配。根据乌鲁木齐综合交通模型体系设计,乌鲁木齐市宏观交通模型分两个层面来构建,分别是区域交通规划模型以及中心城区交通规划模型。

4.4.1.1 乌鲁木齐市都市圈区域交通规划模型

1. 模型的覆盖范围

区域交通规划模型建议研究范围覆盖乌鲁木齐市都市圈,即"一核三心"。其中,一核为乌昌都市区,它是都市圈和中部地区的生产组织与生活服务中心,都市圈的交通枢纽和信息中心。三心为石玛地区、奇台县和吐鲁番市三个中心城市。区域交通规划模型研究的重点是都市圈主要城市地区与外部的人流、物流的交通运输需求与方式,都市圈内部一核三心之间的人流与物流的交通运输需求与方式。

2. 模型的主要功能

乌鲁木齐市都市圈区域交通规划模型应考虑包含以下功能:

(1) 预测模型覆盖范围内主要城市或地区内的交通需求:能够反映不同城市或区域的人口、岗位、经济水平、机动车保有量等主要指标对区域内交通出行需求的影响。

(2) 预测模型覆盖范围内主要城市或地区间的客运交通需求:能够反映不同城市或区域的人口、岗位、在都市圈中的定位、区域主要对外交通枢纽布局等对区域间客运交通需求的影响。

(3) 预测模型覆盖范围内主要城市或地区间的货运交通需求:能够反映不同城市或区域的经济水平、在都市圈中的定位、产业特征、区域对外主要运输通道布局等对区域间货运交通需求的影响。

(4) 预测模型覆盖范围内主要城市或地区内部的客运交通方式结构:能够反映不同城市或区域内部道路交通、公共交通设施的供给水平、社会经济水平、机动车保有量指标等对城市或地区内主要交通出行方式结构的影响。

(5) 预测模型覆盖范围内主要城市或地区间的客运交通方式结构:能够反映不同城市或区域社会经济水平、机动车保有量、城市/地区间交通设施供给水平、区域重要对外枢纽布局、重大交通政策(如外埠车辆限行)等对区域间客运交通方式结构的影响。

(6) 预测模型覆盖范围内主要城市或地区间的货运交通方式结构：能够反映不同城市或区域社会经济水平、产业结构与定位、交通基础设施布局、货物运输成本等对区域间货运交通方式结构的影响。

(7) 预测都市圈主要过境客/货运需求：能够反映新疆维吾尔自治区内（区域外）社会经济水平、产业结构与定位、交通基础设施布局等对区域过境客/货运交通需求的影响。

(8) 预测区域主要客/货运通道的运输需求：能够反映区域主要客/货运通道的交通运输需求，并能反映区域间重要交通基础设施布局与供给水平对运输通道的影响。

3. 模型的研究尺度

在模型的研究尺度方面，建议以街道为基本研究尺度，道路交通网络应包含城市次干道及以上等级道路、县道及干线公路。在区间及对外交通方面应包含公路、铁路及航空等三种主要模式。

4. 模型的数据需求

建模所需的基础数据包括都市圈各城市或地区居民出行、流动人口出行、交通基础设施、社会经济、城市或地区间主要交通走廊交通流、客流等信息。同时应当收集高速公路联网数据，以及公路、铁路、航空的运输统计数据。在模型的校验方面建议从城市或地区间交通交换量与方式结构、城市或地区内方式结构以及区域主要交通走廊的交通流、客流等几个方面进行校核。

5. 模型的技术架构

乌鲁木齐市都市圈区域交通模型的技术架构视具体的数据获取情况可以考虑采用四阶段架构或非集计模型架构，在参数标定方面建议按照不同城市或地区进行分别标定。

4.4.1.2 乌鲁木齐市中心城区交通规划模型

1. 模型的覆盖范围

乌鲁木齐市中心城交通规划模型建议研究范围覆盖《乌鲁木齐市城市总体规划》（2014—2020年）定义的乌鲁木齐市中心城区，模型研究的重点为乌鲁木齐市中心城区的交通需求、交通分布以及主要出行方式的结构比例。中心城交通规划模型应随《乌鲁木齐市城市总体规划》的调整以及乌鲁木齐市中心城发展的实际边界进行更新。

2. 模型的主要功能

乌鲁木齐市中心城区交通规划模型应考虑包含以下功能：

(1) 预测中心城区居民机动车保有水平：根据经济水平预测中心城区居民机动车保有水平，应至少包括拥有机动车的家庭比例以及不拥有机动车的家庭比例，视实际情况与需求宜考虑进一步预测拥有多辆机动车的家庭比例。

(2) 预测模型覆盖区域内的居民交通出行产生情况：能够根据城市人口分布情况预测不同地区的居民交通出行产生需求，对于出行产生需求的预测应当按照不同的出行目的进行分类，分类应至少包括基家工作（HBW）、基家上学（HBE）、基家其他（HBO）、非基家公务出行（EB）以及非基家其他出行（NHB）这几类基本出行，交通产生预测宜结合实际情况与需求考虑机动车保有水平、经济水平以及不同区域位置对交通出行产生需求的影响。

（3）预测模型覆盖区域内的交通吸引情况：根据城市人口、岗位分布情况预测不同区域的交通吸引需求，对于出行吸引需求按目的分类应当与交通产生保持一致，交通吸引预测应反映不同业态或体量用地开发的交通吸引水平，宜结合实际情况与需求考虑不同区位对交通吸引需求的影响。

（4）预测模型覆盖区域内的流动人口交通出行产生情况：对于流动人口出行产生需求的预测应当按照不同的出行目的进行分类，分类应至少包括几个基本类型：公务、购物、观光、探亲访友及其他等。

（5）预测模型覆盖区域的交通分布情况：交通分布的预测应当按照不同出行目的分别进行，预测需反映人口岗位布局、出行时间、出行距离、出行费用等对交通分布的影响，结合实际情况及需求宜考虑分区域、分时段进行出行分布预测。

（6）预测模型覆盖区域内的居民出行交通方式选择情况：出行方式选择预测应当按照不同出行目的分别进行，预测需反映机动车保有水平、出行时间、出行距离、出行费用等对出行方式选择的影响，出行方式应至少包含非机动化、小汽车、出租车以及公共交通四种主要模式，结合实际情况及需求宜考虑分区域、分时段进行出行方式选择预测。

（7）预测模型覆盖区域内的流动人口出行交通方式选择情况：出行方式选择预测应当按照不同出行目的分别进行，预测需反映出行时间、出行距离、出行费用等对出行方式选择的影响，出行方式应至少包含非机动化、小汽车、出租车以及公共交通四种主要模式。

（8）时间跨度：模型应覆盖完整的24 h出行需求，结合实际情况及需求宜考虑划分不同的时段，考虑构筑反映由于出行成本增加可能引起的出行时段迁移情况。

（9）预测主要交通走廊交通流或客流水平：预测中心城区主要交通走廊机动车流量水平与公共交通的客流水平。

（10）对外客运需求预测：预测中心城区对外客运交通需求，包括对外枢纽客运需求及城市主要出入口客运交通需求，预测应当反映人口、社会经济水平对于对外客运需求的影响。同时，对外客运需求预测应当注意与区域交通规划模型的衔接。

（11）货运需求预测：从过境、到发、市内三个层面预测中心城区货运交通需求，预测应当反映社会经济水平、人口水平、产业结构与定位等对货运需求的影响。

（12）货运分布预测：预测中心城区货运交通的分布情况，预测应当体现不同用地布局对货运分布的影响。

（13）预测交通走廊货运交通量水平：预测中心城区主要交通走廊货运交通量水平，预测应当反映货运限行政策对货运走廊及货运交通量的影响。

3. 模型的研究尺度

乌鲁木齐市中心城区交通规划模型建议以社区为基本区划单位，交通网络应当包括乌鲁木齐市中心城区所有市政道路。在进行交通分区时应参考乌鲁木齐市未来城市发展规划,交通分区应当保持现状年与预测年一致。

4. 模型的数据需求

在构建宏观模型时通常需要获取以下数据:

(1) 人口分布数据,可以准确分配至交通小区,用于出行产生与分布计算,通常来自统计调查,在理想的情况下,人口数据应当包括年龄和性别信息。

(2) 家庭户分布数据,可以准确分配至交通小区,用于出行产生计算,通常来自统计调查,在理想的情况下,家庭户数据应当包括户结构信息。

(3) 机动车保有量数据,用于出行产生、分布及方式划分计算,通常来自统计调查,也可根据社会经济数据及居民出行调查进行预测。

(4) 社会经济数据,用于出行吸引计算,通常来自统计调查主要包括分类岗位数据、在校学生数据等。

(5) 用地性质数据,用于出行产生吸引以及分布计算,通常来自调查及规划,用地数据应包括用地性质、体量与容积率等指标。

(6) 小区间出行信息,用于分布、方式划分以及出行时段选择计算,通常来自居民出行调查。

(7) 出行距离数据,用于出行分布与方式划分计算,通常来自居民出行调查。

(8) 机动车出行成本数据,用于方式划分计算。

(9) 机动车载客率调查,用于出行人次与出行车次之间的转化,通常来自居民出行调查、路侧问询或观测。

(10) 时间价值数据,用于出行方式选择计算,通常来自居民问询调查,可以考虑叙述性偏好(Stated Preference,SP)方法和显示性偏好(Revealed Preference,RP)方法相结合的方式。

(11) 交通网络数据,主要指模拟区域的道路交通网络。

(12) 公交数据,主要指模拟区域的固定班次的公交车路线与服务频次数据。

(13) 货运企业/场站数据,主要指模拟区域内主要货运场站/仓库/企业的位置、容量及货运车辆配备情况等信息。

(14) 货运业务数据,主要指货运车辆运送货物的种类、时间、运量、起讫点以及运输路线等信息,主要来自货运相关调查。

5. 模型的技术架构

乌鲁木齐市中心城区交通规划模型建议采用四阶段模型架构。在这四个阶段中,出行产生吸引计算通常作为计算的第一步,而交通分配则作为计算的最后一步,其余阶段的顺序如何排列应当考虑其稳定性,通常建议将稳定性高的阶段排在前面,稳定性低的阶段排在后面。

(1) 对于出行产生吸引的计算,建议采用交叉分类与回归模型相结合的形式,回归因子的选取宜与用地性质保持良好的一致性,以确保对于未来年回归因子的计算是简单、直观的。

如果基年调查扩样矩阵与现状吻合度较高,可以考虑在扩样矩阵的基础上采用增长率法来构筑未来年的测试矩阵,这样做通常会获得更准确的预测结果,否则宜考虑采用重力模型模拟交通分布情况。应当注意的是,依据重力模型进行分布计算时通常无法在产生端和吸引端同时匹配交通小区的产生吸引值。因此,需要对于计算结果进行校正,建议对包括基家上班与基家上学在内的刚性需求使用双约束调整,而对于购物、休闲娱乐等非刚性需求可以考虑以产生端为约束进行单约束调整,常用的调整算法为 Furness Balance。

(2)对于方式划分的模拟,建议乌鲁木齐市中心城区规划模型考虑非机动、小汽车、出租车以及公共交通四种主要出行方式。当轨道交通建成并投入使用后,对于轨道交通应当作为公共交通中的一个子模式而非一个独立的模式参与方式划分计算。对于方式划分的模拟应当分层考虑,公共交通系统应作为一个整体来考虑其与私人机动化之间的竞争关系,而在公共交通系统内部应再设置一层方式划分来模拟不同公共交通方式之间的竞争关系。通常认为不同公交方式之间的转换要强于公交与私人机动化之间的转换,对于方式划分模型的普遍接受的函数形式是 Logit 模型。近期当轨道交通未投入使用的情况下可采用多元 Logit 模型的形式,远期当轨道交通投入使用的情况下可采用嵌套式 Logit 模型的形式。

(3)对于出行路径选择的模拟:小汽车(含出租车)出行路径选择模拟建议采用用户均衡分配算法或随机用户均衡分配算法;公共交通出行路径选择模拟建议采用最优策略分配法。

4.4.2 中观交通模型

节点模型与微观模型通常适用于局部区域,同时交通流较为稳定(静止)的情况,而当模拟区域可能出现路径选择需求时,就需要考虑在相对广泛的区域内建立和使用中观模型,也可以称之为分配模型。

1. 模型的覆盖范围

乌鲁木齐市中观模型包括道路交通分配模型和公共交通分配模型。模型建议覆盖乌鲁木齐市中心城区,与乌鲁木齐市中心城区交通规划模型范围保持一致。

2. 模型的主要功能

乌鲁木齐市中观交通模型应考虑包含以下一些基本功能:

(1)道路通行能力的模拟。模型需要准确模拟不同等级、形式的道路的通行能力,以及在一定交通需求情况下的通行延误水平。

(2)节点通行能力的模拟。模型需要准确模拟不同控制方式下的节点通行能力,能够反映信号配时方案对于节点通行能力的影响,以及在一定交通需求情况下的节点通行延误水平。

(3)出行成本的模拟。模型需要正确模拟各种出行成本,至少包括出行时间、出行距离、出行直接费用等,并预测其对于出行路径/路线选择的影响。

(4)不同道路使用者的模拟。模型支持不同道路使用者对于路径选择的倾向性的模拟,比如对于区域路网不是很熟悉的用户总是倾向于优先使用主干道及以上等级的道路,并预测其对于出行路径选择的影响。

（5）交通管理措施的模拟。模型支持对于常见的城市道路交通管理措施的模拟，包括限行、限速等，并预测其对于出行路径选择的影响。

（6）公共交通运营的模拟。模型支持基于公交时刻表或基于发车频次等不同方式的公交运营的模拟，并预测其对于乘客路线选择的影响。

（7）公交出行的模拟。模型支持对于公共交通出行过程中各种出行成本的模拟，包括步行时间、等待时间、换乘时间、车票费用等，并预测其对于乘客路线选择的影响。

（8）票制票价的模拟。模型支持对于一票制、里程计费制、分段计费制以及分区计费制等不同的票制票价的模拟，并预测其对于乘客路线选择的影响。

（9）模拟指标。模型应当提供包括道路交通流量、路段/节点饱和度、路段行驶速度以及路段行程时间等在内的评估指标。

3. 模型的研究尺度

乌鲁木齐市中观模型的尺度不宜大于中心区宏观规划模型的分区尺度。在条件具备的情况下，宜考虑在宏观模型分区的基础上进行进一步细化。道路交通分配模型在建成区域应考虑地块或交通小区的实际车行出入口布局情况；公共交通分配模型在建成区应考虑站点与周边慢行交通的接驳情况。

4. 中观模型建立的技术建议

（1）交通分区以及形心连接线。在中观模型中的内部交通小区通常建议每个小区的形心连接线数量为2~3条，同时每条形心连接线上的出行需求不超过300次出行。当小区的出行需求较大时，建议考虑对小区进行进一步细分，而非采用增加形心连接线的方式。当形心连接线上的交通量较大时，应当核查连接线下游的路段是否有足够的承载力，另外形心连接线应当尽可能连接到次支路，而非主干道或快速路。应当避免同时将多个交通分区的形心连接线连至同一路段，这可能会引起该路段及邻近路口出现不真实的过饱和现象。如果这种情况无法避免，可以考虑在进行延误计算时屏蔽该路口的延误计算。

（2）对交通网络的模拟。模拟交通网络应当考虑以GIS地图或其他相似数据源作为建模的基础，可以考虑对交通网络进行必要的简化，如删除分区内部的非市政道路，但是在现场踏勘中如果发现这些道路被大量的外部过境交通所使用，则应当考虑保留这些路段。道路网络中应当具备以下一些基础属性，包括道路等级、道路限速、车道数等。对于路段通行能力的估算并不要求精确，因为在城市环境中造成行程延误的主要区域在于道路节点而非路段，如果在现场踏勘过程中发现因为大量斑马线行人过街以及路边停车或装卸货等现象对路段通行能力造成显著影响时，应当结合现场踏勘情况进行必要的修正。应当通过现场踏勘确保对于路段车道数的正确模拟。在宏观模型中经常会采用实际有效车道数的概念，比如一条路段同向有2条车道，其中一条有路边停车，在宏观模型中可以认为实际有效车道数为1条。但是，在中观模型中通常不建议这样去模拟，因为中观模型要求的模拟精度相对更高。对于路边停车来说经常有一定的时间限制，同时路边停车通常设置在路段中部，在这种情况下应当考虑对模拟路段进行分段处理，以便更准确地反映实际情况。在中观模型中,路口的展宽等细部信息也应尽可能地在模型中反映出来。对于公交专用道的模拟要考虑公交专用道的实际情况来判别是单独模拟还是合并模拟,通常在合并模拟的情况下应当考虑降低公交专用道的通行能力。

(3) 信号节点的模拟。在城市环境中,信号路口通常是行车延误产生的主要区域,因此在中观模型中需要对其进行准确的模拟,而建模的软件平台应当支持这一需求。对于信控节点的模拟包括两个主要方面:第一允许通过路口的几何参数来反映路口的通行能力;第二能够模拟实际信号控制的平均情况,即对触发式可变相位进行平均化处理。

(4) 对让行节点的模拟。模拟让行节点主要依靠两方面的信息,一方面是节点的几何形状参数,这里的需求与信控节点一致;另一方面是让行车头距(vehicle gap acceptance)这通常需要经由现场调查来确认,尤其是对于比较关键的路口。

(5) 对于地面公共交通的模拟。公共交通将占用一定的道路资源与通行能力,尤其是当公共交通与常规交通混合使用道路资源的情况下。在进行道路流量分配时通常不会对公共交通进行分配,公交车辆在中观模型中常采用预先加载的方式按照班次与线路加载到模型中作为基础交通量。

(6) 中观模型的校正。对于中观模型的校正通常是指通过改变模型的参数或者交通需求来调整模型的模拟结果,使其与实际观测数据更为吻合。在模型校核中常使用的数据包括路段流量或转向流量、行程时间、速度等。在有充足调查数据的情况下,通常建议将用于校正模型和验证模型的数据区分开,比如用核查线流量数据对模型进行校正,同时将核查线包围范围内的流量数据用于模型的验证。节点模拟的准确度将直接影响中观模型的合理性与精度,为了提高中观模型的精度,建议结合节点渠化情况考虑对于不同转向的路段分别进行模拟,同时根据实际或规划的节点控制方案来标定路段的通行能力。

(7) 分配算法的选择。中观模型通过分配算法将 OD 对之间的交通量分配至网络中,建议采用的分配算法是基于 Wardrop 的均衡理论。在这一分配算法中,路段的出行成本受到路段流量的影响,同时这一理论假设所有道路使用者对于道路网络的运行状况都有着同等程度的很好的了解,同时道路使用者将尽量减少自己的出行成本,同时对于道路等级等其他因素的选择不具有倾向性。

(8) 模型的收敛。模型必须达到收敛才能提供可靠的评估结果。在中观模型中为了提高模型的精度对于路口的通行能力进行了复杂的计算,以求达到更好的模拟结果。但是,在实际模型运算过程中,特别是对于复杂的、饱和度比较高的网络会存在模型难以收敛的情况。这是因为对于路口通行能力的计算除了路口自身的几何特征以外,还与不同转向的流量结构比有着直接关系,在饱和度高的网络中可能会引起路口通行能力的显著波动,造成流量在几条主要可选路径之间震荡而无法收敛。当这种情况发生时需要建模人员特别关注。常见的解决方法是甄别产生问题的道路节点,通过多次少量循环迭代来评估路口的流量水平,并对特定路口通行能力的计算采用更为简化的方式来促使模型收敛。

(9) 模型的验证。英国伦敦建议使用两组不同的数据对模型进行校核与验证。用于模型检验的最重要的两条标准是路段流量和固定线路的行程时间。这通常是非常困难的,尤其是当模拟的范围较大,同时网络中的饱和度水平又较高的情况下。从经验来看,相比单个路口的数据,采用通过境界线或核查线的交通总量来对模型进行校核与验证则是更为实际的方法。另外,在对模型进行校验前,一项很重要的工作是检验调查数据的可靠性。

中观模型验证判别的标准主要包括以下几条:

(1) 95%的境界线或核查线交通流模拟值与观测值的误差 GEH 值不超过 5(流量超过 100 pcu/h)。

(2) 95%的交通走廊模拟行程时间与观测出行时间误差不超过 15%或 1 min。

(3) 75%的路口转向流量观测值与模拟值之间的误差 GEH 值不超过 5(流量超过 100 pcu/h)。

当模型对局部模拟精度有较高要求时,局部校验标准可相应提高,具体要求如下:

(1) 95%的转向流量模拟值与观测值的误差 GEH 值不超过 5。

(2) 95%的转向流量模拟值与观测值的误差小于 100 pcu/h。

对于模拟交通流分布的检验:在数据条件允许的情况下建议对关键路段交通流 OD 分布的模拟情况进行验证,可以使用模型中的特定路段分析功能来获取模拟路段流量的 OD 信息,并与调查情况进行比对。

5. 模型的数据需求

乌鲁木齐市中观交通模型的建立需要以下这些数据:

(1) 模拟区域道路交通网络可编辑电子地图数据。

(2) 宏观交通模型提供的交通出行需求数据。

(3) 路段/节点分转向交通流量数据。

(4) 公交频次数据。

(5) 交通走廊行程时间数据。

(6) 公交线路数据。

(7) 关键路段车辆 OD 信息数据。

(8) 信控路口信号控制方案等。

4.4.3 微观交通模型

微观仿真模型通常用来评估复杂的城市环境中的交通运行情况,与节点模型相比,微观仿真模型对于动态的、变化的、复杂的环境有着更好的适应性。微观仿真模型还常被用来直观地展示节点模型优化的效果。当项目场景符合以下条件时应当考虑使用微观模型:

(1) 交通网络拥堵情况比较严重,有过饱和以及路段排队溢出的现象存在。

(2) 建模区域内有触发式的或可变的信号控制设备,包括 VA,SCOOT 以及公交优先信号等。

(3) 项目将车辆行程时间作为评估的一个重要指标。
(4) 需要直观的模拟结果展示。

1. 模型的覆盖范围

片区交通运行模型包含多个模型,各模型的边界应参考乌鲁木齐市实际交通运行情况,并听取包括交警在内的主要交通管理部门的意见。片区交通运行模型的定界标准主要考虑区域交通运行实际相关性的范围,同时在有片区联动信号控制的地带不应对区域进行分割。片区交通运行模型应力求对模拟区域的各种交通要素做到精确描述。在微观仿真模型中通常对模型的边界地带的路段有特殊的要求,需要这些路段足够的长以便确保所有的模拟交通量可以加载到路网中,有时为了满足这一需求可以忽略实际路段的物理特征。

2. 模型的主要功能

乌鲁木齐市微观交通模型应考虑包含以下功能:

(1) 道路网的模拟。模型准确模拟各种复杂的城市道路网,包括道路的几何特征以及连通情况等。

(2) 驾驶行为的模拟。在一定设计标准下,模型模拟道路使用者的驾驶行为,包括速度分布、车头距分布、加/减速分布、变道习惯、跟驰习惯等。

(3) 车辆的模拟。模型模拟常见的不同类型的车辆,可以按照实际情况模拟不同类型车辆混合的交通流。

(4) 交通管控措施的模拟。模型模拟常见的交通管控措施,包括转向限制、变道限制、车辆路权限制、行驶速度限制等。

(5) 停车的模拟。模型可以模拟路边临时、长时、短时停车,可以模拟停车时长及其分布情况。

(6) 公共交通系统的模拟。模型可以模拟常见的公交运营方案,准确表达公交线路的物理特征,包括线路长度、走向、站点位置、站点形式等。

(7) 交通节点的模拟,模型可以准确模拟各类常见的交通节点,包括让行、转盘、信号控制等;准确模拟交通节点的要素,包括节点的几何特征、交通设施的位置(停车线、斑马线、让行位置、禁停区域等)。

(8) 交通信号的模拟。模型可以模拟各类复杂的交通控制信号,包括固定配时、可变配时、触发式以及联动控制的交通信号等。

(9) 行驶路径的模拟。模型支持静态、动态以及随机(触发式)等多种路径选择情况的模拟。

(10) 行人的模拟。模型可以正确模拟行人与机动车之间的让行关系。

(11) 模拟指标。模型应当提供分车型、分转向的路段交通流量数据,路段或节点的延误水平(平均值、最大值、最小值),停车次数,节点队列长度(平均值、最大值、最小值),路段行驶速度等指标。

3. 模型的数据需求

微观仿真模型的开发需要下列数据:

(1) 交通网络布局(CAD,Shp 或卫星地图)。

(2) 分车型、分转向的交通流量数据。

(3) 公交频次数据。

(4) 公交停站时间数据。

(5) 车辆行程时间数据。

(6) 车辆路口排队长度数据。

(7) 道路限速数据。

(8) 路边停车、上下客、装卸货调查数据。

根据项目的实际需求可能还会额外需要以下数据：

(1) 车辆 OD 调查数据。

(2) 公交上下客数据。

(3) 行人数据。

(4) 公交满载率数据。

4. 微观模型建立的技术建议

(1) 模拟的时段。在微观模型中，对于模拟的时段并没有特殊的限制，换句话说同一个微观模型可以跨越不同的模拟时段，这对于有些需要评估高峰临近时段的项目有很大的帮助。在进行微观模型设计时通常需要增加热身与离场时段，热身与离场时段的时间长度取决于模拟范围与网络的拥堵程度，通常为 15～30 min。因此，对于模拟 1 h 交通状况的微观模型，其实际模拟时长应至少保证 1.5 h。

(2) 交通网络的模拟。微观仿真模型所需要的交通网络布局应当满足建模精度的需求，建议至少包含以下一些内容：车道宽度、道路线形、停车线位置、公交车站位置、道路标线等。

(3) 微观仿真基础参数。微观仿真模型的基础参数对于仿真结果有很大的影响，这些参数在模型校验完成后不应再进行调整，如果需要进行相关调整则模型需要重新校验。这也被称为微观仿真模型的分辨率，在饱和或近饱和的状态下微观仿真模型的分辨率可能会对模拟结果产生较大影响，因此这一数据在同一模型不同的场景测试版本中应保持一致。

(4) 路段与连接器。一个基本的建模原则是在不影响模型对实际路网描述精度的前提下，尽可能地减少模型中路段的数量，同时连接器的长度不宜过长，而且连接器与模型不应有大量的重合区域，这会给模型增加不真实的容量，也是导致模型误差的一个主要来源。模型中所有的车辆转向移动应当通过连接器来完成，包括路口内部车辆移动，在连接器上建模人员可以通过设置变道、紧急停车距离等参数来控制驾驶行为。对于有左转专用道或公交专用道的情况可以考虑将其作为单独的路段来进行模拟，以取得更好的模拟效果。

(5) 交通流的模拟。根据调查数据，当模拟网络中不同路段的交通流组成变化幅度不超过 10% 时，可以考虑整个模型使用单一的交通流结构；当部分路段的交通流成分与其他区域有明显差异时，因当考虑建立单独的交通流结构来进行模拟。如果模型模拟的时段较长,应当考虑针对不同时段分别输入相应的交通流量,在输入流量时建议使用确切流量而非随机流量。

(6) 行人的模拟。行人通常用来触发特定的信号相位,如果在非信号控制区域模拟行人,则需要通过让行规则来模拟行人与车辆之间的互动,这通常需要通过现场踏勘来确认。

(7) 减速区域和目标速度的使用。当行车速度受到道路形态影响时应当考虑使用减速区域,同时建议在路口停车线区域通过设置减速区域来调整道路的通行能力,但不建议通过减速区域来人为地制造车辆排队,应当分析形成车辆排队的具体原因。目标速度的设定通常发生在模型中道路限速发生变化的区间,比如进入或离开快速路系统的时候。

(8) 行车路径的模拟。在缺少车辆 OD 调查的情况下,建议采用分段的方法来模拟行车路径,而不建议人为地判断 OD 对之间的路径选择情况。但是,在采用分段的方法来模拟行车路径时,应当注意确保路径选择点与连接器之间有足够的距离,同时应当注意连续两个路径选择点之间的交通流没有与现场观测不一致的异常行为。每一组车辆需求都需要对应的路径选择设置,当路径选择设置缺失时,通常车辆会选择第一个可用的连接器。另外,可以根据实际需要对于不同类型的车辆单独设置路径信息。

(9) 让行的模拟。对于让行的模拟是微观模型中非常重要的一点,通常用于模拟信号控制路口内左转让行的情况以及转盘、让行路口的让行行为。让行对于车辆行程时间、车辆排队以及拥堵情况都有很显著的影响。在进行让行模拟时要关注以下一些方面:①让行停车位置;②不同行车方向的优先级顺序;③潜在车辆冲突点;④让行车头距(时间与距离)。

(10) 微观模型的校核与验证。在微观模型中,可以分车辆类型、分路段地统计车流量、行车速度、延误、车辆排队长度等一系列指标,还可以将路口节点作为一个整体进行统计与分析,这些数据将有助于模型的校核与验证。

对于微观模型的校正应当包括以下一些方面:

① 通过合理地设置路段和连接器来模拟车辆的移动情况;

② 根据现场调查输入正确的交通流量信息;

③ 输入正确的公共交通车流量与频次信息,而公共交通的模拟精度取决于项目的实际需求;

④ 根据现场情况正确设置信号控制器;

⑤ 正确模拟让行情况;

⑥ 在模型中合理的地方设置减速区域。

在模型校正阶段通常需要完成以下工作:

① 明确哪些参数是确定的,哪些参数是不确定的,后期可能需要调整的;

② 对于所有的输入数据确保其正确性;

③ 合理地调整路段的通行能力;

④ 合理地调整路径设置参数。

对于模型的验证通常包括以下几方面的内容:

① 路口最大通行能力。路口最大通行能力并不是直接输入微观模型的参数,在微观模型中通常采用两种方法(即调整驾驶行为参数或设置减速区域)来调整路口的通行能力使其与现场观测情况相吻合。当在整个模拟网络中普遍存在通行能力与实际不符的情况时,应首先考虑调整驾驶行为参数;当这种不符仅存在于局部路段时,应考虑通过设置减速区域来进行调整。对于驾驶行为参数的调整则要更为谨慎,因为对于驾驶行为参数的调整可能会带来意料之外的影响。

② 交通流量。对于交通流量的验证应当通过 GEH 值来评估模拟流量与调查流量之间的差异是否在可接受范围内,应当尽量使路段的 GEH 值不大于5,同时,关键路段的 GEH 值建议不大于3,而模型模拟的流量值应当是多次随机模拟的平均结果。

③ 触发式相位出现的频率。模型模拟的触发式相位出现的频率与实际情况之间的误差应不超过10%。

④ 行程时间。模型对于行程时间的模拟同样应当采用多次随机模拟的平均结果,建议在设定路段上的行程时间模拟值与调查值之间的误差不大于15%或小于1 min。

⑤ 排队长度。排队长度虽然不作为一个模型验证的强制指标,但是通过比较模拟的队列长度与调查的队列长度可以对模型与实际情况的吻合度给出一定的参考,同时排队长度也是在进行方案比选评估时的重要参考指标。

(11) 随机性的模拟。在实际生活中,没有两天的交通状况是完全一样的,这是因为行车速度、变道选择、路径选择等很多因素都存在一定的随机性。因此,在微观模型中通常会通过随机数来检验模型的稳定性,在保持模型其他参数不变的情况下,同一种子影响下的模拟结果总是相同的,而不同种子影响下的模拟结果会存在一定的差异,这种差异会随着模拟区域饱和度的增加而增加。因此建议使用连续三个随机数来运行模型,同时将三次运行模拟结果的平均值作为模型模拟的结果。

(12) 动态分配。当模型中存在路径选择,可以考虑通过动态分配来模拟车辆的路径选择情况,但是在使用动态分配时要采取谨慎的态度,当模型使用动态分配时需要循环收敛才能提供有效的结果。同时,模型中一些路段之间的衔接可能会产生并不存在的可选路径,从而增加计算负荷,也可能造成一些不合理的模拟结果。对于动态分配收敛结果的判定一般采用两条标准:①95%的路段交通流量在连续4次循环运算中变化小于5%;②95%的路段行程时间在连续4次循环运算中变化小于20%。

4.4.4 节点交通模型

节点交通模型通常用来辅助道路交叉口设计以及节点交通信号配时方案的制订。在节点模型中包括三种主要的信息:节点的平面布局、交通流量以及信号控制方案。

1. 模型的覆盖范围

节点交通模型包括单个节点模型与片区节点模型。单独路口建模是指针对单个路口建立交通模型。然而,判别是否应当对单个路口单独建立交通模型的标准在于该路口是否与其他临近路口之间存在相互影响关系。通常,当一个路口距离上、下游路口足够远(>200 m),车辆基本以自由流的形式到达路口,同时路口的信号控制方案与邻近路口不属于同一分区且无联动关系的情况下可以认为该路口是独立路口,对其可以采用单独路口建模的方法。片区节点模型包含 2 个或 2 个以上路口,这些路口之间被认为是有相关性的。而相关性的判别标准在于在模拟区域内两个路口之间存在车辆队列的情况以及模拟的路口是否属于同一个信号控制分区。通常,当两个路口之间的距离越远,二者之间的相关性就会越弱,队列就会更为松散,其他可能影响相关性的因素还包括道路的形态、路侧开口、路边停车等。

2. 模型的主要功能

乌鲁木齐市节点交通模型建议包含以下一些功能:

(1) 节点物理特征的模拟。节点交通模型应正确模拟节点进出道的物理特征,包括车道数、车道宽度、转弯半径等,对于展宽段能模拟其物理长度与有效长度。

(2) 节点渠化特征的模拟。节点交通模型应准确模拟节点的渠化特征,即各进口道允许的行驶方向及对应的出口道。

(3) 节点交通流的模拟。节点交通模型应准确模拟节点分转向的交通流比例关系。

(4) 交通信号的模拟。节点交通模型应支持对交通信号的模拟,包括对基于路口渠化情况的信号相位顺序的模拟、对于各相位对应的绿灯时长的模拟以及对于相位间衔接时间的模拟。

(5) 让行的模拟。节点交通模型应能够模拟道路交通运行状态下低等级道路对于高等级道路的让行情况,或者优先级较低的行驶方向对于优先级较高的行驶方向的让行情况。

(6) 模拟指标。节点交通模型应预测各进口道的饱和度水平、排队长度和延误水平,并根据信号相位顺序计算最优信号时长、各相位的绿灯时长以及不同节点之间的相位差。

3. 模型的数据需求

对于节点交通模型的建立通常需要收集以下信息:

(1) 建模区域平面布局图。

(2) 信号控制设备说明及方案。

(3) 现场调查数据,包括路段长度、行驶时间、展宽段长度和最大通行能力。在没有现场调查的情况下应对相关数据进行合理的估计。

(4) 分转向、分车型通过停车线的小时车流量。

(5) 现场信号控制方案。

(6) 现场观测到的其他与交通相关的信息。

4. 节点模型建立的技术建议

(1) 节点布局的模拟。节点交通模型的最小模拟单位为单根车道,每组车道应当使用相同的绿灯通行时间,通常建议不同转向的车流用不同的分组来模拟,除非在实际或设计方案中,这些车流本身是混合的。在同一组中模型默认车流及排队在不同车道上的分布是平均的。在车道分组确定以后,通过连接器将上下游的车道根据车辆行驶方向连接起来。在现场观察时,如果某根车道的车辆行驶行为与其他车道有所区别,则建议对该车道单独调查并在模型中单独分组。

(2) 最大通行能力。在条件允许的情况下，应当对重要路段的道路最大通行能力进行实地测量；在无法进行现场测量的情况下，可以根据车道的几何参数以及转向车流的比例来估算车道的最大通行能力。在建模过程中，对于出口车道的通行能力会设置较高，避免模拟路口的通行能力受到下游路段的影响。但是如果在现场踏勘过程中发现下游路段影响上游路口的通行能力，则应考虑模拟这种情况，常见的方式为降低出口车道的通行能力或者加入虚拟相位以压缩特定进口的绿灯通行时间。

(3) 展宽段的使用。节点交通模型应当考虑根据现场观测输入展宽段的使用情况。

(4) 让行的模拟。节点交通模型让行的模拟有两个关键参数，分别是最大通行能力（此处的最大通行能力是指在没有主向车流的情况下，让行方向可通过的最大车辆数）以及在有主向车流情况下的让行方向通行能力的衰减系数。英国 TfL 推荐对于信控路口左转让行的单根车道最大通行能力取 1 440 pcu/h，衰减系数取 1.09；对于右转让行的单根车道最大通行能力取 715 pcu/h，衰减系数取 0.22。

(5) 左转车辆的模拟。对于左转车辆的模拟是节点模型是否合理的关键点，重点需要关注以下一些信息：停车线前的车辆存储空间、停车线后的车辆存储空间、在相位切换期间通过路口的转弯车辆以及左转车辆是否有专门的绿灯保护，这些都会影响到具体参数的设置。

(6) 触发式相位的模拟。随着智能交通控制系统的普及，触发式相位变成了节点交通模型需要模拟的一种行为。对于触发式相位的模拟建议通过现场观测来确定触发式相位出现的频率，在具体建模时可以采取双周期或多周期的相位设置，并在其中插入触发式相位。

(7) 下游路口溢出情况的模拟。对于下游路口溢出的现象通常可以考虑加入伪相位来减少模型中特定路口的实际绿灯通行时间。这需要通过现场调查与观测来确认相关信息。

(8) 模型的校核与验证。对于节点交通模型的校核通常是根据路口实际情况输入相关几何参数以及信号控制方案；对于节点模型的验证工作需要在确保路口几何参数以及信控方案与实际一致的情况下，综合考虑对于包括展宽段、触发式相位、下游溢出等采用合理的模拟参数，加载调查交通流量，并检验进口饱和度与绿灯起始时刻的平均队列长度与实际观测情况是否相符。

(9) 场景测试模型的开发。节点场景测试模型应以校验后的基础年模型为基础进行开发，当测试场景会引起交通流量的变化时，应当考虑调整展宽段的相关参数，在场景测试模型中应考虑对信号周期、相位、配时等进行优化。

(10) 停车与延误权重。节点交通模型将根据预测的停车次数与延误情况来计算服务水平指数，并通过优化算法来使服务水平指数趋向最小。因此，可以通过对停车和延误的权值进行调整来使节点模型在优化信号配时方案的过程中优先满足某些特定控制目标，比如减少主线的停车次数等。

(11) 地面公共交通的模拟。在节点交通模型中，当地面公交有专用车道时应当将公交专用道作为正常路段来模拟；当地面公交与常规交通共用车道而同时需要单独输出公交相关计算指标时可以建立虚拟路段,但虚拟路段必须与普通路段相关联,虚拟路段与其关联的普通路段共享最大通行能力以及通行时间,在虚拟路段上需要单独设置交通流量以及车辆的行车速度,同时可以在虚拟路段上设置公交停车时间。如果公交专用道是非连续性的,则在路口区域可以设置展宽段来模拟这种情况。

4.4.5 用地与交通一体化模型

用地与交通一体化模型根据用地政策(战略)以及研究区域地块可达性的变化情况来预测未来用地的可能情况。用地与交通一体化模型通常只适用于战略层面,很少被直接用于具体项目的评估。

用地与交通系统之间的联系或者影响主要体现在以下三个方面:

(1) 土地的开发及不同用地之间的联系将产生交通需求。

(2) 不同地块之间的联系将受到交通网络布局的影响。

(3) 交通设施与地块活动之间的联系与匹配度是交通战略评估的重点。

1. 模型的覆盖范围

用地与交通一体化模型建议研究范围包含乌鲁木齐市中心城区及周边近距离主要的人口聚集点,包括呼图壁县、昌吉中心城区、五家渠中心城区、阜康中心城区以及乌鲁木齐县与达坂城的中心区域。模型研究的重点是乌鲁木齐市中心区的人口、岗位、产业在未来可能的迁移与演变情况。

2. 模型的主要功能

用地与交通一体化模型是一个比较开放的话题,还没有固定的模型结构与检验标准等,因此在这里仅对用地与交通一体化模型考虑的因素、需要的数据以及常见的模拟方法进行简要介绍。

在用地与交通一体化模型中有三类主要的参与者:人(个体或家庭)、公司企业以及政府。人与公司在以下三方面有着密切的互动:房地产市场、劳动力市场以及产品(服务)市场,而交通会对这三方面产生影响,进而影响人与公司之间的关系。用地并非静态的,交通仅是影响用地变化的一个因素,其他因素至少还应包括人口、区域发展等。而各级政府对于用地的影响主要集中在规划、管理、税收与投资这几方面。在用地与交通一体化模型中至少需要考虑几类市场:财务市场、房地产市场、劳动力市场、产品市场和交通市场。所有市场与个体以及公司都存在复杂的相互影响关系,同时还有一些外部影响因素。一方面,区域发展与政府的政策影响了投资者的投资意愿,投资者通过资本市场影响开发商及企业公司对于生产的投入,开发商对于土地开发的情况影响了房地产市场的价格,进而影响了企业公司以及个人对于生产及生活场所的选择,企业的投入影响了劳动力市场、产品市场同时对交通市场提出了运输的需求;另一方面,居民的工作、购物以及其他活动也反过来影响劳动力市场、产品市场以及交通市场,交通市场通过交通供给影响了地块的可达性,进而影响公司的物流成本、个体的出行成本以及物业的价格,最终影响开发商以及投资者的回报率,从而形成一个循环。用地与交通一体化模型主要市场与参与者联系如图4-4所示。

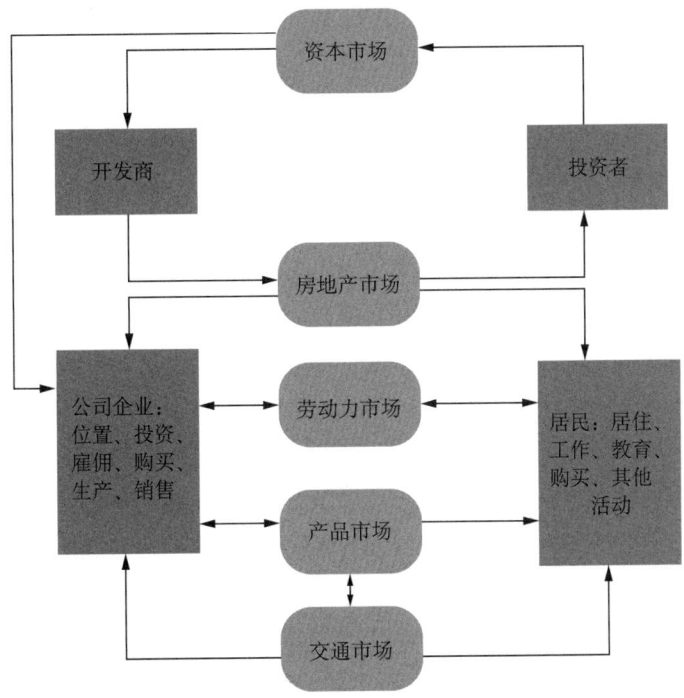

图 4-4 用地与交通一体化模型主要市场与参与者联系

3. 模型的数据需求

用地与交通一体化模型对于基础数据的需求具体如下：

(1) 分区户与人口信息。

(2) 分区就业率信息。

(3) 分区岗位信息。

(4) 分类型用地与建筑体量信息。

(5) 房屋租售价格。

(6) 家庭收入情况。

(7) 交通出行需求矩阵。

(8) 货物运输需求矩阵。

(9) 基础年既定开发情况。

(10) 未来发展规划信息等。

4. 用地与交通一体化模型的模拟方法

用地与交通一体化模型的核心是理解不同市场活动之间的联系以及其背后的经济规律。不同的用地区位等级对应不同的经济活动强度。对于用地与交通一体化模型有两种主要的构建方法：一种是根据经济活动预测研究区域的区位等级，另一种是根据研究区域规划区位等级预测其未来的经济活动强度。对于城市社会经济增长，从长期来看，其主要推动力是投资与生产力的发展，交通发展会降低运输成本从而促进生产力的发展，并推动经济增长。传统的分析将交通作为经济的衍生需求，即一定的经济活动产生了交通运输需求，但这忽视了交通对于经济的反作用，即交通的供给将改变经济活动的位置和组成，对于用地与交通一体化模型来说，其核心是模拟以下一些情况：

（1）公司企业将对交通系统的变化产生何种反应。
（2）劳动力市场将对交通系统的变化产生何种反应。
（3）房地产市场将对交通系统的变化产生何种反应。
（4）劳动力市场对交通以及经济的影响。
（5）区域与凝聚效应。
（6）空间竞争。
（7）平衡与稳定等。

用地与交通一体化模型是十分复杂的模型，已经超越了交通范畴，其中纳入了很多经济学的理论和模型。同时，在用地与交通一体化模型领域还存在着一些有待完善和解决的问题，主要集中在以下四方面：

（1）如何更合理地反映市场机制，尤其是对于非完美的市场机制的反映。
（2）模型如何保持一致性与连续性。
（3）保持动态与平衡的关系。
（4）数据的可获取性和可验证性。

4.5 各层级交通模型的衔接与建议适用范围

4.5.1 各层级交通模型的衔接

各层级交通模型之间的衔接遵循上层模型为下层模型提供以交通量为主的数据，下层模型为上层模型反馈交通运行指标。具体来说，区域交通规划模型为中心城区交通规划模型提供乌鲁木齐市对外交通分方式的需求数据，中心城区交通规划模型为道路或公交分配模型提供机动车或公共交通 OD 矩阵，道路或公交分配模型为片区交通模型提供通道或路径交通流量信息，片区交通模型为节点交通模型提供具体节点的交通流信息。作为反馈，节点交通模型为片区交通模型提供节点信号配时方案，片区交通模型为道路或公交分配模型提供路段出行时间与延误情况，道路或公交分配模型为中心城区交通规划模型提供小区间出行时间信息（这一信息对用地与交通一体化模型同样重要），中心城区交通规划模型为区域交通规划模型提供乌鲁木齐市综合出行或运输时间信息。需要指出的是，在任何一层级的模型，尤其是中观层及以下的交通模型中应考虑通过实际观测流量与交通运行时间对预测流量及出行时间进行必要的修正。乌鲁木齐市各层级模型之间的相互衔接及数据接口关系如图 4-5 所示。

4 乌鲁木齐市城市交通规划模型体系设计

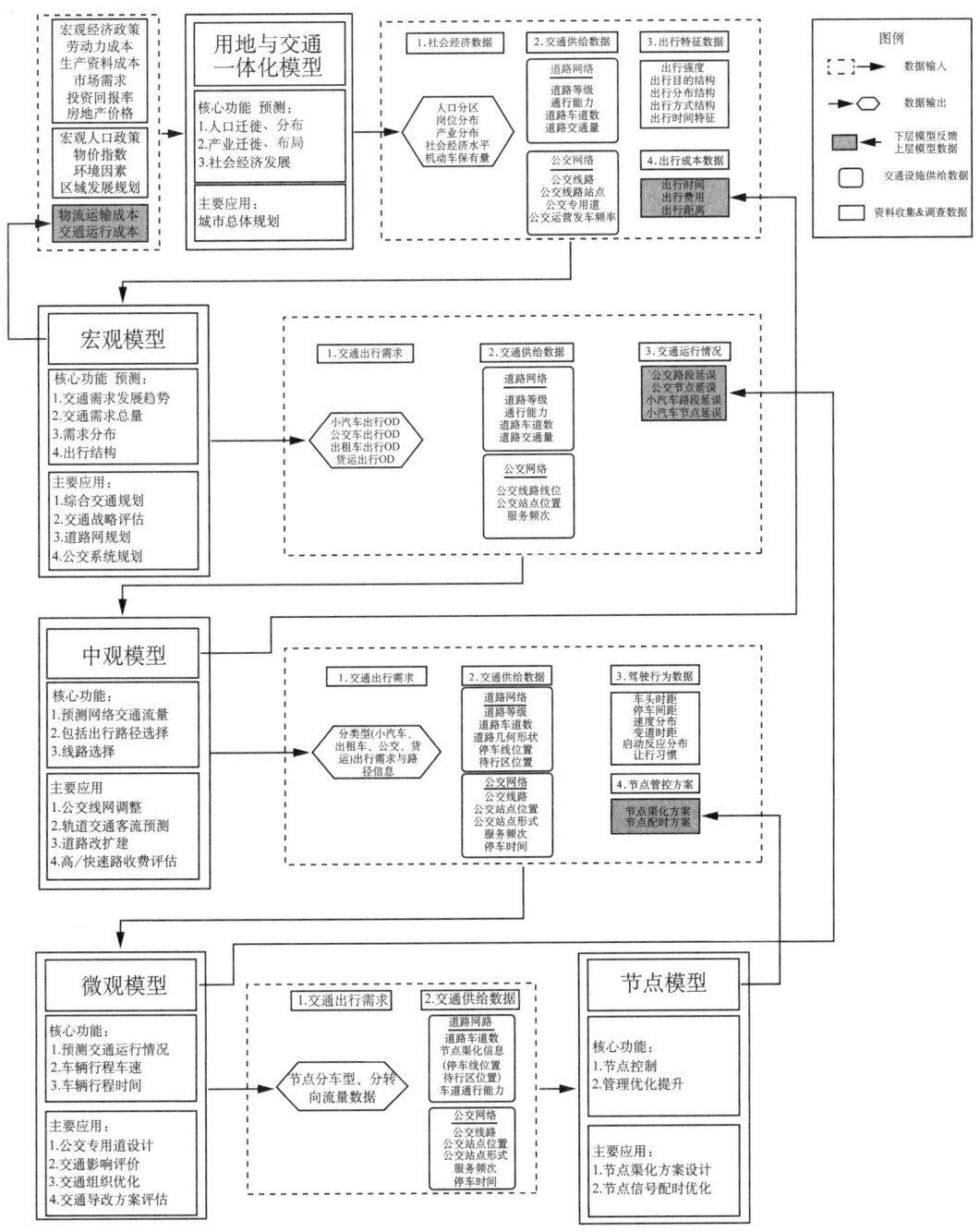

图 4-5 乌鲁木齐市综合交通模型衔接

4.5.2 各层级交通模型适用的研究项目

不同层级分析需要不同的交通模型来支撑,同时,有些实际项目跨越了不同层级模型研究的边界,因此需要多层模型来共同支撑。表 4-2 总结了常见的交通研究项目,并通过高、中、低等不同水平来表述不同层级的模型对于研究项目的适应性。

表 4-2　基于项目的模型适应性列表

项目类型	宏观模型	中观模型	微观模型	节点模型
城市总体用地方案比较评估	高	低	低	低
综合交通战略评估	高	低	低	低
轨道交通线网方案	高	低	低	低
快速路网规划方案	高	中	低	低
交通需求管理政策	高	高	低	低
新区/新城规划	高	中	低	低
公共交通票制票价调整	高	中	低	低
快速路收费评估	中	高	中	低
公交线网调整	中	高	低	低
轨道交通线路设计	中	高	低	低
公交站点设计	低	低	高	低
交通组织优化(单行、转向控制)	低	高	高	低
道路改扩建	低	高	中	低
公交运营计划调整	中	高	低	低
公交准点率评估	低	低	高	中
道路口渠化设计	低	低	高	高
交叉口信号配时	低	低	中	高
自行车专用道设计	低	低	高	低
公交专用道设计	低	高	高	低
交通枢纽方案设计	低	低	高	低
交通影响评价	低	低	高	中

4.5.3 各层级交通模型适用的时间跨度

从模型构建的技术流程来说,任何层级的模型都需要首先构建基础年模型,基础年通常是指模型构建的主要基础数据采集的年份,在对基础年模型进行校正与检验后,将根据项目的需要以基础年模型为基础开发预测场景(年)模型。

不同层级的模型不但有其适用的项目类型,也有其适宜的预测时间跨度,具体如下:

（1）宏观模型适用的预测时间跨度较长，通常为10年以上。一方面是因为宏观模型常被用来配合城市总体规划、综合交通规划等对城市发展有长远影响的规划，关系城市发展导向；另一方面，从宏观层面来看，城市交通需求具有较高的稳定性，在一定时期内包括居民出行强度、出行距离、出行方式等需求层面的主要特征通常不会发生重大变化，这使得短期预测失去了意义。

（2）中观模型适用于近中期的预测。中观模型主要关注路径或路线选择情况，其影响因素较多，包括道路的使用情况、路口的渠化情况以及控制方式、小区层面的OD分布情况等。随着时间的推移，这些因素的不稳定性会增强，从而使得长期预测变得非常困难。

（3）微观模型和节点模型适用于近期的预测，通常用于评估即将实施的方案的有效性。影响微观层面交通运行情况的因素非常多，比如道路流量中不同车型的结构比例，或者邻近地块的车行出入口位置等，因此通常不建议将微观模型用于长期预测。

对于预测模型来说，当出现不同层级的模型混合使用的情况时，上层模型预测的准确性将决定整个模型预测的准确性。

4.6 分阶段任务与目标

构建完整的乌鲁木齐市综合交通模型体系是一项庞大的工程，不可能一蹴而就，需要长期的投入与积累。按近期（1～3年）、中期（3～5年）、远期（5～10年）来划分，各阶段的建议工作如下。

1. 近期

近期的主要工作是立足乌鲁木齐市现有基础，着力完善乌鲁木齐市中心城区交通规划模型与快速路微观仿真模型，同时，开发乌鲁木齐市道路交通分配模型与公共交通分配模型。

1）宏观交通模型

对于完善宏观交通模型可以考虑从以下几个方面入手：

（1）将模型从高峰小时拓展至全天，在时段设置方面考虑早高峰、日间、晚高峰及其余时间四个时段。

（2）早、晚高峰可考虑拓展至2～3 h，尽可能覆盖所有的刚性离家出行及返程出行。

（3）将出行时间纳入出行分布的阻抗因子，构建出行时间分布模型。

（4）将乌鲁木齐近期的发展重点区域纳入模型范围，重点对城南经贸区的交通分区进行细化，同时在模型中落实城南经贸区综合交通规划成果。

（5）尝试引入可变高峰小时系数预测模块以反映交通拥堵对出行出发时间的影响。

（6）建立外牌车辆在乌鲁木齐市出行的子模型。

（7）可考虑简化宏观模型的路网描述。

（8）结合多源数据尽可能准确地估计乌鲁木齐市的人口岗位分布。

（9）结合交通影响评价完善吸引端模型。

（10）结合手机数据构建流动人口出行需求模型。

（11）构建货运需求模型。

（12）改善乌鲁木齐市家庭拥车模型。

2）中观交通模型

中观交通模型应包含道路交通分配模型与公共交通分配模型，应力求准确地描述道路特征与公交线路特征。中观模型的重点在于准确模拟道路节点的通行能力、主要交通走廊的行程时间以及重点路段的交通 OD 分布。在交通区划方面，中观交通模型应与中心城区交通规划模型保持一致。在条件允许的情况下，局部区域可以考虑采用更细致的分区，这将取决于实际数据的情况。在中观模型层面应细化地块开口与公交接驳等信息。中观模型的开发应结合乌鲁木齐城市交通指数与综合交通信息平台建设工作，尤其是综合交通信息平台应为中观模型的构建提供重要的 OD 校核基础数据。

对于既有快速路微观模型可以考虑从以下几方面入手对模型进行改善：

（1）结合中观交通模型的预测结果以及车牌信息采集系统的数据，开发对模型基础 OD 数据修正的算法。由于乌鲁木齐机动车保有量增速较快，应保持对模型 OD 数据的定期修正。

（2）模型的模拟时段应纳入晚高峰，对早、晚高峰同时进行模拟与评估。

（3）拓展模型的模拟边界至快速路系统外围的第一个主要地面交叉口。

（4）开展参数本地化调整。乌鲁木齐市快速路仿真模型的参数较多借鉴了上海相关快速路研究的成果，而乌鲁木齐市无论是道路建设情况、驾驶习惯等都与上海有着一定的差异，而这些差异性必然会影响到模型模拟的精度。因此宜积极开展相关研究，逐步完成参数的本地化调整。

（5）开发快速路微观仿真模型与规划模型的数据接口，确保可以根据规划模型预测情况提取不同预测年份快速路微观仿真模型的基础 OD 信息。

（6）开发交通事件与预案制定功能，评估交通事件的影响范围、影响程度并制定相应的预案是微观交通仿真模型的一个重要应用方面。

3）微观交通模型

在非施工区域结合交通影响评价工作，逐步推进微观模型与节点模型的建设。微观模型的构建以片区为基本单位，可以考虑结合具体交通影响评价项目，以交通影响评价研究范围作为单个微观模型的模拟范围。在微观模型的构建技术手段上，建议与宏观或中观模型形成互动，在对宏观或中观模型进行局部校准的基础上，以宏观或中观模型输出的局部 OD 作为微观模型研究范围的基础需求矩阵，在无复杂路径选择的情况下，可以考虑采用静态路径法构建模型；在有复杂路径选择的情况下，建议通过动态分配法来构建模型。建议考虑通过流量、行程时间、交叉口排队长度三个主要指标来对模型进行校核，并通过微观模型对片区的交通运行情况进行模拟、预测及评估。

2. 中期

中期可考虑的工作内容包括开展用地与交通一体化模型以及区域交通规划模型的前

期研究工作,摸清实际可用的数据基础,明确模型的架构、功能模块、边界以及数据需求。中期随着轨道交通1~4号线的依次开通,应考虑调整中心城区交通规划模型方式选择模块的结构,由目前的多元Logit模型,调整为嵌套式Logit模型,同时宜考虑根据轨道交通的实际接驳情况,在模型中予以更好的模拟。

3. 远期

远期可考虑的工作内容包括开发用地与交通一体化模型以及区域交通规划模型。同时,随着基础设施建设的不断完善,乌鲁木齐市交通研究将从设施供给转向需求管理,宜结合交通模型技术的实际发展情况,一方面,反思中心城区交通规划模型的基础架构,考虑是否要更改为基于出行链或基于活动的出行模型;另一方面,考虑是否能通过完善模型的功能模块从而改善模型对需求管理政策的适应性。

5　乌鲁木齐市模型开发与应用实践

5.1　乌鲁木齐市宏观交通规划模型的开发与应用
5.2　乌鲁木齐市微观模型的开发与应用

5.1 乌鲁木齐市宏观交通规划模型的开发与应用

乌鲁木齐市宏观交通规划模型的建立始于1998年,模型建立的目的是配合乌鲁木齐市世界银行贷款交通改善项目,当时模型的侧重点在于道路交通。2006年,依托世界银行公共交通规划项目,乌鲁木齐市建立了"乌鲁木齐市公交规划模型",主要面向公共交通,分别服务于道路规划和公交规划的模型的建立,被应用于乌鲁木齐市道路交通规划和公交规划的量化分析与方案评估,并编制了较为系统的专业交通规划报告,指导世界银行项目的建设。2010年,结合综合交通大调查、居民出行调查等工作,对宏观交通规划模型进行了更新整合,将道路交通模型与公共交通模型统一至同一体系下。2014年,乌鲁木齐市再次开展了全市性综合交通调查,乌鲁木齐市宏观交通模型也结合新的调查数据做了进一步完善。

5.1.1 模型概况

乌鲁木齐市现有宏观交通模型采用的是成熟的四阶段模型架构,覆盖城市总体规划定义的乌鲁木齐市中心城区,模型面向城市居民出行,用于分析城市居民的出行需求、出行分布以及出行方式等。乌鲁木齐市宏观规划模型建立的主要数据基础为相关部门提供的社区人口和岗位数据、城市测绘道路网与公交线网、居民出行调查获得的居民出行数据以及同期开展的道路交通量调查及公交客流调查所获得的相关数据。乌鲁木齐市宏观模型包含了7个主要的子模型,分别是:①网络和出行成本模型;②家庭拥车模型;③出行生成模型;④出行分布模型;⑤方式选择模型;⑥出行时段模型;⑦交通分配模型。

这七个主要的子模型既相对独立又互相影响,逻辑上呈现依次衔接与循环的关系。总体来说,家庭拥车模型和出行时段模型是独立的子模型,其中家庭拥车模型主要根据居民家庭收入情况对家庭小汽车的拥有情况做出预测,而模拟时段模型主要根据调查获得的乌鲁木齐市各类出行的时间分布情况对模拟时段的出行比重及到发比例进行预测。按照四阶段模型的架构,首先,家庭拥车模型提供的拥有车比例配合乌鲁木齐市的人口及岗位分布情况为出行生成模型提供了计算的依据;其次,考虑到乌鲁木齐市部分区域存在午间回家的情况,在交通产生吸引计算完毕后先进行模拟时段出行需求预测;再次,根据各个时段交通产生吸引的情况按不同的出行目的分别构建出行分布函数;然后,由家庭拥车模型、网络和出行成本模型以及方式选择模型共同决定交通出行方式的选择比例;最终,通过交通分配模型将交通量分配到道路及公交网络上去。交通分配的结果将改变网络负荷及出行成本,进而影响不同人群对出行方式的选择,因此模型需要进行循环计算以求整个网络达到平衡与收敛。整个模型的架构如图5-1所示。

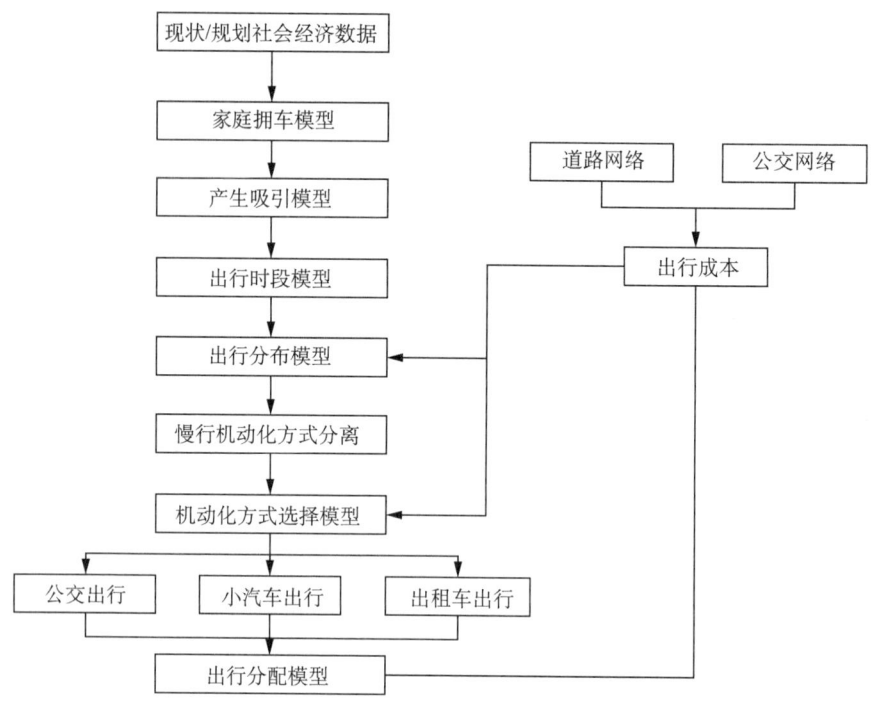

图 5-1 乌鲁木齐市宏观交通模型架构

5.1.2 模型覆盖范围

乌鲁木齐市交通规划模型覆盖了乌鲁木齐市中心城区。近年来依据城市发展情况,乌鲁木齐市宏观交通模型不断拓展覆盖边界,并细化交通小区的设置。目前,乌鲁木齐市宏观交通模型的交通小区数量达到 735 个,单个交通小区平均覆盖面积约 2 km²,核心区交通小区平均覆盖面积不大于 1 km²。在模型构建过程中,参考乌鲁木齐市城市总体规划中的组团设置情况,将其合并为 15 个交通大区。乌鲁木齐市交通模型区划情况如图 5-2 和图 5-3 所示。

5.1.3 模型构建数据基础

乌鲁木齐市交通规划模型的构建使用了大量的社会经济数据并配合相关专项调查,具体包括以下一些数据:

(1) 乌鲁木齐市人口。乌鲁木齐市交通规划模型覆盖区域的人口数量主要来自三个方面:乌鲁木齐市第六次人口普查数据(2010 年),数据统计精度为乌鲁木齐市行政街道层面;乌鲁木齐市社区统计的人口数据(2014 年),数据统计精度为乌鲁木齐市社区层面;乌鲁木齐市统计年鉴常住人口数据(2015 年),数据统计精度为市域范围。

(2) 乌鲁木齐市岗位。乌鲁木齐市交通规划模型覆盖区域的岗位数主要来自第二次经济普查数据及年鉴公布的乌鲁木齐市就业人员统计数据。

5 乌鲁木齐市模型开发与应用实践

图 5-2 乌鲁木齐市交通小区划分示意

图 5-3 乌鲁木齐市交通大区划分示意

119

(3) 乌鲁木齐市学生数。乌鲁木齐市学生人数主要通过乌鲁木齐市统计年鉴提供的各类学校在校学生人数来控制。

(4) 乌鲁木齐市道路网。模型中使用的乌鲁木齐市现状道路网是根据乌鲁木齐市综合交通项目研究中心提供的乌鲁木齐市现状道路测绘数据绘制的，而乌鲁木齐市规划道路则是在现状测绘道路网的基础上结合乌鲁木齐市路网规划成果绘制而成。

(5) 乌鲁木齐市公交线网。模型中使用的乌鲁木齐市公交线网是根据乌鲁木齐市综合交通项目研究中心提供的乌鲁木齐市现状公交线网数据绘制的，而乌鲁木齐市规划公交线网则是在现状公交线网的基础上结合乌鲁木齐市公共交通规划成果绘制而成。

(6) 公共交通运营参数。该数据是根据乌鲁木齐市公共交通运营公司提供的公交运营调度表设置。

(7) 乌鲁木齐市公交载客量。该数据来自于2014年开展的乌鲁木齐市公共交通客流的调查成果。

(8) 乌鲁木齐市主要道路车流量。该数据来自于2014年开展的乌鲁木齐市道路交通流量的调查成果。

(9) 乌鲁木齐用地情况。该数据是根据乌鲁木齐市规划局(院)提供的乌鲁木齐市城市总体规划、乌鲁木齐相关分区规划及控制性详细规划来确定。

(10) 乌鲁木齐市出租汽车运营状况。该数据是根据乌鲁木齐市出租车GPS数据分析提取的。

(11) 乌鲁木齐市主要道路行车速度。该数据是根据乌鲁木齐市出租车GPS数据分析提取的。

(12) 乌鲁木齐市主要道路公交行车速度。该数据是根据乌鲁木齐市公交GPS数据分析提取的。

(13) 乌鲁木齐市城市出入口交通流量及其OD分布信息。该数据来自于乌鲁木齐市2014年出入口交通流量及问询的调查成果。

(14) 乌鲁木齐市主要对外枢纽乘客出行信息。该数据来自于乌鲁木齐市2014年对外枢纽乘客抽样问询的调查成果。

(15) 乌鲁木齐市居民出行信息。该数据来自于乌鲁木齐市2014年居民出行的调查成果。

从模型构建所需的基础数据来看，基本涵盖了城市交通规划模型需要的主要基础数据，但是不同来源的数据之间存在一定的差异，如人口和岗位，且很难判别哪个来源的数据准确度更高，这会给模型的模拟及预测结果带来一定的误差。另外，基础数据中缺乏流动人口及货运的相关数据，这两类数据也是城市交通出行的组成部分，未来宜思考获取这两部分数据的可能性。从数据的采集手段来看，以资料搜集、人工调查为主，同时也开始使用一些成熟的自动采集数据作为补充。总体而言，数据采集手段符合目前国内交通数据采集的发展水平，但是人工调查数据的质量较多受到调查人员专业能力的影响，同时数据的可重复性较差，不宜复核。

宏观模型的开发需要包括社会经济数据、交通需求数据、交通供给数据以及交通运行数据等一系列数据的支持。简单来说,宏观模型是根据各类社会经济数据来预测区域交通需求,并将其加载至交通网络,然后通过交通运行数据来验证预测的准确性,或评估相关方案、场景的交通基本情况的一种技术方法。其中,两个关键因素是出行者的需求特征以及交通网络的运行特征。出行者的需求特征决定了区域整体的交通需求水平,交通网络的运行特征则决定了在特定需求下交通网络的服务水平,并对出行者的需求产生相应的影响。

1. 多源调查数据融合

交通调查是指通过问询、观察和测量等不同手段了解研究范围内人、车、物等的流动情况。交通调查是掌握城市交通需求特征的一种重要手段,也是研究城市交通问题的基础。在对交通调查数据不断深入分析的过程中,众多的研究者越来越深刻地认识到单一来源数据的局限性,因而以综合交通调查为代表的多源数据采集方法得到了广泛应用[41,42]。综合交通调查获得了多源数据,这些数据从调查方法到抽样频率都有所不同,它们既相互关联又存在差异。对不同来源的数据单独进行分析,甚至可能得出相左的结论。因此,如何有效地对多源数据进行融合并应用于综合交通调查数据分析成了其中的关键。

在当前的综合交通调查技术框架下,居民出行调查无疑是所有调查的核心。从理论上来说,完美的居民出行调查应该能够准确复原城市 24 h 的交通活动。但是,受到现实抽样条件以及受访者的配合程度等多种不可控因素的影响,对居民出行调查进行直接扩样所获得的结果往往会大幅偏离城市交通的基本面。因此,对所获得的居民出行调查数据进行科学严密地扩样校核就显得尤为必要了。

目前,常见的居民出行调查扩样一般分为两个独立的阶段:一是对调查样本的户与人口结构扩样;二是对调查样本的分方式出行量进行扩样校核。对调查样本的户与人口结构扩样主要是根据全市的户与人口结构对调查样本进行修正。对调查样本的分方式出行量扩样主要是利用核查线调查、交通统计数据(IC 卡、出租车 GPS、高速路收费站、道路线圈)等异源独立调查数据作为母体,将居民出行调查样本中对应的出行量按照出行方式、时间和 OD 分布进行扩样。

乌鲁木齐市在宏观交通模型的开发过程中,采用以居民出行调查为中心构建多源数据融合的综合交通调查数据分析方法,该方法的显著特点是:①有效避免了单一数据校核的局限性;②多目标优化技术手段让扩样过程变得程序化、参数化。因此,基于此技术手段开发的扩样程序可移植性较高,可用于不同城市和一个城市不同时期的调查数据,在扩样过程中只需进行简单的控制指标调整即可。通过综合交通调查获得的数据是从不同的角度对城市交通系统的描述,如何将其有机地组织起来完成对城市交通基本面的描述,是综合交通调查数据分析的目标。根据调查的方法和调查的内容可以对这些数据进行一定的分类。

(1) 主观数据与客观数据。主观数据指的是各类问询调查,以居民出行调查为代表,获取的是受访者主观上愿意提供的信息。客观数据是指通过观测、测量等手段获取的调查数据,以各类交通流量调查为代表。

(2) 抽样数据与全样数据。抽样数据是指从研究母体中按照一定的规则选取部分样本。在城市交通调查中常见的抽样调查有居民出行调查、OD问询调查、公交线路跟车调查等。全样数据指的是研究母体的所有数据。随着自动化采集手段的不断完善,全样数据也变得越来越丰富,在城市交通调查中常见的全样数据包括公交与出租车GPS数据、道路流量检测数据、公共交通客流统计数据等。

(3) 全局数据与局部数据。全局数据是指从时间上覆盖整个研究时段(通常是连续的24 h)、空间上覆盖所研究的整个区域的数据。局部数据通常反映了研究空间上的一点或研究时间上的一段。

多源数据融合的一个基本思想是通过客观的、全样的、局部数据来约束调整主观的、抽样的、全局数据,从而在当前条件下实现对数据尽可能合理的解读。根据上述数据分类标准,居民出行调查是典型的主观、抽样、全局数据,因此需要通过各类客观、全样、局部数据对其进行约束和调整,即居民出行调查扩样的结果应满足多种来源数据的约束,这就使其变成了一个典型的多目标优化问题。

一个一般的多目标优化问题由 n 个决策变量、k 个目标函数和 m 个约束条件组成。X 表示决策空间,L 和 U 分别为上界和下界,Y 表示目标函数空间。将约束优化问题转换为多目标优化问题来处理比较普遍,这种求解方法的主要特点是将约束条件作为一个目标来看待。对于一般的约束,多目标优化问题有如下描述:

$$\begin{aligned} \min\ y &= F(x) = (f_1(x), f_2(x), \cdots, f_m(x)) \\ f_i(x) &\leqslant 0,\ i = 1, 2, \cdots, m \end{aligned} \tag{5-1}$$

其中:

$$x = (x_1, x_2, \cdots, x_n) \in X;$$
$$y = (y_1, y_2, \cdots, y_n) \in Y;$$
$$X = \{(x_1, x_2, \cdots, x_n) \mid l_i \leqslant x_i \leqslant u_i,\ i = 1, 2, \cdots, n\};$$
$$L = (l_1, l_2, \cdots, l_n);$$
$$U = (u_1, u_2, \cdots, u_n)。$$

多目标优化问题在综合交通调查数据分析中的应用本质上是通过多源数据提取相关目标与约束条件,并将这些条件应用在对居民出行调查的扩样之中。

通过多目标优化算法对综合交通调查数据分析中多源数据进行融合的总体思路是以居民出行调查数据为基础,在户、人以及出行三个层面,通过街道人口、户结构、私家车保有量水平、性别比例、工作/就学人口比例、小汽车、出租车以及公交车出行总量与时间分布等一系列指标对居民出行数据进行约束调整与校核。整个校核过程可以根据户、人以及出行分为三个阶段:

(1) 在户阶段以总户数、分街道户数、户均人口数、6岁以下人口以及私家车保有量为控制指标。

(2) 在人阶段以分街道人口、有车人口比例、性别比例、年龄比例、就业就学比例为控制指标。

(3) 在出行阶段以小汽车、出租车、公交车的载客总量与分时段比例以及小汽车的载客率为控制指标。

最后，通过模型检验，比对路侧调查的小汽车、出租车流量与扩样分配模拟的流量，并对扩样结果进行调整。图 5-4 为多目标优化在综合交通调查数据分析中的应用示意。

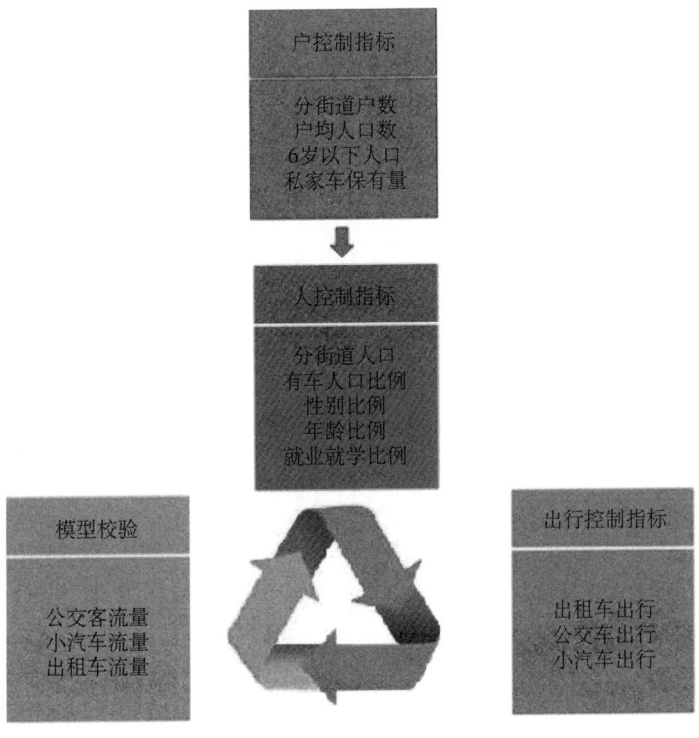

图 5-4　多目标优化在综合交通调查数据分析中的应用示意

对于以居民出行为核心的多源数据融合问题，从理论上来说，如果调查样本以及各控制指标估计合理，那么指标之间应当不存在冲突，多目标优化算法将获得唯一的全局最优解。然而，在实际操作过程中，无论是样本的选择、控制指标的估算还是调查信息的获取都可能存在误差，从而造成不同控制指标之间的冲突。样本分类的一个作用即通过增加样本类，引入新的决策变量来消除控制指标之间的冲突，从而达到所要求的误差控制精度。但是当决策变量过多时，算法就会存在冗余变量并产生局部最优解。如果所有的控制指标都可以显性表达，那么局部最优解也是可以接受的。但是，在实际应用中，一些指标很难估计明确的目标值，这些指标在不同的局部最优解下可能有不同的取值。因此，需要约束分类数量来减少和避免局部最优解的产生。整个过程以一般约束的多目标优化问题求解为主要技术手段，分三个层次两个阶段进行。三个层次分别为户、人与出行。

值得一提的是,从理论上来说,如果调查抽样的样本足够合理,那么所有扩样调整都可以在户这个层面来完成。但是从实际操作的角度,很多控制指标都是与个体相关联的,将全部扩样调整局限于户表的层面需要对户表进行更细致的分类,无疑会增加算法的复杂度。另外,虽然影响出行的因素有很多,但多数都是由个体的社会经济属性所决定的,因此在融合过程中采取了户扩样与人扩样两阶段的模式。但是应当注意的是,在求解过程中,户和人是相互独立的,需要在人扩样的过程中确保户扩样的结果得到有效的继承,因此在人扩样的过程中加入两个控制指标,分别是分街道 6 岁以上人口以及有车无车人口比例,这两个控制指标是由户扩样后的结果计算得到的。图 5-5 为多目标优化技术对居民出行调查扩样流程。

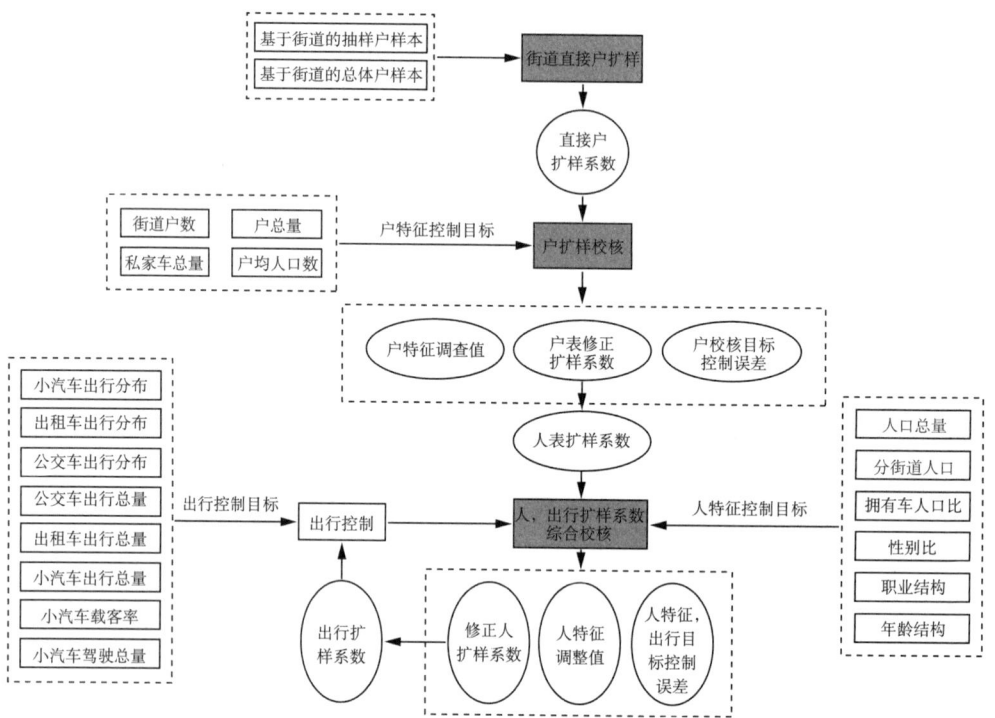

图 5-5　多目标优化技术对居民出行调查扩样流程

从乌鲁木齐历次交通调查统计结果来看,乌鲁木齐市居民出行包括四种主要交通方式:步行、公交车、小汽车及出租车。这 4 种交通方式占到乌鲁木齐市居民出行总量的 95%。与内地平原城市相比,乌鲁木齐市居民出行的一个主要特征是非机动车出行比例较低,这与乌鲁木齐市南北高差明显以及冬季气温极低有关。同时,从道路交通流调查中也印证了非机动车出行比例低这一特点。因此,乌鲁木齐市综合交通调查数据分析的一个基本思想是通过分系统数据来获取包括公交车、出租车及小汽车在内的出行总量及时间分布特征,并以此为约束来调整居民出行数据的扩样。通过多目标优化来融合多源数据以对乌鲁木齐市居民出行调查进行综合校验与扩样。最终,扩样结果在户和人的层面的扩样系数分布情况分别如图 5-6 和图 5-7 所示。

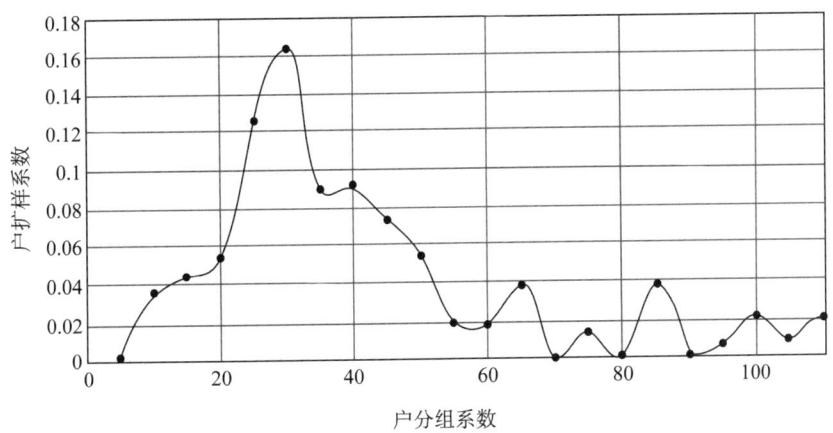

图 5-6 户扩样系数分布情况

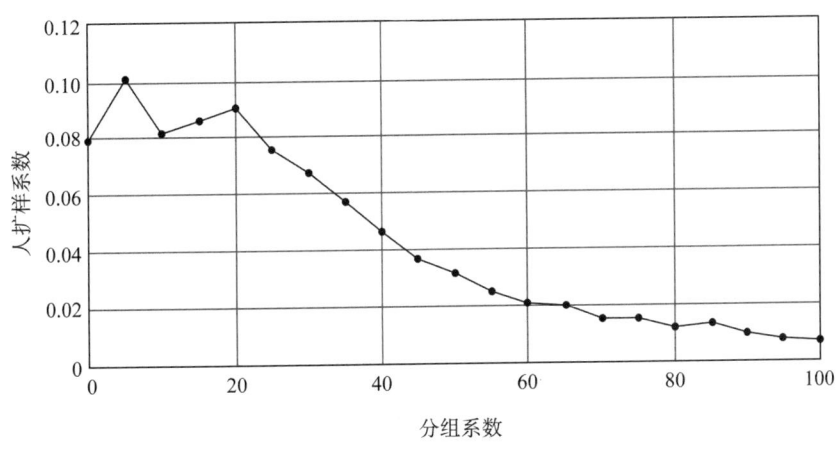

图 5-7 人扩样系数分布情况

从户扩样系数的分布情况来看,基本体现出了中间高两边低、中部较为聚集的类似正态分布的形式。这说明调查采用的随机等距抽样方法在户层面能够基本反映乌鲁木齐市的户结构情况。从人扩样系数分布情况来看,没有呈现出正态分布的特征,而是呈现出一种类似于对数分布的特征。这说明地理位置上的随机等距抽样在个体及其出行层面不能很好地反映总体特征,导致扩样校核阶段扩样系数偏离正态分布。这也是我国城市居民出行调查面临的普遍问题。在抽样阶段除了居民户花名册以外,没有更多的信息可被使用,使得分层抽样等更高效的抽样方法无法实施。

从具体出行指标的统计情况来看,通过多目标优化校核后,与原始调查数据相比,从出行强度、出行目的结构、方式比例结构以及出行时间等方面都有了明显的变化,如图 5-8 和图 5-9 所示。人均出行强度上升,出行强度从 2.28 次/日上升至 2.58 次/日,增幅为 13%。弹性出行需求与非高峰出行比例也有明显的上升。相关指标与客观调查数据的吻合度显著提升。

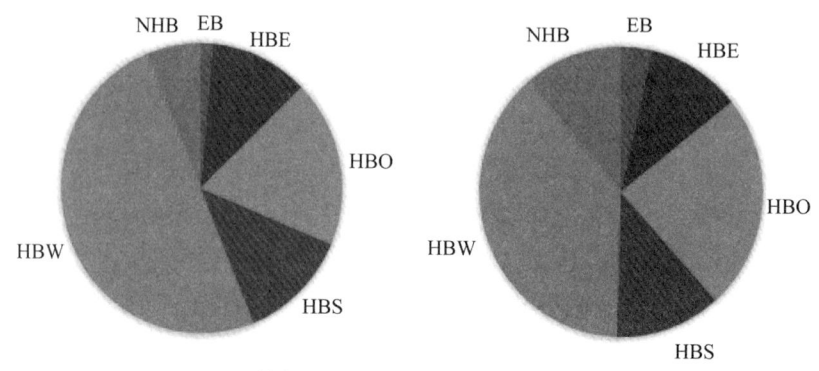

HBW—基家工作；HBE—基家上学；HBS—基家购物；
HBO—基家其他；EB—公务出行；NHB—非基家其他

图 5-8 调整前后出行目的结构对比

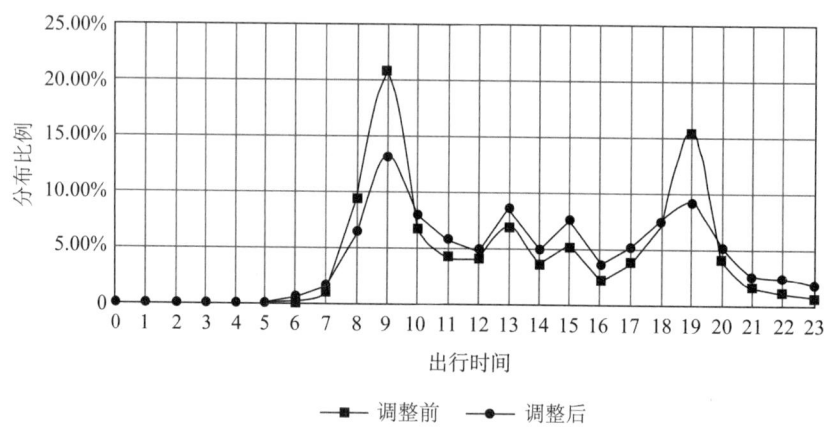

图 5-9 调整前后出行时间分布对比

2. 道路通行能力标定

宏观交通模型主要通过道路流量延误函数来模拟及分析道路交通的运行情况。因此，对于不同等级的道路其实际通行能力的标定对宏观模型的开发有着重大影响。美国《道路通行能力手册》(*Highway Capacity Manual*，HCM)中根据道路的实际运行条件把道路分为无扰动流(uninterrupted flow)和扰动流(interrupted flow)两大类。

无扰动流通常没有外在的固定的干扰来造成交通流的延误，通常快速路及其相关组成部分(路段、分流段、汇合段以及匝道)可以被认为是无扰动流。城市外围的公路也可以被认为是无扰动流。无扰动流运转的主要决定因素是交通量、个体的驾驶行为以及道路设计参数。

扰动流具有外在的固定的或周期性的干扰来造成交通流的延误，常见的城市内的扰动流包括信控节点与带有停车让行标志的节点。扰动流的运转不但受到流量、个体驾驶行为及道路设计参数的影响，还受到交通控制设备的影响，包括设备的形式和运作周期。

借鉴上述研究范本，对于乌鲁木齐市道路通行能力的标定也划分为无扰动流与扰动流两大类。其中,无扰动流包括快速路基本路段、快速路辅路、快速路交织段(汇合、分流)以及匝道;扰动流包括城市地面道路的主干道、次干道以及支路。

对于道路通行能力的标定,研究的基础数据以乌鲁木齐市道路交通运行监控系统的视频监控数据为主,补充乌鲁木齐历次交通调查中的视频记录资料。通过视频分析软件对获取的视频数据进行分析,以获取不同类型道路的平均通行能力。视频分析软件在 Windows 7 系统下运行时,为多视窗系统,其主要功能如下:

(1) 能够读取并播放指定格式的视频或图片流数据,提供播放、暂停、倍速及终止功能。

(2) 允许用户在暂停播放状态下在视频播放视窗区域范围内定义多个(不大于 10 个)图框,并对图框进行命名,图框名由字母及数字组成,其长度不大于 20 个字符,图框范围及图框名仅在软件运行过程中有效,当用户输入的图框名存在重复情况时,应提醒用户进行修改。对于图框的大小无强制要求,只要图框不大于视频播放视窗范围即可,各图框范围允许重叠。

(3) 当用户完成图框定义后,在视频播放或视频分析过程中应当在播放视窗范围内显示图框位置。

(4) 当用户完成图框定义后,软件应逐个读取当前播放视频帧(图幅)图框定义范围内的图像,并以用户定义图框名对其进行标记。

(5) 在视频播放或视频分析过程中,允许用户暂停播放或视频分析,同时对所有或任意图框范围内的图像进行重新加载。

(6) 在视频分析过程中,软件应当逐帧读取用户定义图框范围内的图像,并与预存的图框图像分别进行比对,通过视图及电子表格记录对比结果。若当前图像与预存图像存在差异时,计为 1 表示有车状态;若当前图像与预存图像无差异时,计为 0 表示无车状态,同时记录视频当前帧的时间,可以考虑以如下格式记录分析结果。

(7) 通过视窗显示图框内的有车无车状态,对于显示结果允许用户在不同图框间进行切换,显示形式可以参考图 5-10。

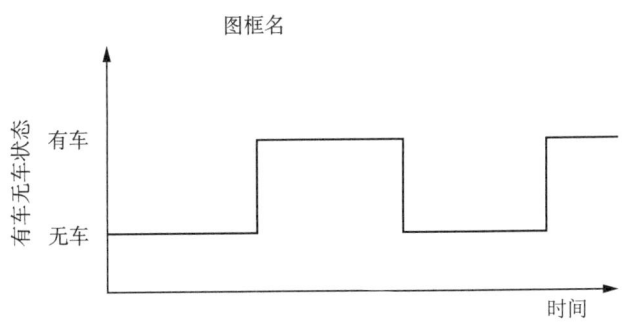

图 5-10 视频分析软件有车无车状态分析示意

(8) 当软件运行结束后(即当前分析的视频播放完毕或用户终止程序并退出应用),在软件当前目录下以当前时间为名创建文件夹,并在文件夹中创建 Excel 文件,按图框名分别保存当次运行分析结果。

（9）允许用户通过点击按钮或快捷键的形式分别记录视频区域内车辆进入与离开的时间（即视频播放帧时间），并将记录结果以电子表格的形式保存并输出，如图 5-11 所示。

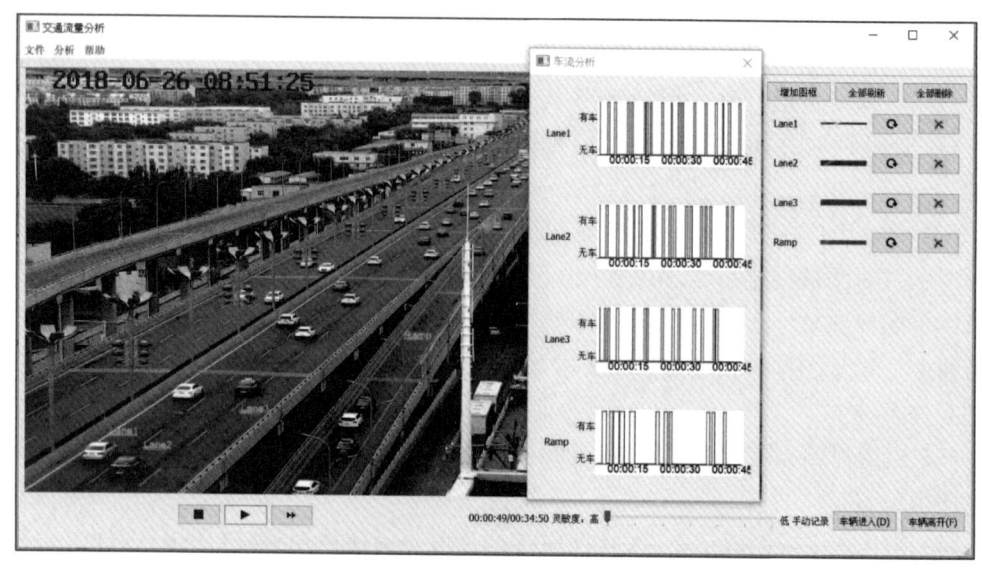

图 5-11　乌鲁木齐市道路通行能力分析系统工作状态截屏

1）快速路基本段通行能力

乌鲁木齐市快速路的自由流速度约为 100 km/h，观测到快速路最大单车道的通行能力约为 2 000 pcu/h，对应的车辆平均行驶速度约为 45 km/h。在流量未达饱和状态时，流量递增，速度递减。当单根车道的流量增至 1 800~2 000 pcu/h 时，进入交通饱和状态，对应的车辆平均行驶速度约为 40~45 km/h。随后，道路运行状态进入过饱和状态，呈现速度和流量均递减的特征。乌鲁木齐市快速路基本段的流量-速度关系如图 5-12 所示。

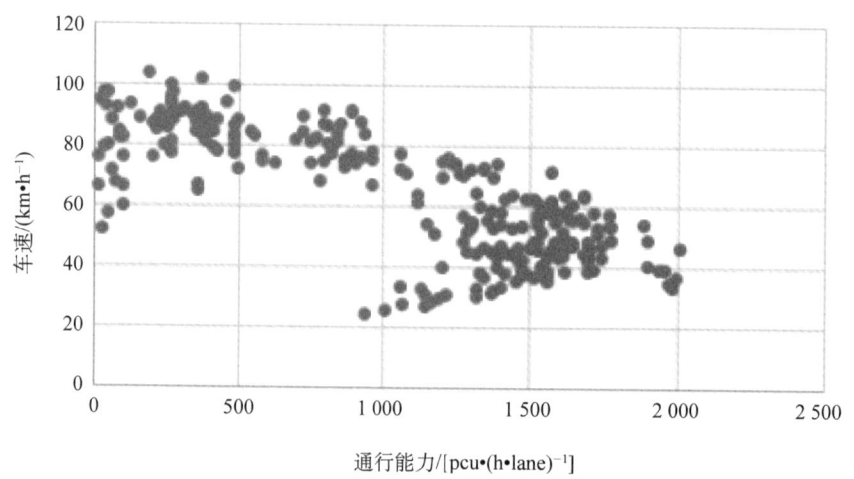

图 5-12　乌鲁木齐市快速路基本段的流量-速度关系

2) 快速路辅路通行能力

乌鲁木齐市快速路辅路的自由流速度约为 60 km/h,观测快速路辅路最大单车道的通行能力约为 1 950 pcu/h,对应的车辆平均行驶速度约为 43 km/h。快速路辅路的单车道最大通行能力与主线相差不大,当进入饱和状态时,车流的平均行驶速度也基本相当。在流量未达饱和状态时,流量递增,速度递减。当单根车道的流量增至 1 900 pcu/h 左右时,进入交通饱和状态,对应的车辆平均行驶速度约为 40~45 km/h。随后,道路运行状态进入过饱和状态,呈现出速度和流量均递减的特征。乌鲁木齐市快速路辅路的流量-速度关系如图 5-13 所示。

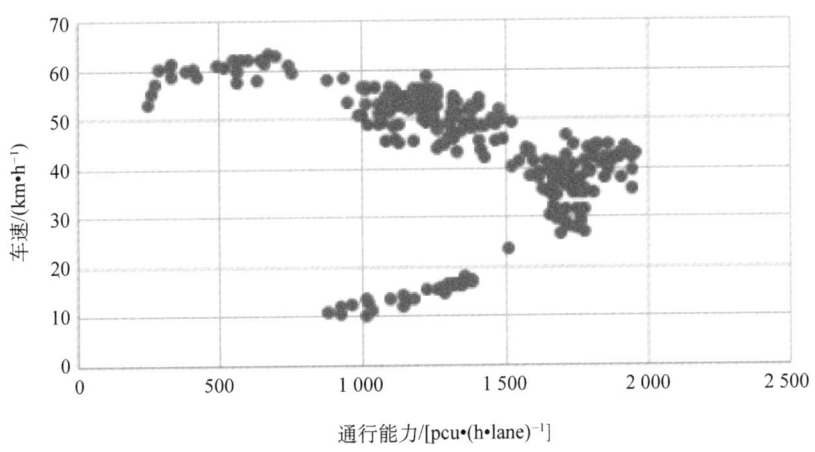

图 5-13 乌鲁木齐市快速路辅路的流量-速度关系

3) 快速路匝道通行能力

乌鲁木齐市快速路匝道的自由流速度约为 60 km/h,观测快速路匝道最大单车道的通行能力约为 1 740 pcu/h,对应的车辆平均行驶速度约为 30 km/h。在流量未达饱和状态时,流量递增,速度递减。当单根车道的流量增至 1 600 pcu/h 以上时,进入交通饱和状态,对应的车辆平均行驶速度约为 30~35 km/h。随后,道路运行状态进入过饱和状态,呈现出速度和流量均递减的特征。乌鲁木齐市快速路匝道的流量-速度关系如图 5-14 所示。

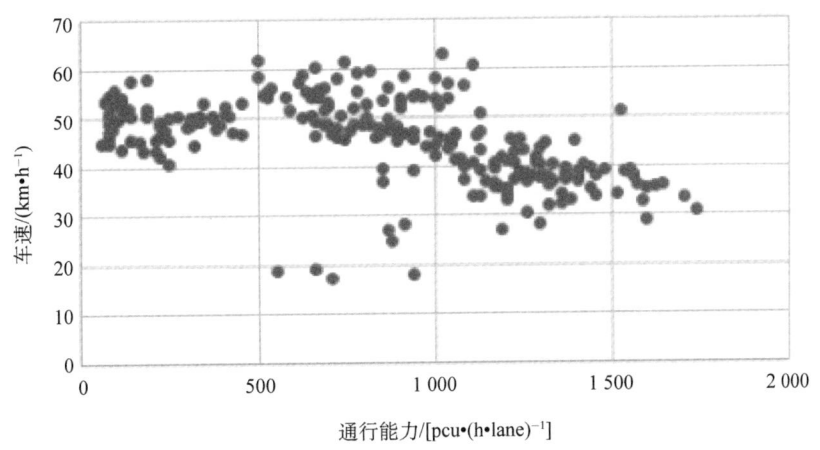

图 5-14 乌鲁木齐市快速路匝道的流量-速度关系

4) 快速路交织段通行能力

乌鲁木齐市快速路交织段的自由流速度约为 90 km/h，观测快速路交织段最大单车道的通行能力约为 1 780 pcu/h，对应车辆平均行驶速度约为 50 km/h。在流量未达饱和状态时，流量递增，速度递减。当单根车道的流量增至 1 750 pcu/h 以上时，进入交通饱和状态，对应的车辆平均行驶速度约为 50 km/h。随后，道路运行状态进入过饱和状态，呈现出速度和流量均递减的特征。乌鲁木齐市快速路交织段的流量-速度关系如图 5-15 所示。

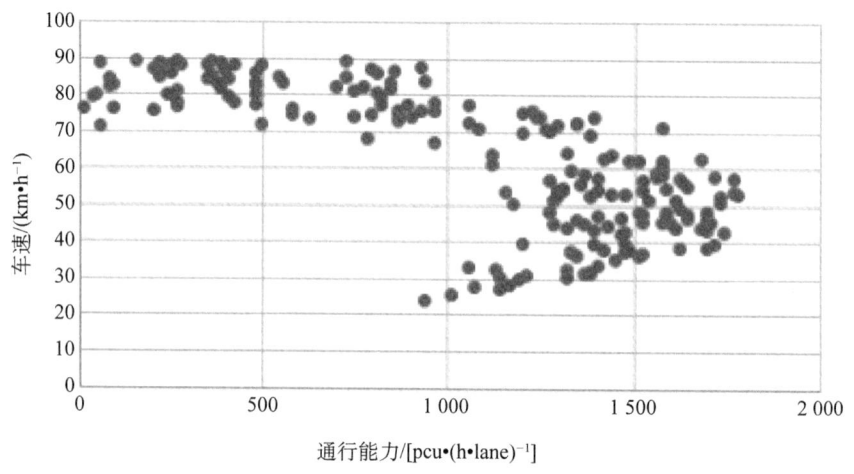

图 5-15 乌鲁木齐市快速路交织段的流量-速度关系

5) 主干路通行能力

综合乌鲁木齐市多个信控路口主干路绿灯状态下车辆连续通过停车线区域的车头时距统计分析结果，如图 5-16 所示，乌鲁木齐市主干道饱和流车头时距的分布形态呈正态分布，观测发现最小车头时距约为 0.8 s，最大车头时距约为 4.0 s。平均饱和流车头时距约为 2.27 s，对应的单根车道饱和流量约为 1 583 pcu/h。

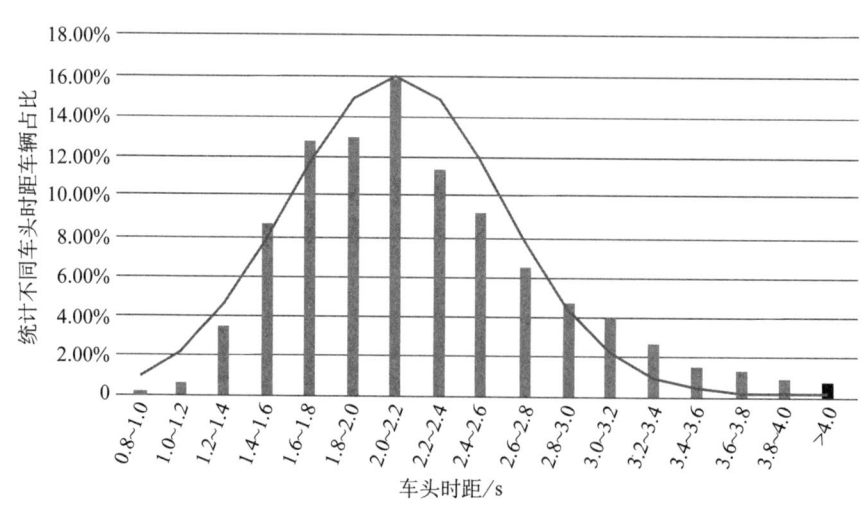

图 5-16 乌鲁木齐市主干路饱和流车头时距

6) 次干路通行能力

如图 5-17 所示,乌鲁木齐市次干路饱和流车头时距的分布形态同样呈正态分布,观测到最小车头时距约为 1.0 s,最大车头时距约为 4.0 s。平均饱和流车头时距约为 2.69 s,对应的单根车道饱和流量约为 1 333 pcu/h。与主干道饱和流车头时距的分布形态进行对比,二者形态基本相似,但次干路整体向右偏移,说明乌鲁木齐市次干路在通行时可能存在一些固定的延误,比如绿灯放行时间存在让行等。

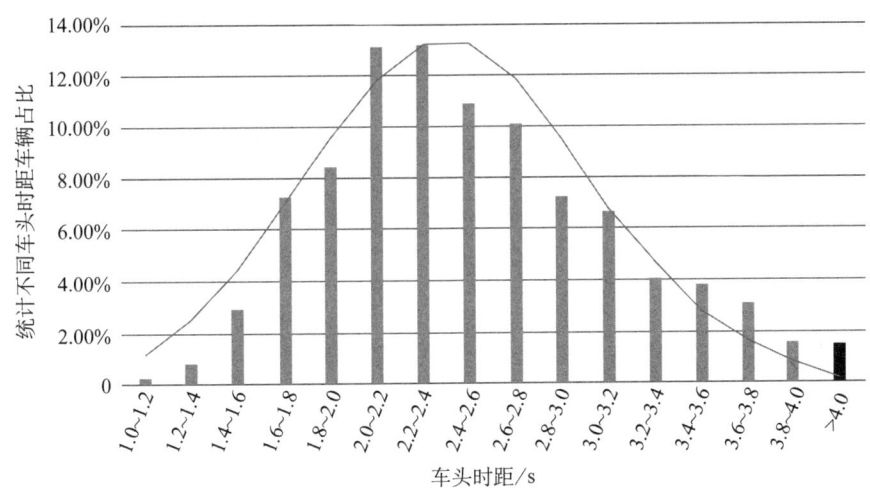

图 5-17　乌鲁木齐市次干路饱和流车头时距

7) 支路通行能力

如图 5-18 所示,乌鲁木齐市支路饱和流车头时距分布形态与主干路及次干路相比,其正态分布形态已经不太明显,观测到最小车头时距约为 0.8 s,最大车头时距约为 5.0 s。这说明支路在基础通行能力下降的情况下还容易受到偶发性干扰的影响,因此削弱了正态分布的基本形态。平均饱和流车头时距约为 2.97 s,对应的单根车道饱和流量约为 1 213 pcu/h。

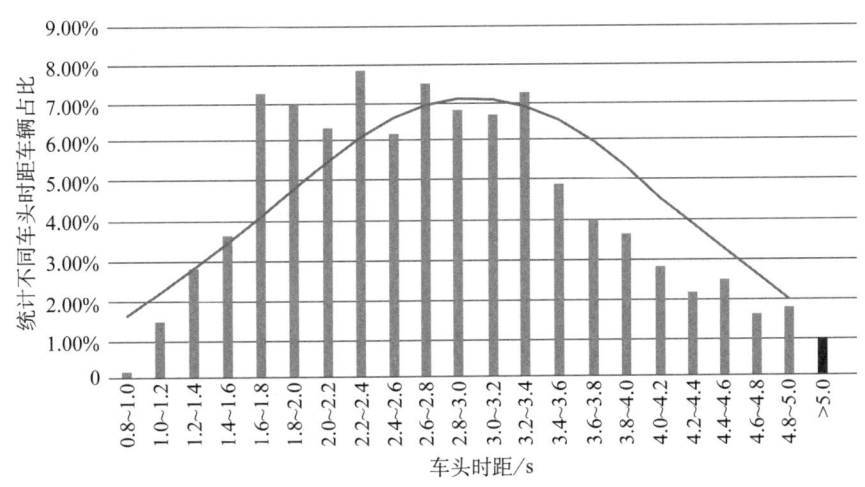

图 5-18　乌鲁木齐市支路饱和流车头时距

8）交叉口对地面道路通行能力的影响

城市地面道路的通行能力除了与自身等级有关,还受到与其相交道路形成的交叉口的影响。在本次模型开发过程中收集了乌鲁木齐市近100个信控节点的实际配时情况,用以分析道路交叉口对各等级地面道路通行能力的影响。交叉口包括十字交叉口与丁字交叉口两种主要形态,相交道路类型包括主干路与主干路、主干路与次干路、主干路与支路、次干路与次干路、次干路与支路以及支路与支路。在进行交叉口道路通行能力分析时,综合考虑了绿信比与路口渠化情况,最终得到不同等级道路的单根车道在一个信号周期内平均获得的绿灯通行时间占比。依据本次研究成果,乌鲁木齐市各类交叉口道路绿信比占有情况如表5-1和表5-2所列。

表5-1 十字路口不同等级道路相交绿信比统计情况

十字路口	主干路	次干路	支路
主干路	0.37	0.38	0.42
次干路	0.27	0.4	0.44
支路	0.28	0.36	0.44

表5-2 丁字路口不同等级道路相交绿信比统计情况

丁字路口	主干路	次干路	支路
主干路	0.39	0.41	0.46
次干路	0.49	0.45	0.57
支路	0.37	0.32	0.38

对于十字路口,当主干路与主干路相交时,单根车道的平均绿灯时长为信号周期的37%;当主干路与次干路相交时,主干路单根车道的平均绿灯时长为信号周期的38%,次干路单根车道的平均绿灯时长为信号周期的27%;当次干路与次干路相交时,单根车道的平均绿灯时长为信号周期的40%;当主干路与支路相交时,主干路单根车道的平均绿灯时长为信号周期的42%,支路单根车道的平均绿灯时长为信号周期的28%;当次干路与支路相交时,次干路单根车道的平均绿灯时长为信号周期的44%,支路单根车道的平均绿灯时长为信号周期的36%;当支路与支路相交时,单根车道的平均绿灯时长为信号周期的44%。对应不同道路的通行能力估计值如下:

（1）当主干路与主干路相交时,主干路单根车道的通行能力约为590 pcu/h。

（2）当主干路与次干路相交时,主干路单根车道的通行能力约为600 pcu/h,次干路单根车道的通行能力约为360 pcu/h。

（3）当主干路与支路相交时,主干路单根车道的通行能力约为670 pcu/h,支路单根车道的通行能力约为340 pcu/h。

（4）当次干路与次干路相交时,次干路单根车道的通行能力约为550 pcu/h。

（5）当次干路与支路相交时,次干路单根车道的通行能力约为590 pcu/h,支路单根车道的通行能力约为440 pcu/h。

(6) 当支路与支路相交时,支路单根车道的通行能力约为 530 pcu/h。

对于丁字路口,当主干路与主干路相交时,单根车道的平均绿灯时长为信号周期的 39%;当主干路与次干路相交时,主干路单根车道的平均绿灯时长为信号周期的 41%,次干路单根车道的平均绿灯时长为信号周期的 49%;当次干路与次干路相交时,单根车道的平均绿灯时长为信号周期的 45%;当主干路与支路相交时,主干路单根车道的平均绿灯时长为信号周期的 46%,支路单根车道的平均绿灯时长为 37%;当次干路与支路相交时,次干路单根车道的平均绿灯时长为信号周期的 57%,支路单根车道的平均绿灯时长为信号周期的 32%;当支路与支路相交时,单跟车道的平均绿灯时长为信号周期的 38%。对应不同道路的通行能力估计值如下:

(1) 当主干路与主干路相交时,主干路单根车道的通行能力约为 620 pcu/h。

(2) 当主干路与次干路相交时,主干路单根车道的通行能力约为 650 pcu/h,次干路单根车道的通行能力约为 650 pcu/h。

(3) 当主干路与支路相交时,主干路单根车道的通行能力约为 730 pcu/h,支路单根车道的通行能力约为 450 pcu/h。

(4) 当次干路与次干路相交时,次干路单根车道的通行能力约为 600 pcu/h。

(5) 当次干路与支路相交时,次干路单根车道的通行能力约为 760 pcu/h,支路单根车道的通行能力约为 390 pcu/h。

(6) 当支路与支路相交时,支路单根车道的通行能力约为 460 pcu/h。

5.1.4 乌鲁木齐市宏观交通模型的开发

1. 交通产生吸引

乌鲁木齐市宏观交通模型产生吸引计算采用了交叉分类与回归模型相结合的方式。对于各类人群的交通出行情况依据居住地所在区域及拥车的水平进行划分,然后根据人口数、学生数量及各类岗位数量等进行回归拟合。由于不同目的的交通出行往往在出行时间、出行距离及出行方式选择方面存在较大差异。因此,乌鲁木齐市交通规划模型在进行交通出行计算时根据不同出行目的将所有出行分为六大类,分别是:

(1) 基家工作(HBW):指往返于家和工作单位之间,以工作为目的的交通出行。

(2) 基家上学(HBE):指往返于家和学校之间,以就学为目的的交通出行。

(3) 基家购物(HBS):指往返于家和购物场所之间,以购物为目的的交通出行。

(4) 基家其他(HBO):指除基家工作、基家上学、基家购物以外所有以家为起讫点的交通出行。

(5) 公务出行(EB):指以工作为目的并且不以家为起讫点的交通出行。

(6) 非基家其他(NHB):指除公务出行以外其他不以家为起讫点的交通出行。

对于产生吸引模型的验证主要是通过各类产生量的模拟值与调查值之间的对比来进行的,如图 5-19—图 5-21 所示。从模拟情况来看,基家出行产生端模拟值与调查值之间的吻合度要高于吸引端的吻合度,而基家出行模拟值与调查值之间的吻合度总体要高于非基家出行模拟值与调查值之间的吻合度。这是由于乌鲁木齐市宏观交通模型产生吸引计算的主要数据基础来自居民出行调查，而居民出行调查是针对基家出行产生端的调查。未来随着交通产生源调查的不断完善，有望进一步提升吸引端及非基家出行的模拟精度。

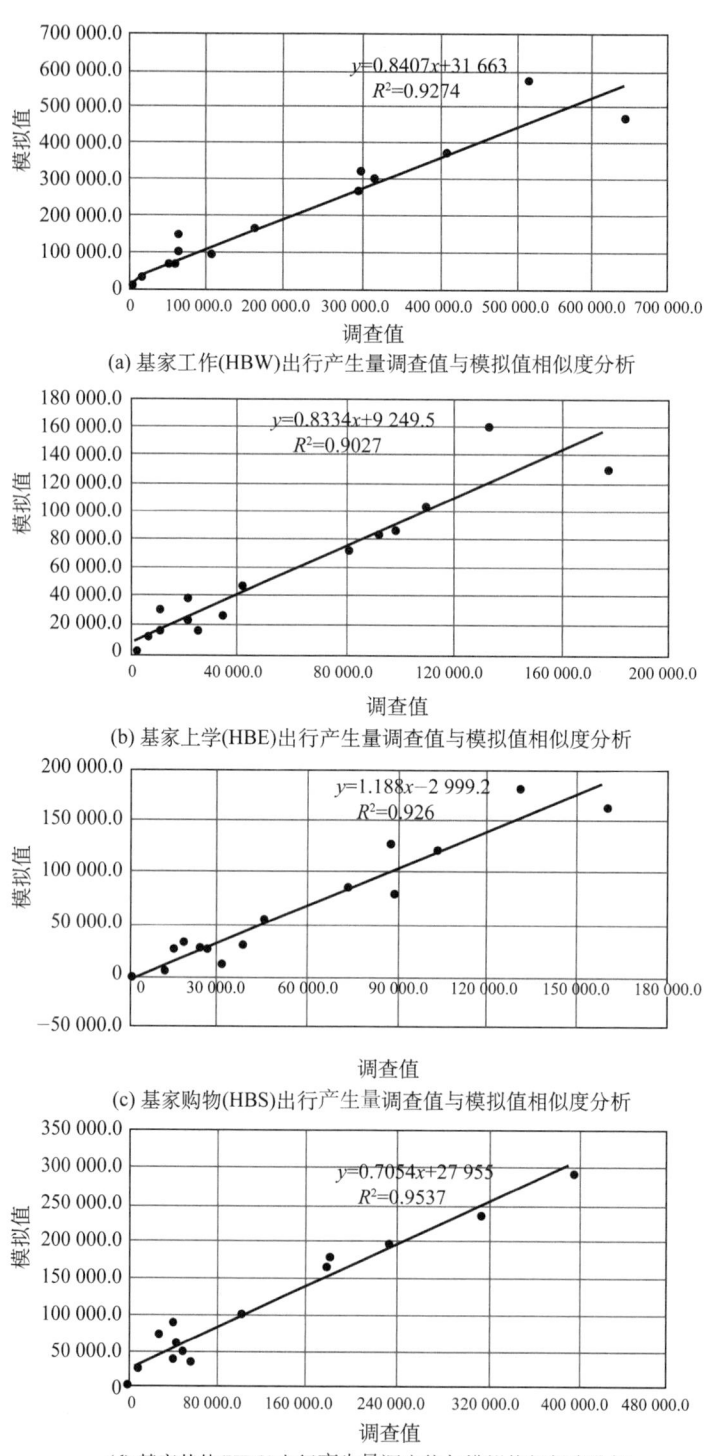

(a) 基家工作(HBW)出行产生量调查值与模拟值相似度分析

(b) 基家上学(HBE)出行产生量调查值与模拟值相似度分析

(c) 基家购物(HBS)出行产生量调查值与模拟值相似度分析

(d) 基家其他(HBO)出行产生量调查值与模拟值相似度分析

图 5-19　乌鲁木齐市宏观模型交通大区基家出行产生量调查值与模拟值相似度分析

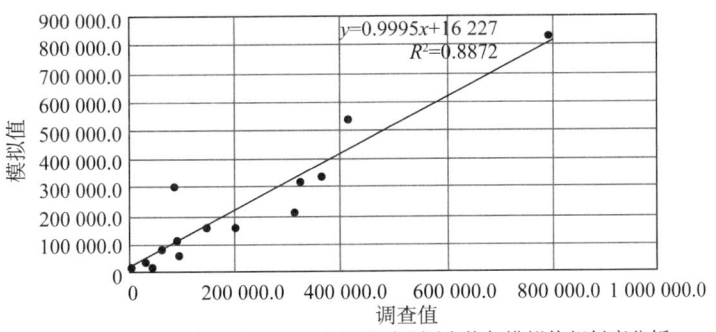
(a) 基家工作(HBW)出行吸引量调查值与模拟值相似度分析

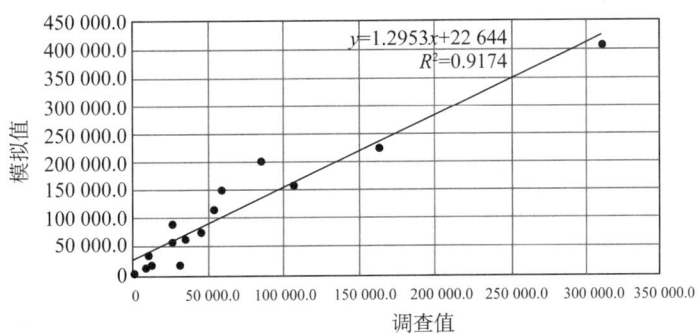
(b) 基家上学(HBE)出行吸引量调查值与模拟值相似度分析

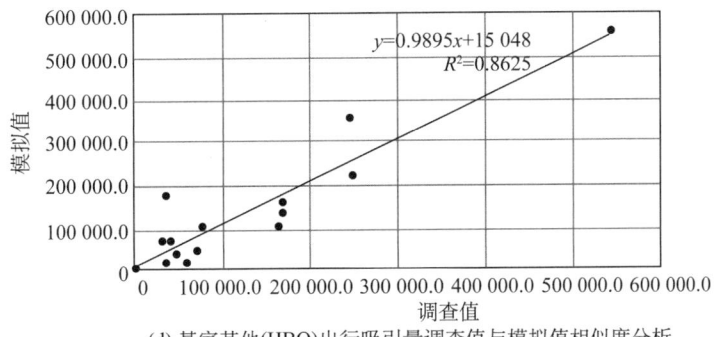
(c) 基家购物(HBS)出行吸引量调查值与模拟值相似度分析

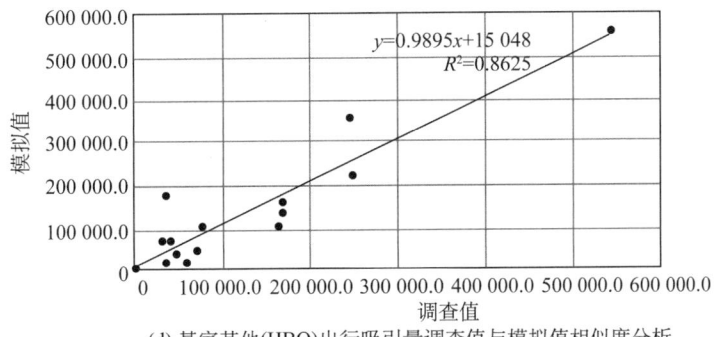
(d) 基家其他(HBO)出行吸引量调查值与模拟值相似度分析

图 5-20　乌鲁木齐市宏观模型交通大区基家出行吸引量调查值与模拟值相似度分析

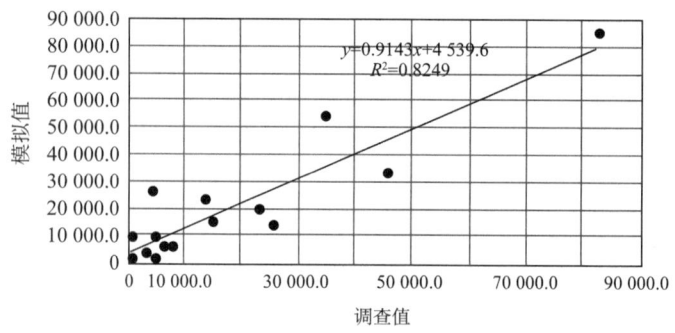
(a) 公务出行(EB)出行产生量调查值与模拟值相似度分析

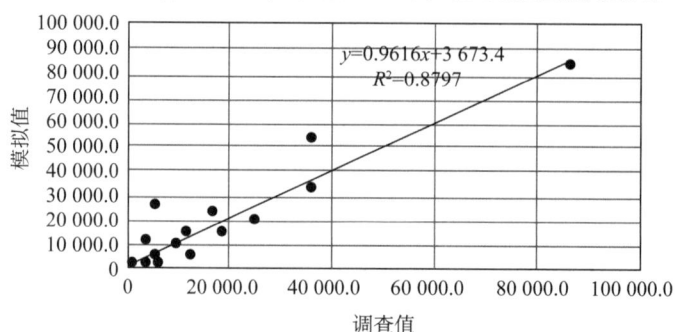
(b) 公务出行(EB)出行吸引量调查值与模拟值相似度分析

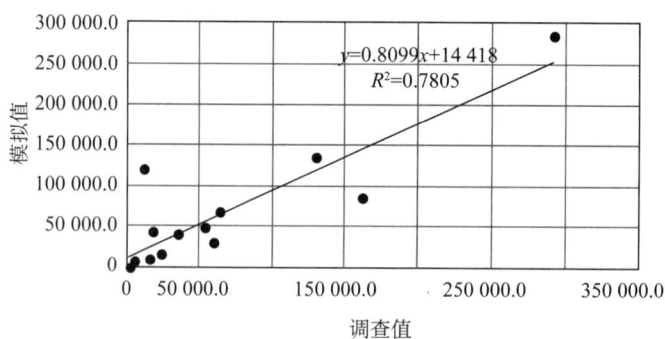
(c) 非基家其他(NHB)出行产生量调查值与模拟值相似度分析

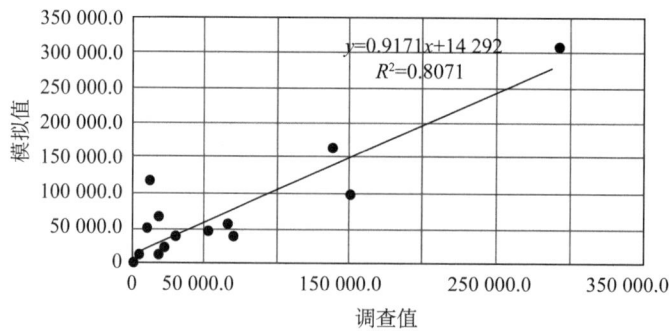
(d) 非基家其他(NHB)出行吸引量调查与值模拟值相似度分析

图 5-21 乌鲁木齐市宏观模型交通大区非基家出行调查值与模拟值相似度分析

2. 交通分布

乌鲁木齐市宏观交通模型在进行分布计算时采用了重力模型方法，同时采用了双重约束方法，以确保分布计算的结果在产生端和吸引端都与交通产生吸引的计算结果保持一致。重力模型的核心思想是区域间的交通交换量大小可以大致表述为区域间出行成本的一个递减函数。这与物理学关于两物体间的吸引力随两物体间的距离增大而减小是一致的。对于交通分布计算的验证主要通过模拟交通出行与调查交通出行在出行距离上的分布情况来判别，选取吻合度较高的函数作为分布模型阻抗函数的基本形式。为了体现不同时段交通出行分布的特征，乌鲁木齐市宏观模型针对模拟的四个时段（早高峰、晚高峰、平峰、其余时段）分别构建重力模型。以基家工作出行为例，四个时段出行分布的模拟值与调查值的对比结果如图 5-22 所示。

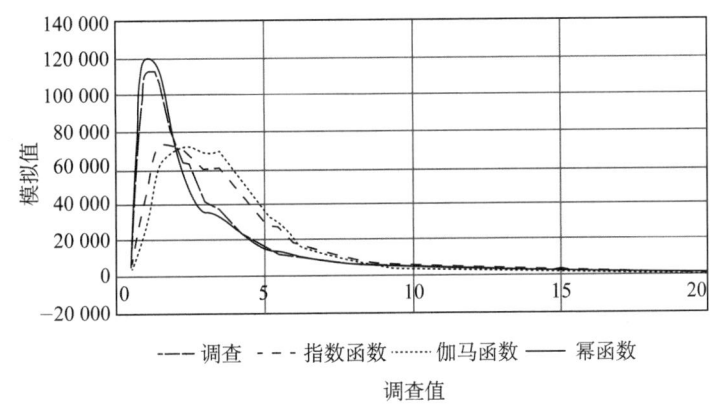

(a) 早高峰基家工作出行重力模型校验

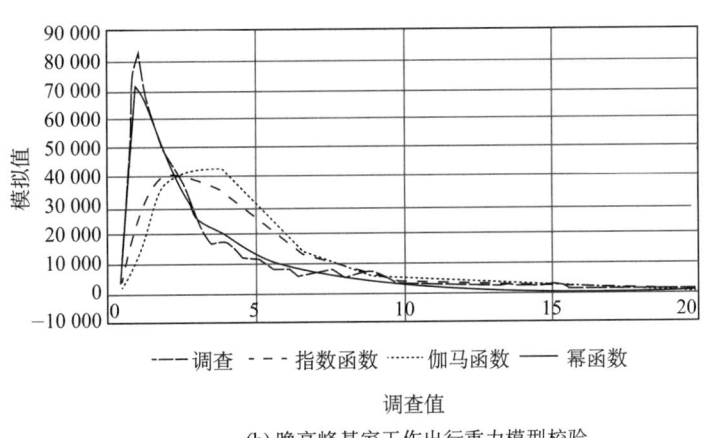

(b) 晚高峰基家工作出行重力模型校验

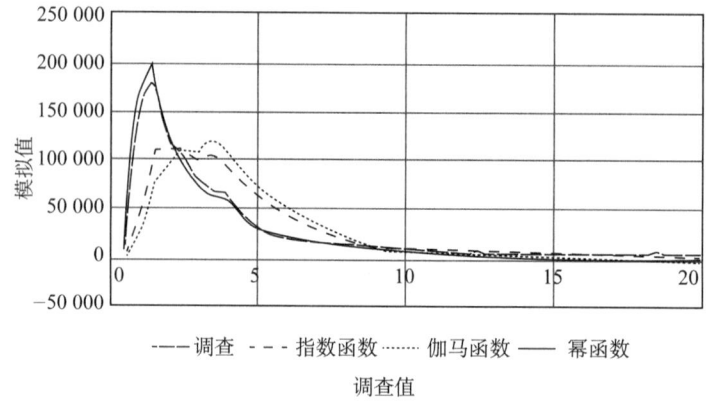

(c) 基家工作出行日平峰重力模型校验

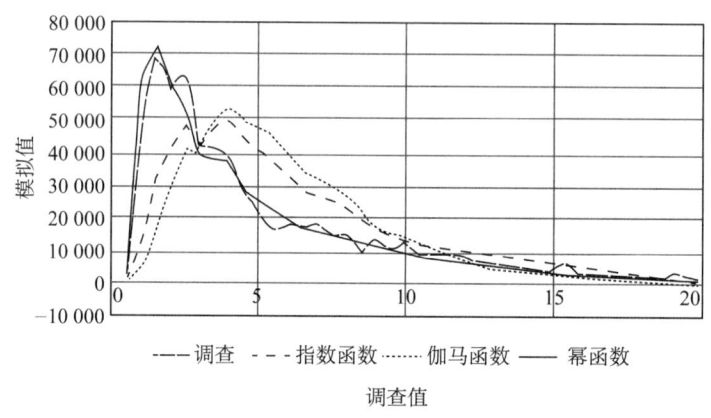

(d) 其余时段基家工作出行重力模型校验

图 5-22　乌鲁木齐市宏观模型交通模型基家工作出行分布情况分析

从模拟值与调查值的对比情况来看,对于基家工作出行而言,幂函数显然可以更准确地模拟出行分布的情况,与观测值的吻合度更高。对于交通分布计算的验证除了从出行距离的角度来进行对比以外,还可以将各交通大区之间的模拟交通交换量与调查交通交换量进行对比分析。图 5-23 为日平峰交通大区间不同目的交通出行模拟值与调查值相似度分析。

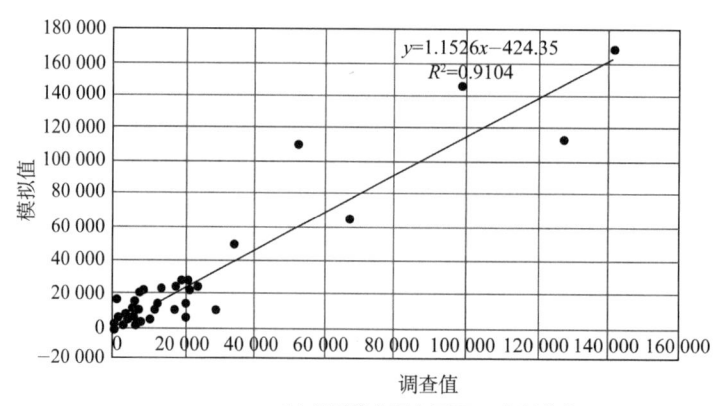

(a) 日平峰交通大区HBW出行分布

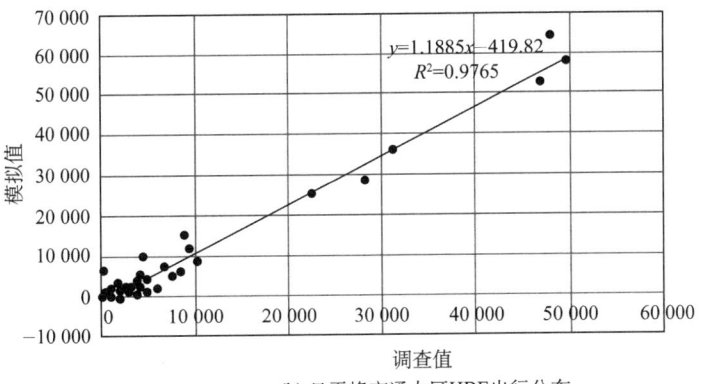

(b) 日平峰交通大区HBE出行分布

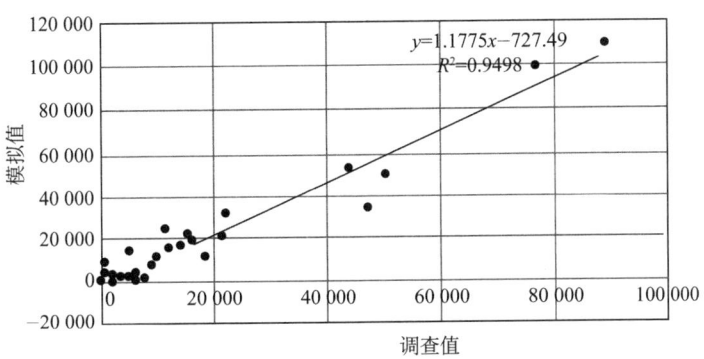

(c) 日平峰交通大区HBS出行分布

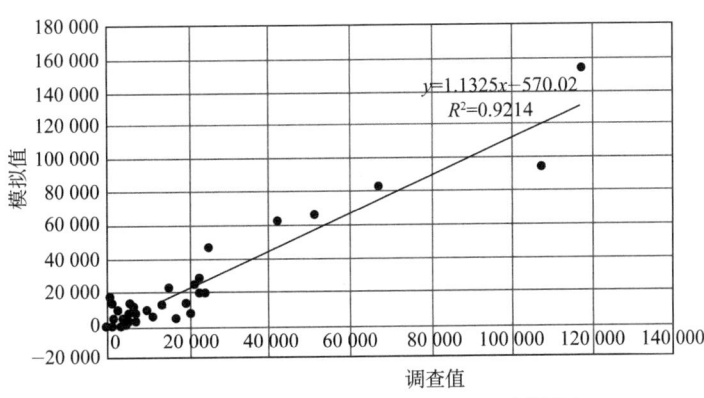

(d) 日平峰交通大区HBO出行分布

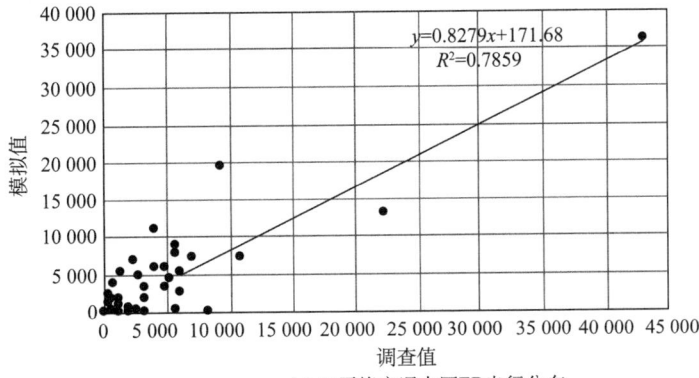

(e) 日平峰交通大区EB出行分布

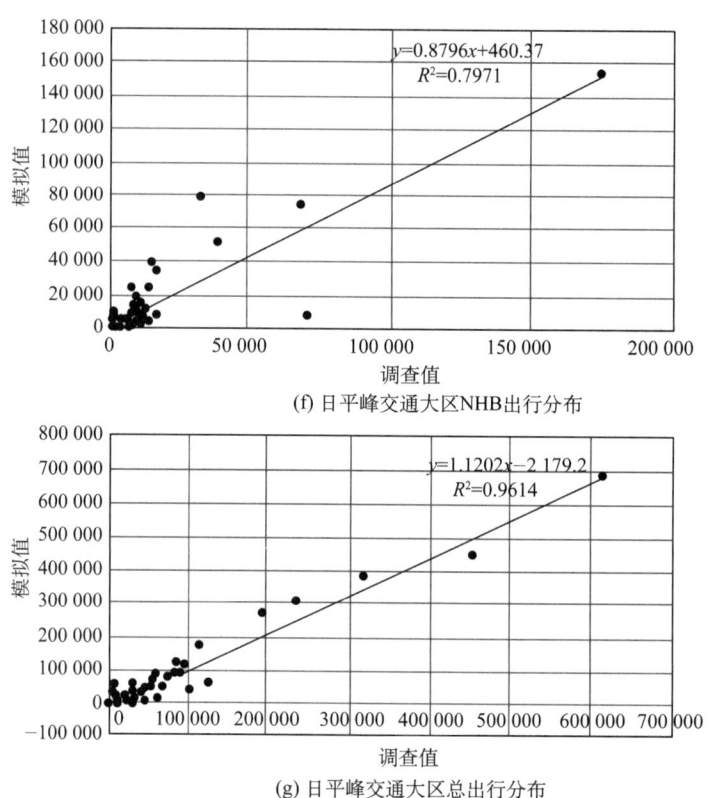

(f) 日平峰交通大区NHB出行分布

(g) 日平峰交通大区总出行分布

图 5-23 乌鲁木齐市宏观模型日平峰交通大区间不同目的交通出行调查值与模拟值相似度分析

3. 交通方式

方式选择模型用于预测和分析个体或者个体族群在进行某种类型的出行时,对不同出行方式的选择。方式选择模型的估计和应用可以在基于个体出行的离散数据上进行,也可以在区域层次统计数据的基础上进行。统计模型的应用寻求预测区域各交通方式的出行比例,而离散模型的应用则是基于对普查取得的个体数据的分析。在个体层次上,每个个体在一组可选的出行方式中挑选出其中的一种。

方式选择模型通常考虑的因素包括出行者的社会经济情况(如收入以及是否拥有汽车)和可选的出行方式的服务情况(如出行的时间和花费)。在有些情况下,方式选择只需要考虑两种出行方式:私人汽车和公共交通。然而,在很多情况下,公共交通拥有多种运输方式。对于不同的出行目的应建立其各自的方式选择模型,这是因为决定出行方式的因素会随着不同类型的出行而有所不同。在乌鲁木齐市宏观交通模型中主要考虑了四种出行方式:步行、私人小汽车出行、普通公交出行和出租车出行。在进行方式选择计算时分两步进行,第一步先将步行出行与机动化出行进行分离;第二步计算私人小汽车、普通公交车和出租车这三种方式在机动化出行中各自所占的比例。

在进行具体计算时,乌鲁木齐市宏观交通模型采用了回归模型、交叉分类模型及离散模型相结合的模式。首先,通过交叉分类将人群根据有车/无车和属地进行区分;其次,采用回归模型对每个分类人群中步行出行的比例进行预测;最后,采用多元 Logit 函数构建离散选择模型,对机动化出行中私人小汽车出行、普通公交出行和出租车出行各自的比例进行预测。对于出行方式选择计算的验证主要是对比不同出行方式的模拟比例和调查比例。乌鲁木齐市宏观交通模型四个模拟时段的四种主要出行方式的模拟比例与调查比例对比结果如表 5-3—表 5-6 所列。

表 5-3　早高峰出行方式选择调查模拟情况对比(09:00—10:00)

出行方式	基家上学有车		基家上学无车		基家其他有车		基家其他无车		基家购物有车	
	模拟	调查	模拟	调查	模拟	调查	模拟	调查	模拟	调查
慢行	61.07%	61.37%	73.23%	72.58%	49.81%	48.80%	71.97%	71.20%	76.95%	77.75%
出租车	0.51%	0.47%	0.97%	1.07%	3.38%	3.41%	1.90%	1.95%	0.67%	0.66%
小汽车	20.35%	20.22%	1.56%	1.54%	31.73%	32.36%	3.27%	3.33%	9.66%	9.32%
公交车	18.07%	17.94%	24.24%	24.81%	15.08%	15.43%	22.86%	23.52%	12.72%	12.27%

出行方式	基家购物无车		基家上班有车		基家上班无车		商务出行		非基家其他出行	
	模拟	调查	模拟	调查	模拟	调查	模拟	调查	模拟	调查
慢行	82.82%	81.52%	41.77%	41.72%	60.55%	59.35%	1.89%	1.43%	40.64%	40.90%
出租车	0.72%	0.76%	2.99%	3.08%	2.55%	2.62%	4.21%	4.16%	3.09%	3.09%
小汽车	1.68%	1.81%	36.32%	36.28%	3.54%	3.65%	56.54%	57.05%	29.99%	29.83%
公交车	14.78%	15.91%	18.92%	18.92%	33.36%	34.38%	37.36%	37.36%	26.28%	26.18%

表 5-4　晚高峰出行方式选择调查模拟情况对比(19:00—20:00)

出行方式	基家上学有车		基家上学无车		基家其他有车		基家其他无车		基家购物有车	
	模拟	调查	模拟	调查	模拟	调查	模拟	调查	模拟	调查
慢行	51.44%	51.17%	61.78%	61.03%	47.93%	50.46%	40.32%	41.07%	62.18%	62.62%
出租车	0.20%	0.19%	0.57%	0.58%	0.78%	0.74%	10.24%	10.10%	2.34%	2.30%
小汽车	11.54%	11.59%	0.36%	0.37%	0.49%	0.47%	8.45%	8.37%	15.03%	14.85%
公交车	36.82%	37.05%	37.29%	38.02%	50.80%	48.33%	40.99%	40.45%	20.46%	20.23%

出行方式	基家购物无车		基家上班有车		基家上班无车		商务出行		非基家其他出行	
	模拟	调查	模拟	调查	模拟	调查	模拟	调查	模拟	调查
慢行	73.83%	74.81%	39.75%	39.70%	55.77%	56.34%	4.71%	5.85%	20.14%	20.38%
出租车	2.49%	2.38%	2.09%	2.07%	2.26%	2.24%	4.15%	4.04%	17.69%	17.64%
小汽车	0.40%	0.40%	34.96%	35.01%	4.17%	4.11%	68.66%	67.90%	30.73%	30.65%
公交车	23.28%	22.41%	23.20%	23.22%	37.80%	37.31%	22.48%	22.21%	31.44%	31.33%

表 5-5 日平峰出行方式选择调查模拟情况对比（10:00—19:00）

出行方式	基家上学有车		基家上学无车		基家其他有车		基家其他无车		基家购物有车	
	模拟	调查	模拟	调查	模拟	调查	模拟	调查	模拟	调查
慢行	50.44%	50.59%	61.78%	62.48%	17.93%	18.52%	40.32%	40.74%	32.18%	32.62%
出租车	0.25%	0.32%	1.57%	1.77%	4.78%	4.64%	7.24%	7.68%	3.34%	3.60%
小汽车	18.49%	19.92%	1.36%	1.23%	58.49%	58.93%	6.45%	6.84%	28.03%	28.80%
公交车	30.82%	29.17%	35.29%	34.52%	18.80%	17.91%	45.99%	44.74%	36.45%	34.98%

出行方式	基家购物无车		基家上班有车		基家上班无车		商务出行		非基家其他出行	
	模拟	调查	模拟	调查	模拟	调查	模拟	调查	模拟	调查
慢行	50.83%	50.48%	27.75%	27.87%	45.77%	45.18%	6.71%	6.14%	33.14%	33.14%
出租车	4.49%	4.74%	4.09%	4.14%	4.26%	3.96%	11.15%	11.66%	7.69%	8.01%
小汽车	3.40%	3.61%	53.96%	53.13%	5.17%	5.89%	68.66%	68.77%	33.72%	33.49%
公交车	41.28%	41.17%	14.20%	14.86%	44.80%	44.97%	13.48%	13.43%	25.45%	25.36%

表 5-6 晚平峰出行方式选择调查模拟情况对比（20:00—09:00+1天）

出行方式	基家上学有车		基家上学无车		基家其他有车		基家其他无车		基家购物有车	
	模拟	调查	模拟	调查	模拟	调查	模拟	调查	模拟	调查
慢行	28.44%	28.87%	36.78%	36.41%	13.93%	14.11%	36.83%	36.32%	26.18%	26.47%
出租车	6.25%	6.78%	1.57%	1.87%	14.78%	14.10%	25.35%	25.92%	7.34%	7.07%
小汽车	26.49%	26.40%	1.36%	1.75%	55.72%	55.49%	11.26%	11.08%	37.03%	37.58%
公交车	38.82%	37.95%	60.29%	59.97%	15.57%	16.30%	26.56%	26.68%	29.45%	28.88%

出行方式	基家购物无车		基家上班有车		基家上班无车		商务出行		非基家其他出行	
	模拟	调查	模拟	调查	模拟	调查	模拟	调查	模拟	调查
慢行	59.83%	59.87%	12.75%	12.76%	28.77%	28.46%	5.71%	5.86%	13.14%	13.96%
出租车	10.49%	10.34%	7.35%	7.76%	11.26%	11.07%	35.15%	35.94%	28.69%	28.70%
小汽车	5.40%	5.24%	59.96%	60.40%	6.17%	6.04%	49.66%	49.03%	38.72%	38.44%
公交车	24.28%	24.55%	19.94%	19.08%	53.80%	54.43%	9.48%	9.17%	19.45%	18.90%

4. 交通分配

交通分配的最终结果包括路段机动车流量、路段机动车行驶速度或行程时间、路段流量容量比、各公交线路载客量或断面流量、站点的上下客流量、站点换乘流量以及其他与道路网机动车流量和公交网客流量相关的结果。乌鲁木齐市宏观交通规划模型对于道路机动车分配的过程是一个均衡分配的过程。这个过程基于以下假定：①每个出行者选择他认为最佳的路径来行驶;②如果存在一条更短的路径,出行者将会选择这条更短的路径;③在达到均衡时,没有人能够通过改变所选择的路径而减少行程时间。在这种情况下,所得到的流量分配结果使任一OD对所使用的所有路径的行程时间是相同的。

乌鲁木齐宏观交通模型在公交客流分配时采用最优策略分配法,其基本原理是通过计算线路的最小运行时间从而进行分配。在最优策略分配法中,如果不加大运行时间,道路使用者就不能改变出行线路,尽管出行者实际上有可能会减少其运行时间。假如道路使用者都被告知最优线路,最优策略分配法将会产生最小的拥堵。假设乘客在公交网络中使用最优策略,在每个可能到达的车站,乘客利用策略所选择的线路总是使自己的期望出行时间最少。

最优策略分配法假设乘客只具备所在站点的后续站点的路线信息,并不像最短路径法那样知道行程的全部信息。首先,假设在某一站点存在一吸引线路集合,其从该集合中选择第一辆到达的车辆上车,在一个预定的节点下车,如果该节点不是出行终点,则再根据前述方法,确定其在这一站点的吸引线路集合,并从该集合中再次选择第一辆到达的车辆上车,直至到达出行终点为止。最优策略分配法使得乘客可以充分利用等车期间发生的变化,抓住一些更好的、但不常出现的机会去选择。乘客使用该策略时,在每个可能到达的车站,总是选择使自己的期望出行时间最少的线路。

对于交通分配结果,在高峰时段可以通过公交线路客流与交通断面客流对分配结果进行校核,如图5-24所示。在其余时段则可通过公交线路客流对分配结果进行校验。对于交通流的校验可通过观测断面流量使用OD反推技术对输入矩阵进行调整。

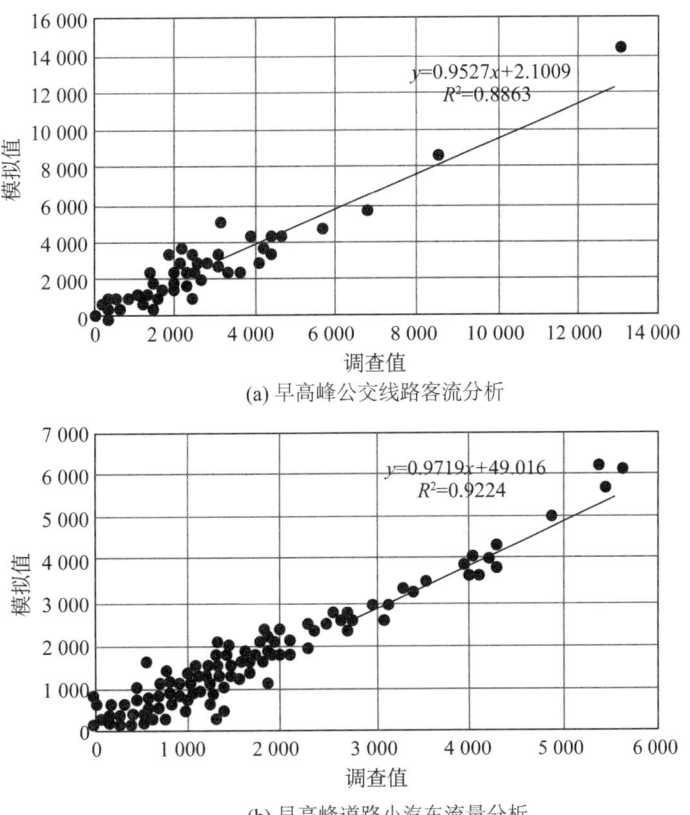

(a) 早高峰公交线路客流分析

(b) 早高峰道路小汽车流量分析

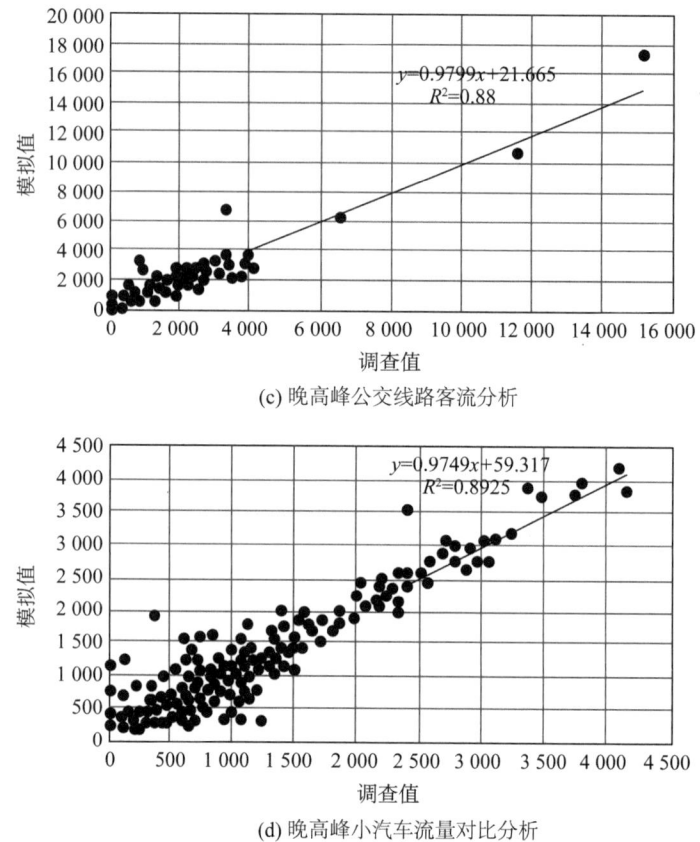

(c) 晚高峰公交线路客流分析

(d) 晚高峰小汽车流量对比分析

图 5-24　乌鲁木齐市宏观模型早晚高峰交通量模拟值与调查值相似度分析

5.1.5　宏观模型应用情况

近年来,乌鲁木齐市交通规划模型被用于城市综合交通规划、城市公共交通规划、城市公交线网调整、城市路网容量研究等重要的交通研究及规划项目中,为相关项目提供了有效的定量支持。在这里简单介绍一下乌鲁木齐市城市路网容量研究的一些基本情况。

与我国其他大中城市一样,乌鲁木齐市近年来也面临着机动车快速增长、道路增容相对缓慢、交通运行压力渐增的情况。通过路网容量研究希望能够明确以下问题:

(1) 测算乌鲁木齐市既有城市道路网的容量及交通负荷度,并找出现有路网的瓶颈或交通压力大的路段/通道。

(2) 依据乌鲁木齐市城市总体规划人口、产业布局及规划路网来测算未来乌鲁木齐市城市规划路网的容量及交通负荷度。

(3) 根据规划路网容量计算结果分析规划路网的瓶颈或交通压力大的路段/通道,为路网改善提供依据。

路网容量是一个非常复杂的概念,从国内外对于路网容量的研究现状来看,关于路网容量的定义有很多,这些定义的共同点都是基于一定的约束或前提条件下形成路网容量的基本概念。路网容量的定义主要有以下一些：

（1）按照研究对象进行定义，包括：

① 狭义路网容量：指单位时间路网范围内可能通行的最大车流量。

② 广义路网容量：指单位时间路网范围内可容纳的出行人数或出行交通个体数。

（2）按照外部约束条件进行定义，包括：

① 路网物理容量：指受路网物理条件、交通条件限制的交通容量。也就是说路网不仅应支撑完成客、货运输服务，而且要保证在服务过程中整体路网具备一定的服务水平（通常以运行速度、运行时间来衡量）。基于此，从物理容量的角度解释路网容量即为路网在一定服务水平下能承担的最大交通量。

② 环境容量：指在环境条件制约下的交通容量。从科学的角度出发，环境与人类是相互作用的。由于人口增长、工业发展以及交通运输工具的影响，现代城市居民的生活环境受到污染，而机动车就是污染源之一；反之，环境的恶化又对人类的生存提出了很多新的要求，如果人类满足不了，受害者就是人类。从这层意义上讲，环境容量是指在道路沿线的环境制约和道路周围区域环境的制约下，路网所能承担的最大交通量。路网在这种容量的约束下，可以保持居民活动和城市环境之间的平衡。

③ 经济容量：指根据经济效率，资金约束下确定的城市财政可负担的路网规模，及在此规模下可承载的最大交通量。

（3）按照服务对象进行定义，包括：

① 人容量：指路网在一定时间内，一定约束条件下，最大运送的旅客数量。

② 货物容量：指路网在一定时间内，一定约束条件下，最大运送的货物数量。

③ 交通个体容量：指路网在一定时间内，一定约束条件下，容纳（或通过）的最大自行车、机动车和列车数量。

（4）按设施系统的层次进行定义，包括：

① 局部路网容量：指局部地区的道路组成的路网在一定时间内，一定交通状态下所能容纳（或通过）的最大交通个体数量。由于城市路网是由若干局部地区路网连接构成的，通过局部路网的联络和协调，城市路网才能实现迅速、舒适、安全地运送人和物的功能。因此，有必要对该地区的路网容量有一个清晰的了解，以便采取辅助性的控制管理措施，从而最大限度地发挥现有路网的容量，缓解甚至解决交通拥挤问题。

② 总体容量：指城市总体规模层次的路网容量。本层次的容量从总体、宏观的角度来估算城市交通现状对道路网的需求，城市道路对交通个体的容纳能力，以及规划年限道路容量的需求与供给。它是制定城市交通发展战略规划和相关政策的重要依据。

本次乌鲁木齐市城市路网容量的研究对象为乌鲁木齐市中心城区的狭义的、物理约束的、针对机动车实际通行条件下的路网容量，在设施系统的层次以城市总体容量为主，兼顾不同区域。道路网容量测算包括三个基本输入条件，即节点和路段通行能力、道路服务水平以及交通出行需求。路网容量研究的方法采取了交通分配模拟法，即借助交通模型将交通出行需求量采用增量分配（Incremental Assignment，IA）的方法逐步分配到路网上，每次分配都以前次分配为基础（即将该次分配量加上去）。每次分配后根据交通流量调整各路段上的交通阻抗。当路段达到饱和时,将其删除,当网络被分割成两部分时,所对应的分割线即为最小割集,此时的累计流量即为路网容量。图 5-25 为交通分配模拟法流程。

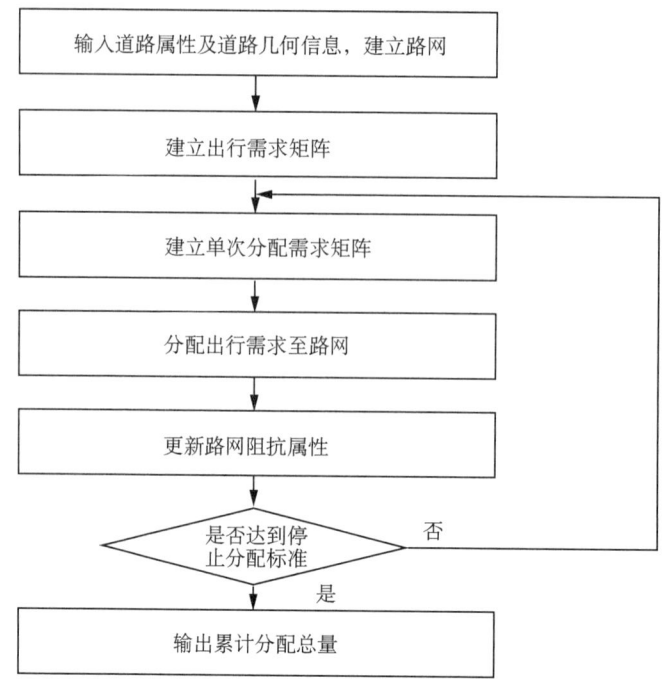

图 5-25　交通分配模拟法流程

1. 现状年路网容量测算

截至 2017 年年底,乌鲁木齐市城市道路总长度为 2 304.06 km(不含高速公路),道路面积为 3 105.61 万 km^2,人行道面积为 513.03 万 km^2,人均道路面积为 10.53 km^2。高速公路长度为 270 km,快速路长度为 85.67 km,主干路长度为 496.31 km,次干路长度为 552.4 km,支路及巷道长度为 1 169.68 km。全市出租车保有量 13 003 辆,其中市区 11 462 辆,区域车 765 辆,米东新区 776 辆。平均每万人拥有出租车 36.94 辆。全市常规公交线路 181 条。其中,公交集团 112 条、BRT 公司 2 条(K1、K2 环线快客)、珍宝巴士 53 条、路安捷运输公司 1 条、屯坪巴士公交公司 7 条、米东公交 6 条。全市 BRT 营运线路共 7 条(共 552 辆)。乌鲁木齐市公交集团公交运营车辆 2 335 辆、珍宝巴士 1 297 辆、屯坪巴士公司 30 辆、路安捷运输公司 14 辆、社会车辆 139 辆(米东新区 139 辆)。

依据对乌鲁木齐各级道路通行能力的标定结果,在高峰小时乌鲁木齐道路提供的总通行能力约为 744.48 万(pcu·km)/h,其中快速路提供通行能力 316.51 万(pcu·km)/h;主干路提供通行能力为 283.94 万(pcu·km)/h;次干路提供通行能力为 75.24 万(pcu·km)/h;支路提供通行能力为 68.79 万(pcu·km)/h。图 5-26 为乌鲁木齐市中心城区道路通行能力结构比例。

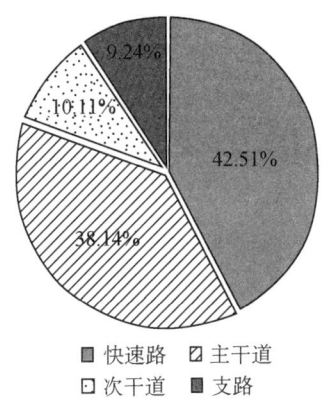

图 5-26 乌鲁木齐市中心城区道路通行能力结构比例

依据乌鲁木齐市宏观模型预测，现状早高峰期间小汽车出行 297 861 车次，出租车出行 38 546 车次。作为背景交通量，公共交通在早高峰期间占用道路通行能力为 5.68 万(pcu·km)/h(0.76%)，出租车在早高峰期间占用道路通行能力为 21.04 万(pcu·km)/h(2.83%)，小汽车在早高峰时期占用道路通行能力为 248.09 万(pcu·km)/h(33.37%)。在行政区层面，早高峰(09:00—10:00)乌鲁木齐天山区和沙依巴克区之间的小汽车出行交换量最高，每小时 10 000~15 000 pcu(单向)，高新区(新市区)与水磨沟区、天山区、沙区、新市区、水区之间的小汽车交通交换量为每小时 5 000~10 000 pcu(单向)，如图 5-27 所示。

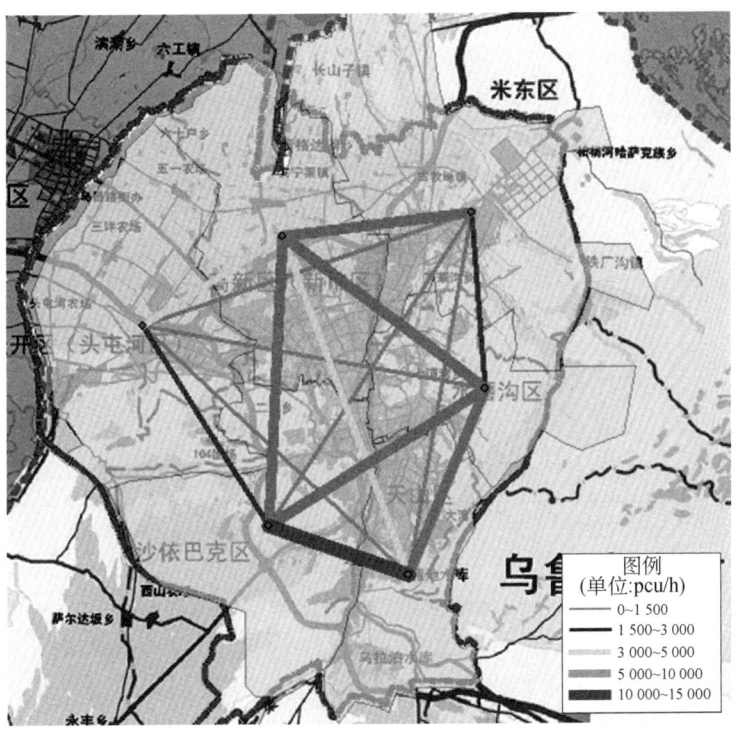

图 5-27 现状年(2017 年)早高峰乌鲁木齐行政区小汽车出行期望线

通过交通分配法将小汽车出行量逐步加载至中心城区的路网中,则路网的饱和度(V/C)变化情况如图 5-28 所示。

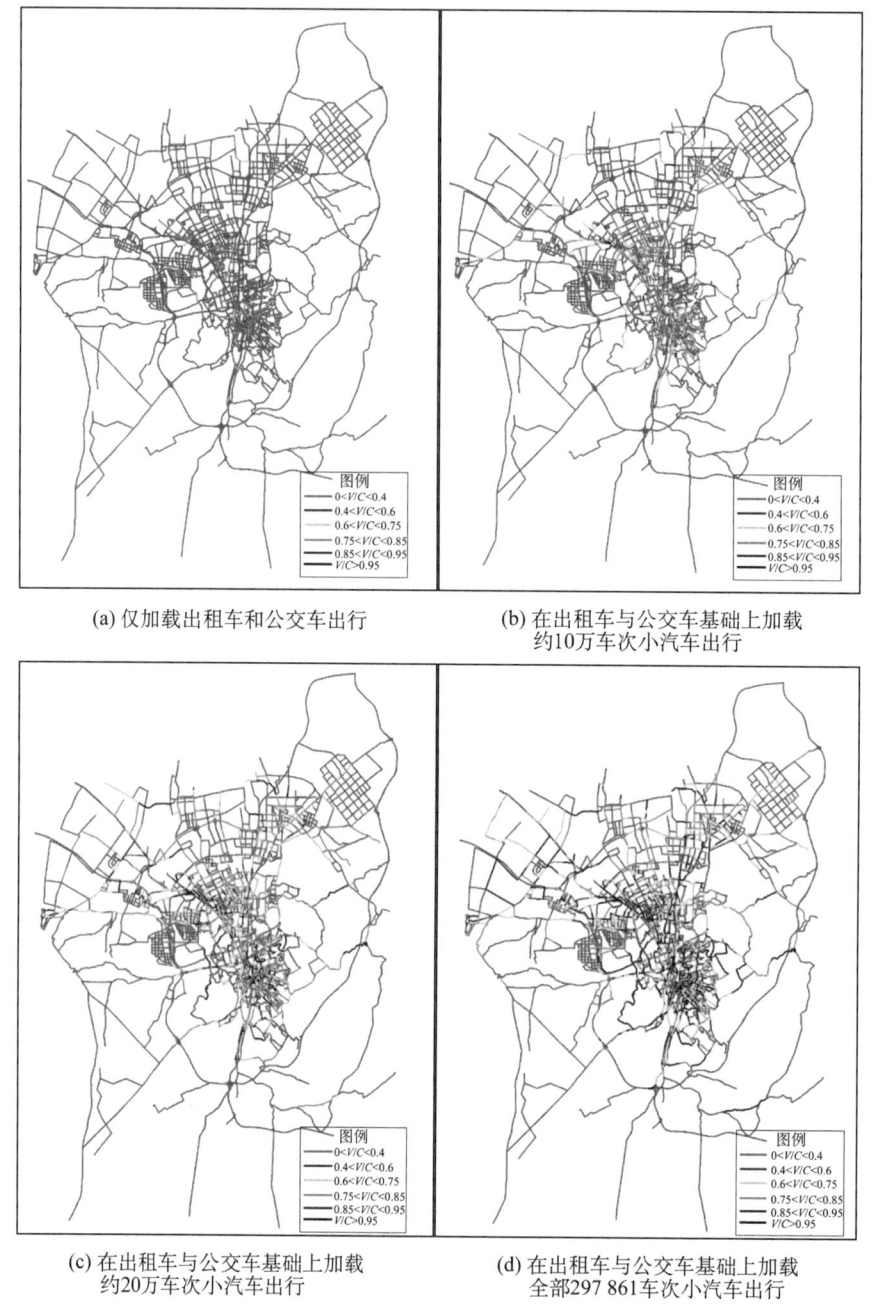

图 5-28　乌鲁木齐现状年(2017 年)路网饱和情况

随着饱和路段逐渐抽离道路网络,有可能出现大范围迂回交通。同样,在假设乌鲁木齐市小汽车使用规律不随机动车保有量的变化而变化的前提下,小汽车平均出行距离与机动车保有量的关系如图 5-29 所示。由于受到路网饱和的影响,小汽车的绕行将导致平均出行距离增长约 28.7%,即约 2.2 km。

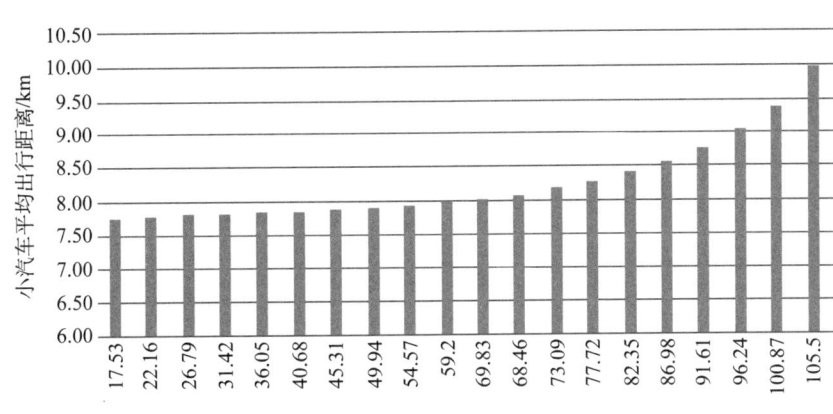

图 5-29　乌鲁木齐现状年(2017 年)小汽车平均出行距离与机动车保有量的关系

以交通大区为单位,现状年各交通大区间的交通联系受路网饱和影响的交通量分布情况如图 5-30 所示。

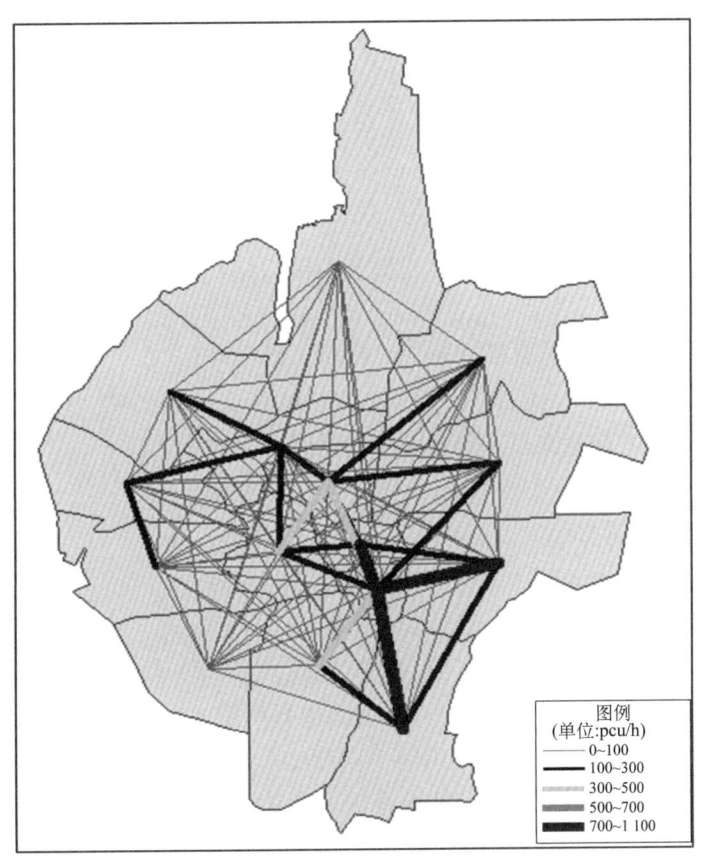

图 5-30　乌鲁木齐现状年(2017 年)交通大区间交通联系受路网饱和影响的交通量分布情况

从路网饱和情况来分析，乌鲁木齐市现状路网的主要结构性问题表现为核心区开发强度大，城市功能集中，而受制于地形地貌导致路网容量无法满足交通需求。乌鲁木齐市现状快速路饱和路段主要为南北方向，反映了乌鲁木齐市城市交通主轴为南北走向，而现状南北向快速路通道不足。近饱和或达到饱和的主干路主要集中在中心城核心区，主要原因有以下几点：①与快速路衔接的主干路，由于快速路的通行能力高于主干路，造成局部容量不匹配从而引起主干路的饱和；②由于河滩路对于中心城路网的分割，导致东西向的路网连通性降低，尤其是主干路网，因此主干路的饱和路段也包含相当比例的东西向路段，这一现象在新医路至人民路这一区域尤为明显；③一些连接外围组团的主干路，由于没有大容量的快速路系统，交通流在主干路聚集度较高，形成饱和，比如仓房沟路、八钢公路、米东大道等。

2. 规划年路网容量测算

规划年指 2030 年，根据乌鲁木齐市城市总体规划，远期乌鲁木齐市中心城区人口规模将达到 500 万，岗位规模约为 280.16 万个。根据城市综合交通规划预测，2020 年后乌鲁木齐市私家车保有量会继续增长，但增长速度将有所放缓，至 2030 年乌鲁木齐市私家车保有量将达到 160 万辆，机动车保有量将达到 181.4 万辆。

依据乌鲁木齐道路网规划情况，远期规划路网高峰小时提供的总通行能力约为 1 684.30 万(pcu·km)/h(约为 2017 年年底道路通行能力的 226%)，其中快速路提供通行能力 833.34 万(pcu·km)/h；主干路提供通行能力 547.51 万(pcu·km)/h；次干路提供通行能力 203.18 万(pcu·km)/h；支路提供通行能力 100.27 万(pcu·km)/h。图 5-31 为规划年乌鲁木齐市中心城区道路通行能力结构比例。

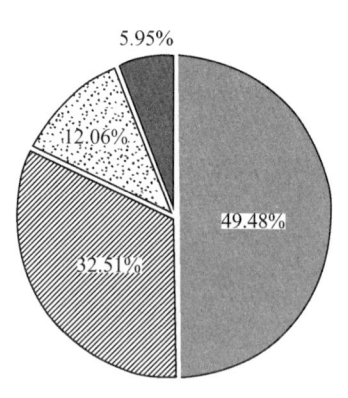

图 5-31 规划年(2030 年)乌鲁木齐市中心城区道路通行能力结构比例

依据乌鲁木齐市宏观交通模型预测，2030 年早高峰期间小汽车出行 463 062 车次，出租车出行 44 528 车次。作为背景交通量，公共交通在早高峰期间占用道路通行能力为 11.14 万(pcu·km)/h(0.66%)，出租车在早高峰期间占用道路通行能力为 22.95 万(pcu·km)/h(1.36%)。与现状相比，随着乌鲁木齐整体人口、岗位数量的提升，各区之间的小汽车联系需求将得到进一步的加强，城市小汽车交通联系最强的主轴依然为南北向，与现状相比该条轴线会进一步向北延伸，同时，外围区域与中心城区的联系进一步加强。从交通出行期望线的变化情况来看，未来规划乌鲁木齐城市的主要发展方向为向北向南延伸，同时向东拓展，如图 5-32 所示。

通过交通分配法将小汽车出行量逐步加载至中心城区的路网中，则路网的饱和度(V/C)变化情况如图 5-33 所示。

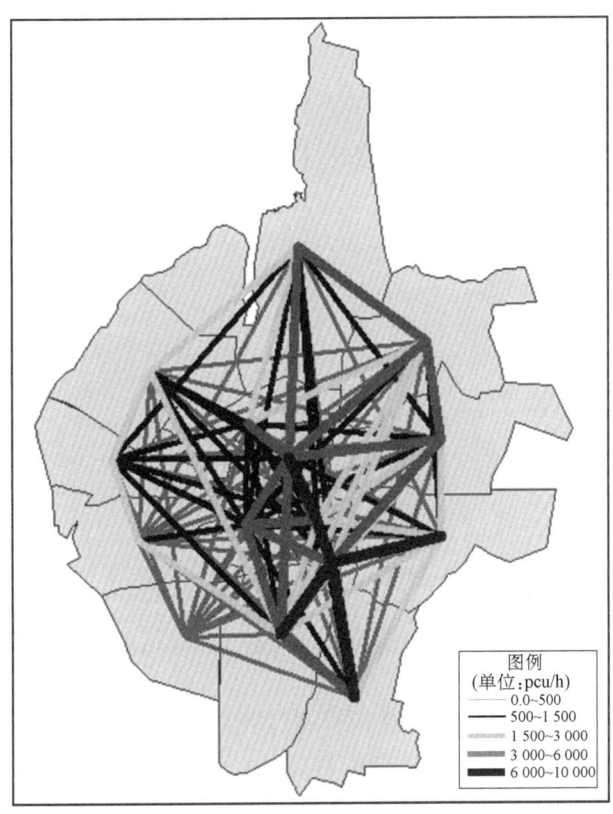

图 5-32 规划年(2030 年)乌鲁木齐中心城区交通大区早高峰小汽车出行期望线

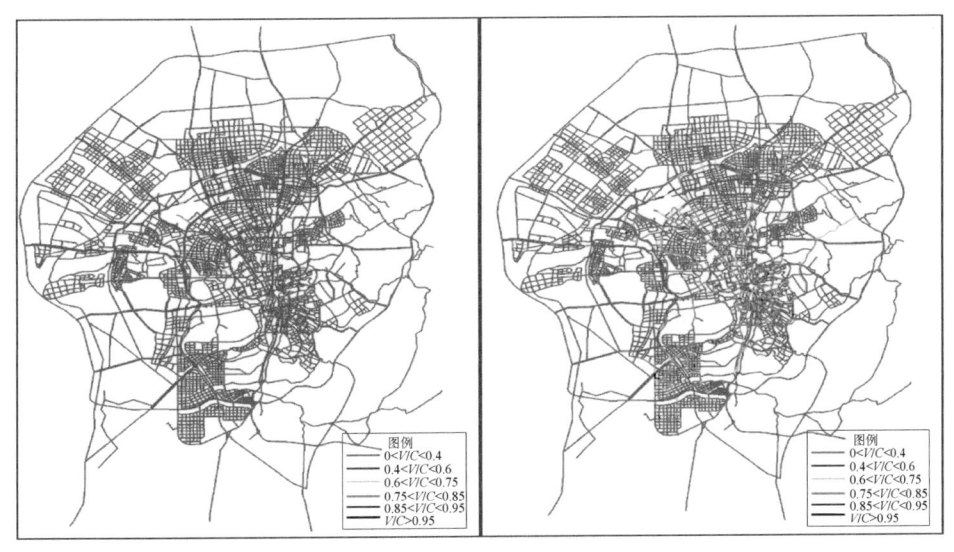

(a) 仅加载出租车和公交车出行　　(b) 在出租车与公交车基础上加载约15万车次小汽车出行

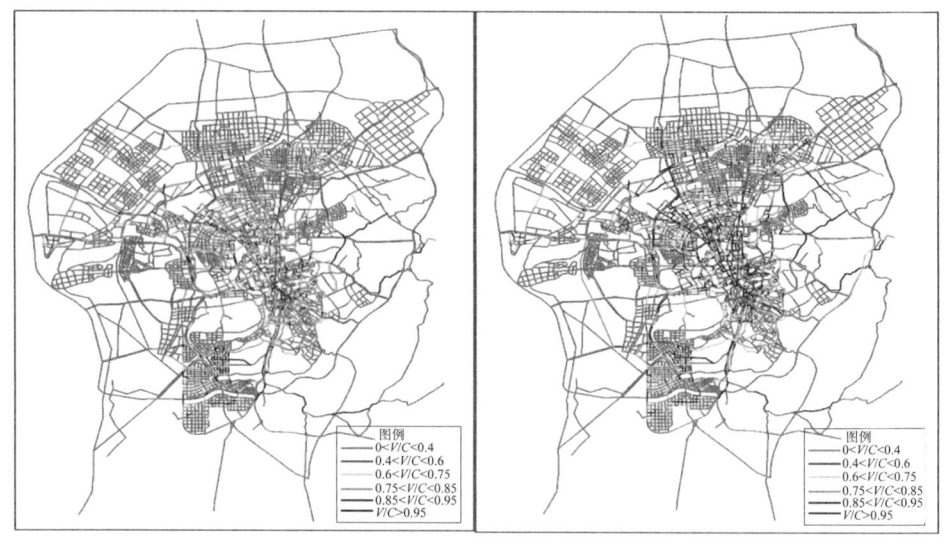

(c) 在出租车与公交车基础上加载
约30万车次小汽车出行

(d) 在出租车与公交车基础上加载
全部463 062车次小汽车出行

图5-33 乌鲁木齐规划年(2030年)早高峰(09:00—10:00)路网饱和情况

可以看到,随着交通量的不断上升,中心城核心区的路网逐渐进入饱和状态,并且饱和路段的范围由中心城核心区向周边逐渐蔓延。在假设乌鲁木齐市小汽车使用规律不随机动车保有量的变化而变化的前提下,对小汽车平均出行距离与机动车保有量的关系如图5-34所示。当乌鲁木齐机动车保有量达181.4万辆(即早高峰小汽车出行需求达463 062车次)时,则由于路网饱和的影响导致小汽车绕行,将使平均出行距离增长约28.9%。平均出行距离的增长率与现状年情况较为相似。

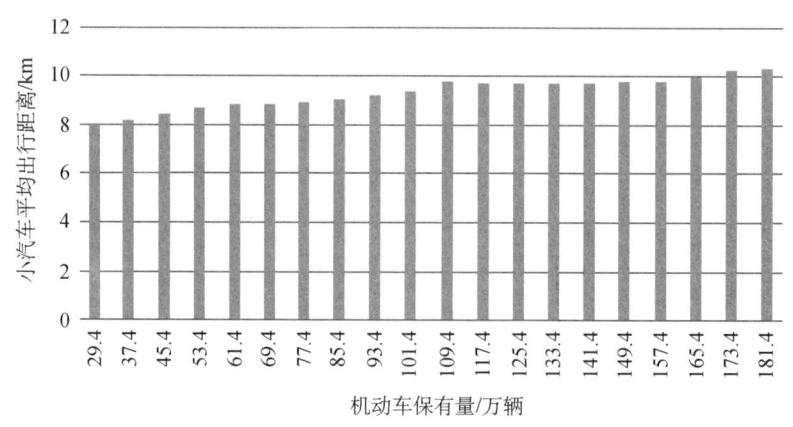

图5-34 乌鲁木齐市规划年(2030年)小汽车平均出行距离与机动车保有量关系

以交通大区为单位,规划年各交通大区间的交通联系受路网饱和影响的交通量分布情况如图5-35所示。

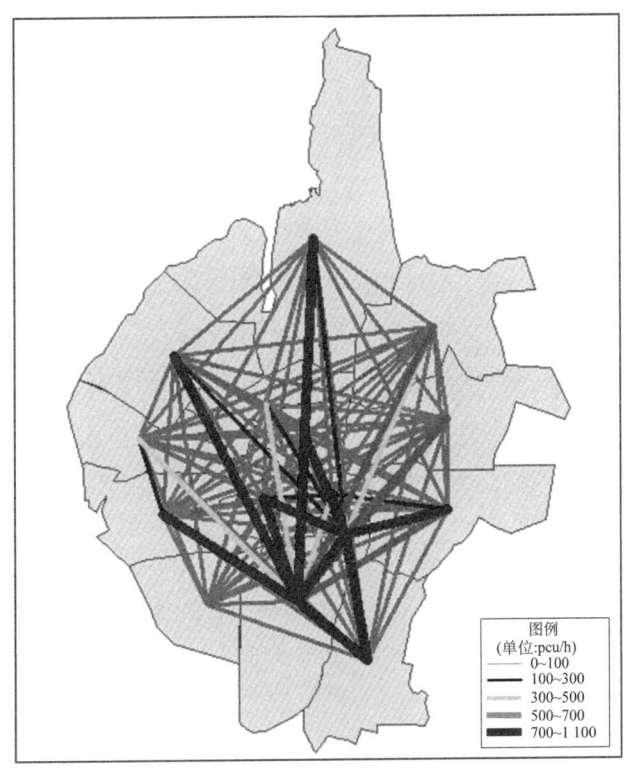

图 5-35　乌鲁木齐市规划年(2030 年)交通大区间交通联系受路网饱和影响的交通量分布情况

与现状相比,乌鲁木齐市规划年饱和路段有向城市外围扩张的趋势,在中心城区的核心区,饱和路段集中分布的区域向北扩展至城北主干道,向西扩展至乌奎高快速路,向东扩展至东二环。外围区域的新增饱和路段主要集中在城北新区与城南经贸区。规划年近饱和或达到饱和的主干路除了与现状相似集中在中心城核心区以外,随着城北新区与城南经贸区的发展,城北与中心城区的南北向联系道路呈现较大的交通压力。

在路网容量的研究过程中,以下规划道路在未来年场景中的使用率较高,对于邻近道路的交通压力有一定的缓解作用,建议在规划实施中给予优先考虑,具体包括:二环路、太原路北延、东进场路改造、东站路北延、天津路北延、长沙路北延、四平路北延、迎宾路东延、城北主干道东延、芦草沟路南延改造、苏州路东延、城北主干道南延改造、嵩山街西延、月湖路北延、喀什路南延、新医路西延、西虹路东延、三屯碑路西延、跃进街提升改造、珠江路东延和延安路西侧道路加密,如图 5-36 所示。同时,对于以下区域建议增强道路设施供给或加强路网的连通性以分散交通压力:

(1) 加强庐山街两侧道路的连通性。

(2) 考虑在八钢生活片区西侧增加与新医路西延的联系道路,以缓解八钢公路的压力。

(3) 加强乌五公路两侧路网的连通性,尤其是在乌五公路快速化改造后。

(4) 乌奎连接线乌五公路至河滩段,两侧南北向道路饱和度较高,宜进一步加强两侧南北向道路的连通性。

图 5-36　规划路网建议优先实施路段

5.2　乌鲁木齐市微观模型的开发与应用

为了缓解日益突出的道路供需矛盾,乌鲁木齐市完善了城市快速路系统,至 2013 年年底,乌鲁木齐市建成了包括"三横三纵"在内的田字形快速路系统,从而提高了市区骨干路网的整体通行能力和服务水平。为了能够更加系统、科学地评估快速路的运行状况,反映快速路的实际运行效果,乌鲁木齐市于 2013 年开始着手建立快速路微观仿真模型和评价系统,该系统依托 TransModeller 平台,覆盖乌鲁木齐市田字形快速路网,具体包括外环路、河滩快速路、南湖路-克拉玛依路快速路以及西虹路高架,总长 51 km。快速路仿真系统建立的目的在于模拟和再现快速路运行现状,全面分析快速路整体及各路段的车流运行状况及特征,同时还可以分析突发事件、事故对快速路网的影响,以及对改善方案进行评估等。乌鲁木齐市快速路微观仿真模型建立的数据基础包括航拍图、车辆 OD 调查数据以及同期开展的断面流量及车速调查数据等。

5.2.1　模型概况

快速路是城市路网的骨架,承担着机动车的中长距离出行,起到穿越截留、内部疏解、保护中心区的作用。乌鲁木齐市快速路以 2.5% 的里程承担了 16% 的交通量(当量车公里)。为了能够系统、科学地评估快速路的运行状况,乌鲁木齐市建立了快速路网微观仿真模型和评价系统,以期全面分析快速路网运行状态特征指标,以及事件、事故对快速路网运行的影响,交通管理措施的效果等,从而为快速路的交通管理决策提供技术支持。乌鲁木齐市快速路仿真系统的功能如下:

(1) 现状运行仿真与评价。现状运行仿真与评价是该系统最主要的功能,它是将调查得到的 OD 数据和校核线流量数据处理成为仿真模型需要的交通需求数据,通过运行仿真模型,从而再现现状车流的运行状态,同时输出详细的评价数据。

(2) 交通拥堵成因分析和方案评价。通过仿真模型可以对频繁发生的拥堵情景进行再现,以分析拥堵成因,提出改善措施;可以对突发事件、事故进行模拟,以分析交通影响程度,包括影响范围、持续时间和影响车辆数等;还可以对改善措施进行效果评估和方案比选,以提高决策的科学性。

5.2.2 模型覆盖范围

乌鲁木齐市快速路微观仿真模型覆盖了乌鲁木齐市田字形快速路网,具体包括外环路、河滩快速路、南湖路-克拉玛依快速路,全长 47 km,另将西虹高架 4 km 纳入模拟范围,故总长 51 km,如图 5-37 所示。

5.2.3 模型基础数据

乌鲁木齐市快速路微观仿真模型基础数据主要包括以下几方面:

(1) 快速路网:来自乌鲁木齐市综合交通研究中心提供的测绘路网与航拍图,部分区域结合现场踏勘获得的数据,数据获取方式为资料搜集。

(2) 车辆 OD:来自乌鲁木齐市 2014 年快速路车辆 OD 调查成果,数据获取方式为人工调查。

(3) 快速路流量数据:来自乌鲁木齐市 2014 年快速路交通量调查,数据获取方式为人工调查。

(4) 快速路行车速度数据:来自 2014 年快速路车速调查,数据获取方式为人工调查。

1. 车流量与车辆 OD 调查情况

调查范围与建模范围一致(道路总长度为 51 km)。调查点涵盖快速路范围内所有出入口,共计 178 处。其中,快速路主线始末端 16 处、快速路匝道出入口 97 处、快速路辅道断面 47 处、相交干道断面 18 处。对这 178 处出入口分别进行分车型的流量调查与车辆 OD 调查。

(1) 分车型流量调查:以每 15 min 为时间段,分小客车、大客车、小货车、大货车、集装箱卡车 5 种车型观测车流量。

在快速路匝道出入口(97 处)和快速路辅道断面(47 处)均安排 1 名调查员观测。在快速路主线始末端(16 处)和相交干道断面(18 处)均架设 1 部高清摄像机来拍摄视频,视频采集完毕后,再进行人工观测。

(2) 车牌记录调查:以每 15 min 为时间段,记录每辆车的完整车牌号。

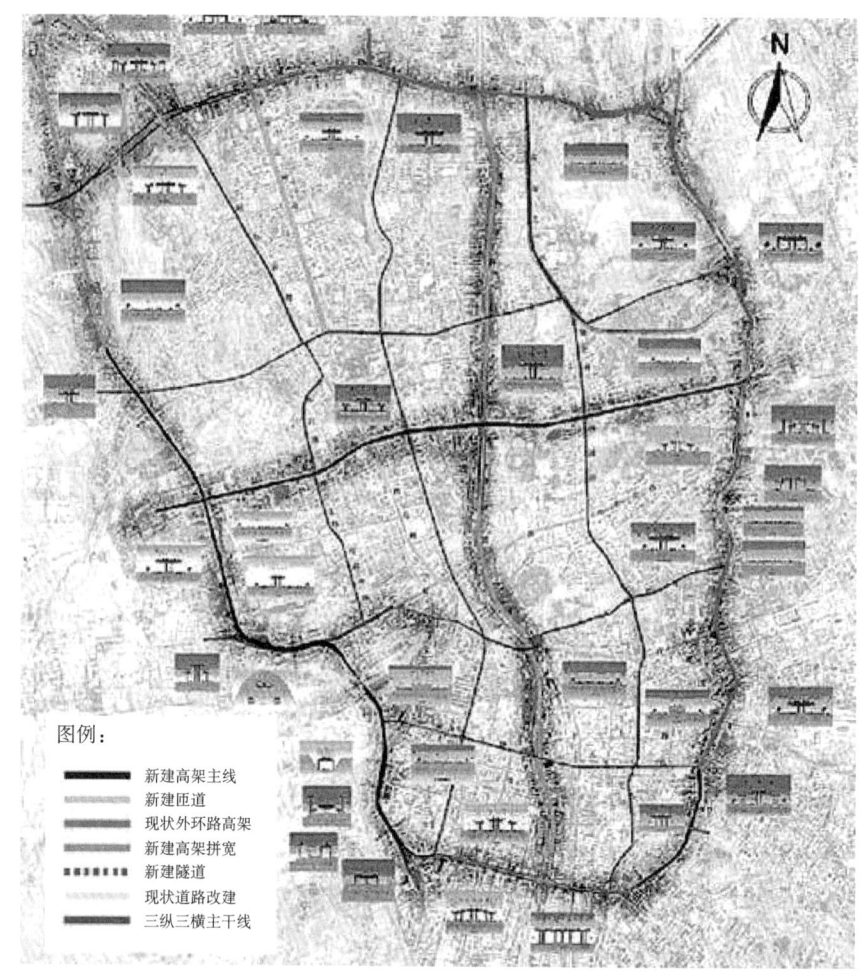

图 5-37 乌鲁木齐市快速路微观仿真模型覆盖范围

快速路匝道出入口(97处)和快速路辅道断面(47处)的车牌调查用录音笔口述记录。快速路主线始末端(16处)和相交干道断面(18处)的车牌信息通过观测录制的视频来获取。

2. 校核线断面流量调查情况

选择快速路主线校核线断面共计16处,对其进行分方向、分车型的车流量调查,从而对获得的快速路车辆OD进行校核,如图5-38所示。每个断面的2个方向分别专门架设1部高清摄像头拍摄视频。待视频采集完毕,再对每个断面的2个方向车流视频进行人工观测。以每15 min为时间段,分小客车、大客车、小货车、大货车、集装箱卡车5种车型记录每个断面2个方向的车流量。

3. 快速路跟车车速调查情况

车速调查选取的道路包括:外环路(内圈、外圈)、河滩快速路(卡子湾立交-燕南立交,南向北、北向南)、克依路高架(东向西、西向东)、西虹路高架(东向西、西向东)。将快速路

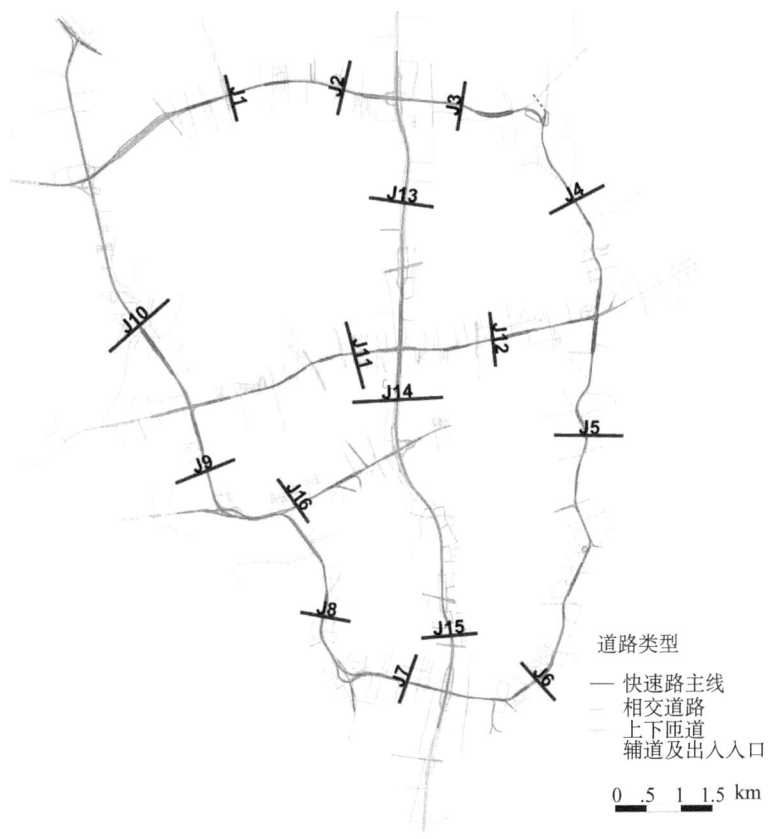

图 5-38　乌鲁木齐市快速路微观交通仿真模型校核线断面流量调查点分布

沿线每 2 个相邻出入口之间称之为 1 个快速路路段。通过跟车调查，从而得到快速路系统每个路段的行程车速。

在调查过程中，准确记录车辆经过每个起、终点断面和出入口的时间，时间格式为××时××分××秒。在单程走完之后，车辆就近掉头开始反向行程，如此循环，直至调查时段结束。

车辆安排：本项调查共安排 9 辆车。河滩路 2 辆车，分别从卡子湾立交、燕南立交对开。克拉玛依路-南湖东路高架安排 2 辆车对开。西虹路高架 1 辆往返。外环路共安排 4 辆车，其中南湖东路落地点安排 2 辆车，分别沿外环线顺时针和逆时针各 1 辆车；同样地，克拉玛依路落地点安排 2 辆车，分别沿外环线路顺时针和逆时针各 1 辆车。

4. 车辆 OD 匹配与扩样

快速路车辆调查分上午时段（8:30—12:30）和下午时段（18:00—21:00），共记录出入口断面流量 110 万车次，车牌记录 94.6 万车次，可配对记录 42.5 万条，即 21.25 万车次出行 OD 对。其中，上午时段（8:30—12:30）OD 对 13.13 万车次，下午时段（18:00—21:00）OD 对 8.12 万车次。调查时段内快速路系统进出流量及总流量随时间的分布情况如图 5-39 所示。

车辆 OD 匹配主要遵循以下一些原则：

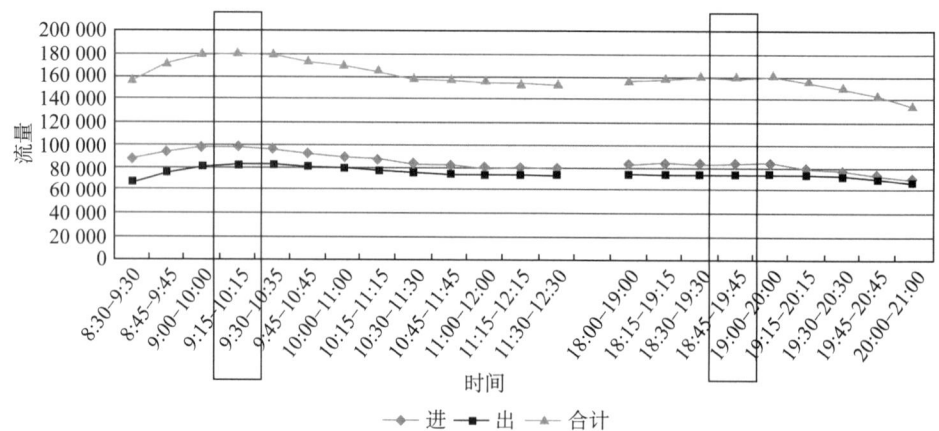

图 5-39　乌鲁木齐市快速路出入口流量随时间变化情况

（1）最大限度地匹配车牌记录。在最初处理时暂不使用出入口方向进行筛选，这样做是为了在数据匹配的过程中如果发现相邻出入口数据有异样，如调查时出入口方向记录颠倒等问题，不至于因为找不到原始记录而丢失数据。

（2）检查出入口数据方向，根据调查点出入口方向，筛选仅保留由"驶入"至"驶出"以及双向断面的出行记录。

（3）重点关注大数值 OD 对，在车辆出行 OD 表中，当高峰小时内一条路径的出行量超过 200 车次时，应当引起关注，并分析其路径情况。如果一条出行路径交通量较大，合理的情况应该有以下几种：

① 与快速路主线相交的横向道路两端之间的路径；

② 立交范围内辅道两端之间的路径；

③ 非立交范围的局部辅道两端之间的路径；

④ 主线上相邻较近的入口与出口之间的路径；

⑤ 其他根据具体情况分析认为合理的路径。

根据出入口和校核线断面的流量调查，确定早高峰时段为 9:15—10:15，高峰小时 OD 以上午时段（8:30—12:30）车牌数据匹配成功并纠错后的出行 OD 为基础，按照出入口高峰小时断面流量进行扩样，并对 OD 对进行合理性判断和筛选。最终，以通过快速路主线校核线的高峰小时流量反推修正出行 OD，作为乌鲁木齐市快速路微观仿真模型的高峰小时 OD。乌鲁木齐市快速路 OD 调查数据匹配与扩样技术流程如图 5-40 所示。

在 OD 数据匹配的过程中对于一些异常 OD 值进行了剔除，主要包括以下两种情况：

（1）有匹配的出行记录，即从一个入口到一个出口的 OD 对有数值，但路网中不存在路径。由于是对快速路系统建模，并不包含完整的城市道路网，因此有些出行可能从地面道路通行更加合理；或者因为快速路部分节点不是全互通的，所以导致有些 OD 对的出行无法仅通过快速路系统完成。

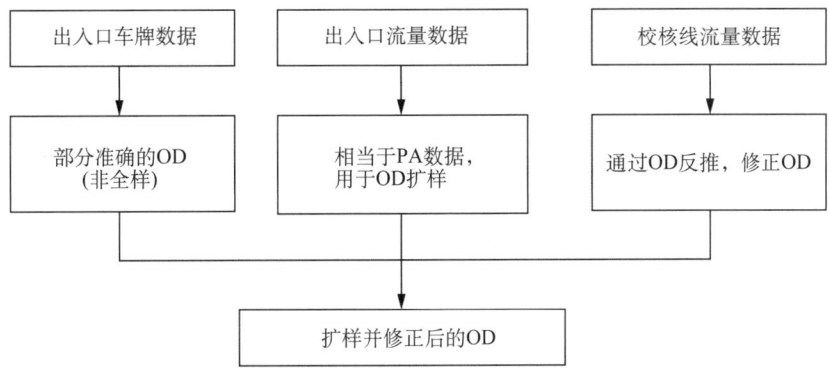

图 5-40　乌鲁木齐市快速路 OD 调查数据匹配与扩样技术流程

(2) 路径距离过长，明显不合理的出行。绕行距离过长是指非直线系数过大。所谓非直线系数是指 O 点至 D 点的网络实际路径长度与两点间空间直线距离的比值。本次建模范围内快速路系统南北长 11 km，东西不足 8 km，总里程 51 km，合理绕行路径最大约 20 km（珠江路立交经河滩路—东外环—北外环至西环立交）。超过 20 km 的路径基本上就可以剔除了。对于长度在 16～20 km 的出行路径，需要判断其合理性和可能性后才决定保留或剔除。

5.2.4　模型的校核与验证

每个微观仿真软件都有一系列可供用户调整的参数，使得用户能够对模型进行校准，以便更好地与实际情况相匹配。校验就是通过调整软件中的参数来模拟各种因素对交通的影响，通过改善模型来再现实际驾驶行为和交通运行特征，从而更好地拟合实际情况。

仿真模型包含的参数有很多，分析人员应试图使需要调整的参数数量最小化，以使校准工作量最小。例如，有的参数可以通过采集数据获取，分析人员应该使用反映当地交通状况的现场测量值作为校准参数的固定值，直接标定，这样便可使需要调整的参数数量最少。而有的参数无法直接获取，需要反复校准，并将仿真结果与采集数据对比验证，直至精度达到要求才能确定参数值。

需要调整的参数可以细分为影响通行能力的参数（如平均车头时距）和影响路径选择的参数（如路径的综合费用）。影响通行能力的参数首先调整，然后再调整影响路径选择的参数。每一类参数又可细分为全局参数和局部参数。首先调整全局参数，随后用路段细节参数来微调。乌鲁木齐市微观模型的校验经过了三个主要步骤：

(1) 通行能力校准。这是校准的第一步，即确定影响通行能力的参数值以便更好地再现现场观测的通行能力。先调整全局参数，再用影响通行能力的路段细节对参数进行微调，使模型能更好地反映当地通行能力的现场测量值。这一步很重要，因为通行能力对预测系统性能（延误和排队）有很大的影响。如果没有现场测量值，可选择《道路通行能力》手册作为确定通行能力目标值的依据。

（2）路径选择校准。如果仿真模型包括多条路径，那么路径选择就很重要。在这种情况下，执行校准的第二步，即调整路径选择参数。将模型预测的各路段的流量与现场测量值进行比较，使各路段的流量尽可能符合现场观测值，甚至每对 OD 间的路径选择与现实情况也基本一致。分析人员据此调整路径选择参数的运算法则，直至达到最佳状态。同样，校准过程包括：首先调整全局参数，再用路段细节对参数进行微调。

① 全局调整：路径选择运算法则和相关联的参数调整。具体的参数包括：驾驶员对可选路径的行车时间、延误、费用的知晓、感知和敏感程度，即路径费用和行车时间的权重；另外，还有其他一些参数，涉及驾驶员对路径的熟悉程度和对路径的费用及行车时间感知的错误程度。

② 微调：全局调整结束后，对路段费用或速度进行细节调整。

（3）系统性能验证。校准的最后一步是将模型预测的交通系统整体性能评估值（行程时间、延误和排队）与现场测量值进行对比，然后再微调，以使模型和现实更好地匹配。这一步的调整可能会影响前两步的调整结果，因此对于模型的调整与校验往往是一个循环迭代的过程。

5.2.5　微观模型的应用情况

1. 乌鲁木齐市快速路现存问题

乌鲁木齐市快速路微观仿真模型被应用于快速路现状运行评价及快速路网改善研究，为相关方案的测试提供了定量支撑。根据对仿真研究的结果进行分析，发现乌鲁木齐市快速路存在以下几方面问题。

（1）匝道密度布设不足。快速路系统是城市的主骨架路网，在城市交通组织中的作用也越来越大，承担了大部分中长距离的出行。主干路作为快速路下一级配的路网，与快速路的接口数量必须能够满足快速路系统进出方便的要求。若匝道数量过少，会造成快速路出入交通集中在某几个匝道口，形成拥堵点，导致快速路整体利用效率不高，且"上不来、下不去"还会造成快速路拥堵。若匝道数量过多，则会使快速路功能降级，沦为主干路甚至次干路，承担地方性集散交通，且车辆频繁出入主线势必会严重影响通过性交通效率。

（2）与匝道相接的地面道路容量不足，不能及时疏散交通流。与快速路匝道相接的地面道路的通行能力必须能够满足快速路系统的集散要求。由于快速路是连续流，通行能力为 1 800 pcu/(lane·h)，而地面主干路的通行能力为 800~900 pcu/(lane·h)，因此，快速路一条出口道包含 2 条车道需要地面道路 2~3 条车道才能与之容量匹配，但地面交叉口拓宽往往受限，如果匝道密度稀疏，则单个匝道口的疏散压力就会更大，而疏散不及时会直接导致主线拥堵。

（3）出入口设计不合理。快速路出入口的不合理设计包括：①主线上的出口（驶出主线）、入口（汇入主线）间距过小，形成距离过短的交织段；②主线上连续两处入口（汇入主线），形成距离过短的合流段；③主线驶入辅道的开口和辅道驶入匝道的开口（反之，匝道驶入辅道的开口和辅道汇入主线的开口）直接相连，形成直角冲突；④出入口渠化不规范，缺少加减速车道和车道隔离设施，车辆违法通行，安全隐患大。

(4) 出入口指示标志不规范，缺少指示标志，或标志表达存在歧义。

2. 改善方案研究

1) 新医路立交、广汇立交改善方案研究

河滩路与新医路(新医路立交)及钱塘江路(广汇立交)的衔接匝道均在道路主线开口，实行右进右出控制，如图 5-41 所示。钱塘江路是城市快速路，在道路上采用硬隔离分为主、辅路，匝道开口对接辅路。

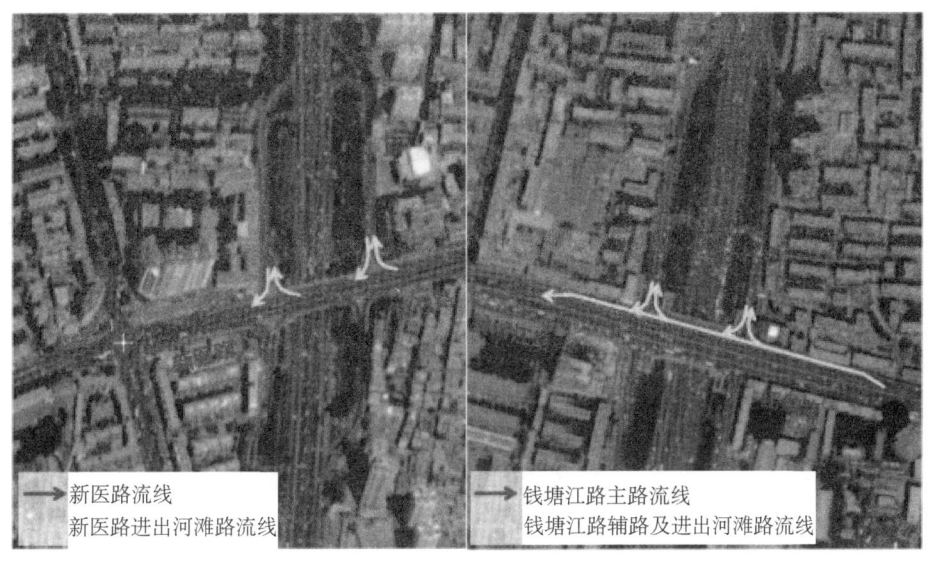

图 5-41 新医路立交与广汇立交现状

这两处立交存在的主要问题是新医路立交和广汇立交均为扁平苜蓿叶式立交，河滩路上转向车流需要驶出主线进入辅道，再驶入转向匝道才能完成交通转向；反之，由转向匝道驶入辅道，再汇入主线。主线合并开口有利于主线通过性交通，但增大了辅道的压力，而辅道拥堵不畅反过来会导致主线拥堵。同时，立交转向匝道的转弯半径小，且为双向 2 车道，通行能力较低。

对于这两处立交的改善方案具体如下：

(1) 调整出入口位置。对于新医路立交，河滩路主线南向东方向右转和南向西方向左转在河滩路上共用同一出口，该出口位于新医路南侧，造成辅道交通压力较大，与此同时，主线通行能力尚有富余。因此，建议南向东方向右转在原出口驶出，南向西方向左转在新医路北侧新增一个出口驶出，原新医路北侧入口移至新医路南侧。对于广汇立交，河滩路主线南向北方向主线入口位置不合理，匝道汇入主线的车流与辅道直行车流冲突大。因此，建议该入口往北移至钱塘江路北侧的辅道出口处。由于该立交转向匝道接入辅道的位置与新医路立交不同，主线上若再新增出入口会导致出入口间距不符合规范要求，因此考虑同时拓宽辅道。新医路立交与广汇立交出入口调整方案如图 5-42 所示。

图 5-42　新医路立交与广汇立交出入口调整方案

（2）增加立交匝道的车道数，以提高蓄车空间，减少对主线的影响。压缩车道宽度至 3 m。

对调整方案进行效果测试，新医路立交河滩路北向南方向的主线车速由 20.3 km/h 提高到 44.2 km/h，广汇立交钱塘江路主线拥堵现象消失，车速从 28.8 km/h 提高到 45.4 km/h。新医路立交与广汇路立交改善前后交通运行情况仿真模拟对比如图 5-43、图 5-44 所示。

2）人民路立交改善方案研究

人民路立交河滩路主线南向北方向出入口设置不合理，连续 2 处主线入口（辅道进主线和匝道进主线）距离过近，造成辅道排队，且对主线影响较大，如图 5-45 所示。

(a) 改善前　　　　　　　　　　　　　(b) 改善后

图 5-43　新医路立交改善前后交通运行情况仿真模拟对比

(a) 改善前　　　　　　　　　　　　(b) 改善后

图 5-44　广汇立交改善前后交通运行情况仿真模拟对比

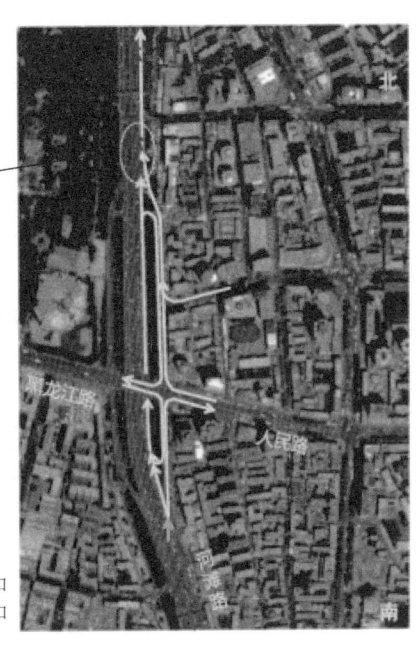

图 5-45　人民路立交现状

解决对策:将现有的2处入口只保留1处,即匝道进主线入口。在现有2处入口的上游增加一处主线出口,使南向西方向左转车流不经过南向北方向辅道,从而减轻辅道压力;再增加一处主线入口,使西向北方向左转车流提前从河滩路辅道汇入河滩路主线。另外,河滩路南向北方向辅道北端一处T形交叉口维持现状,中间一处出入口变更为出口,南端一处出入口封闭,从而降低沿线开口对辅道的干扰。人民路立交的改善方案如图5-46所示。

对调整方案进行效果测试,辅道平均车速明显提高,从15.9 km/h提高至35.8 km/h,主线平均车速由31.6 km/h提高至63.5 km/h。人民路立交改善前后交通运行情况仿真模拟对比如图5-47所示。

图 5-46　人民路立交改善方案示意

(a) 改善前　　　　　　　　　　　　　　　(b) 改善后

图 5-47　人民路立交改善前后交通运行情况仿真模拟对比

从未来发展的角度来看,乌鲁木齐市微观仿真模型可以着重从以下几个方面来考虑:

(1) 基础数据的自动获取,或者说与自动检测设备的接口问题,包括流量与 OD 信息。微观模型主要用来模拟交通运行情况,并为交通设计与交通管理提供支持,因此对于模拟的精度要求较高。同时,从运行层面来看,城市交通的变化速度非常快,乌鲁木齐市目前机动车保有量也在不断增加,每月新增近万辆机动车,因而快速路系统的交通运行状况也会随之发生变化,仅仅依靠人工调查的手段来获取数据既无法保证质量也难以跟上发展的节奏。

(2) 模型模拟的时段。乌鲁木齐市快速路仿真模型目前仅模拟了早高峰时段的交通运行情况,从指导交通设计或交通管理措施的角度来说还是不够的。因为城市交通在局部区域经常会出现潮汐性,如果只根据一个时段的交通状况来指导交通设计,尤其是硬件(基础设施)方面的设计,很可能会改善了一个时段的运行状况,但导致另一个时段运行状况的恶化。

(3) 模型参数的本地化调整。乌鲁木齐市快速路仿真模型的参数较多借鉴了上海相关快速路研究的成果。从目前来看,上海的相关研究比较先进,数据采集手段也较为丰富,可以弥补乌鲁木齐市短期内的空白,但是从长远来看,乌鲁木齐市无论是道路建设情况、驾驶习惯等都和上海有着一定的差异,而这些差异必然会影响到模型模拟的精度,因此宜积极开展相关研究,逐步完成参数的本地化调整。

(4) 交通事件与预案制定。评估交通事件的影响范围、影响程度并制定相应的预案是微观交通仿真模型的一个重要应用方面。在乌鲁木齐市微观仿真模型的预期实现功能中也提到了本项内容,但是从执行情况来看,这一功能并没有完全实现。未来在基础数据精度有所提高的基础上宜进一步开发和强化这一功能,更好地发挥微观交通模型的作用。

6 乌鲁木齐市综合交通模型体系发展建议

6.1 综合交通模型体系发展的数据需求

6.2 综合交通模型体系辅助技术研究需求

6.3 交通模型的更新维护需求

6.4 综合交通模型体系发展保障机制

城市综合交通模型体系的发展是一个长期持续的过程,需要数据、技术、资金、政策等多方面的保障与支持。美国、英国等发达国家都有较为成熟的机制来确保模型在城市交通规划中发挥其应有的作用,并通过一定的反哺机制来确保模型的可持续发展。我国住房和城乡建设部在《城市综合交通体系规划编制导则》中明确了交通模型在城市交通规划中的定位。乌鲁木齐市综合交通模型体系的建立不可能一蹴而就。对于乌鲁木齐市综合交通模型体系的发展建议主要从以下四个方面来考虑。

6.1 综合交通模型体系发展的数据需求

本书第 2 章已经提到交通模型根据其覆盖范围、构建方式以及考虑问题的侧重点不同大致可以分为宏观模型、中观模型、微观模型以及节点模型。宏观模型重点考虑交通需求层面的问题;中观模型重点考虑路径(线路)的选择问题;微观模型与节点模型重点考虑交通运行层面的问题。不同层级的模型对于数据的需求会有一定的相似性与差异。总体来说,模型需要以下几个方面的数据:

(1) 社会经济数据。社会经济数据通常为一定区域范围内的人口、居民户数、岗位数以及与其相联系的收入、机动车保有量、户人口数量及结构等,数据通常来自统计普查。对于这些数据,宏观模型与中观模型的需求度更高。值得一提的是,与欧美等发达国家相比,我国在社会经济数据统计方面存在一定的不足,乌鲁木齐也不例外,对于社区层面的人口、居民户数、岗位数等不同渠道获取的数据都存在明显的差异性。这种差异形成的原因目前还无法完全解释。而对于社区层面的机动车保有量、人口户结构、经济收入等数据基本处于空白。这些现实条件在客观上制约了模型向中观层面的发展,这也是今后一段时期内数据采集重点要考虑的问题。从数据采集的技术手段上来说,卫星遥感技术、手机数据等为这方面数据的采集提供了一定的可能性。

(2) 交通供给数据。交通供给数据通常包括道路交通网络以及公共交通网络。在使用这些数据前需要对数据的质量进行检验,包括对道路等级、车道数、路段的连通性、公交站点的位置、线路走向的检查等。对于交通供给数据,不同层次的模型所需的精度有所不同,通常来说对于宏观模型需要获取道路的位置、等级、车道数、连通性,公交站点的大致位置,线路走向。中观层面的模型在宏观的基础上需要进一步细化,需要包括道路沿线主要开口(车行、人行)、公交站点的准确位置等。微观模型与节点模型则在中观模型的基础上更进一步提升了数据精度要求,对于道路的分段线性、尺寸、沿线开口的尺寸、站点的布设形式、停车线的位置等都有较高的精度要求。在这方面乌鲁木齐的数据收集情况较好,通过每年固定的测绘工作基本可以满足宏观模型建立的需求。在中观层面还需要进一步考虑沿线开口的相关数据,同时对于公交站点的位置以及走线还存在局部与实际有出入的问题,这与乌鲁木齐城市建设力度较大也有一定的关系。

(3) 交通系统使用情况数据。这是模型建立过程中非常重要的一部分数据,通常包括道路车流量数据以及公共交通客流数据。从数据覆盖面来看,在可能的情况下应该更多地收集车流和客流数据。应当更多地依靠自动采集系统而非人工调查作为数据的主要获取手段,这将有助于降低数据获取成本,同时提高数据质量。另外,从实际应用情况来看,车流或客流数据总是难以完全避免错误的存在,比如计数错误或者测量位置标记错误,而这些错误除了个别特殊情况通常很难对其进行有效甄别。乌鲁木齐市目前的交通系统所使用的数据大多来自人工调查,未来应考虑结合智能交通系统更多地实现相关数据的自动采集,来弥补交通走廊行车速度、局部区域车辆OD分布数据等的不足。另外,交通信控方案也是交通系统中的一项重要数据,未来应考虑建立系统的交通信控方案档案,减少现场调查的工作量,这对于微观及节点模型显得尤为重要。

(4) 出行者需求特征信息。针对出行者的访谈几乎是获得其出行需求特征的唯一渠道。这类调查通常会花费大量的财力与人力。目前,乌鲁木齐市已经在1998—2014年这16年间坚持开展了4次以居民出行调查为主的出行者需求特征信息调查,这为乌鲁木齐的交通模型建立工作提供了很大的支持。参照国内国际各大城市的做法,相关调查应考虑以固定周期坚持开展,同时应当注重数据的积累与保护工作。国内主要城市的调查频率目前基本维持在5年一次大规模调查的水平,同时在非主要调查年份考虑开展小样本调查,以跟踪出行者需求特征的变化情况。另外值得一提的是,居民出行调查通常可以帮助我们了解出行者的需求特征,但是可以获得的关于用地吸引强度的可用信息较少。国内一些城市如上海、北京等也开展了用地吸引率的调查,但是都没有形成固定更新的机制。一个现实的情况是这类调查通常需要较大的长期投入,而通常在调查开展的最初几年里收获并不是非常大,主要原因在于调查者对于城市用地的分类还不能准确的判别,因此需要根据调查结果来不断细化分类标准。在这方面英国的TRICS提供了一个很好的案例。目前,TRICS覆盖整个英国,为不同区域不同性质的用地开发提供有偿交通吸引率数据,同时TRICS保持每季度更新补充一次调查数据的频率。乌鲁木齐市可以考虑结合交通影响评价工作,逐步建立出行率数据库。

6.2 综合交通模型体系辅助技术研究需求

即使在世界范围内来看交通模型的发展还没有进入成熟期,包括美国纽约、英国伦敦在内的,这些模型技术处于领先地位的城市仍在不断探索以求提高模型的预测精度以及模拟功能。对于模型应用的制约主要来自两个方面:基础数据的准确性与可获取性以及对于交通(出行)本质的理解。总的来看,近年来模型的技术拓展主要表现在以下几方面:

(1) 模型与地理信息系统技术相结合的趋势。交通的最大特点是空间性,而描述空间地理特征是地理信息系统(GIS)的专长,因此GIS与交通模型的结合是学科及技术发展的自然结果。GIS与交通模型的结合带来了一系列的好处,包括提高了数据维护效率、提高模型输入数据的精度以及便于模型的调试与结果的表达。

(2) 模型的精细化发展趋势。这一趋势表现在模型对交通基础设施网络细节的描述能力不断加强,交通小区的尺度不断缩小,对于模拟对象分类的不断细化。

（3）模型功能不断拓展且向多层面发展的趋势。国际上先进的交通模型在功能上已经涵盖了土地、经济、环境、能源等多个方面。

（4）不同模型一体化应用的趋势。不同类型的模型有其各自的应用领域与范围，但是模型的产生是为了满足实际应用的需求，随着交通研究的不断深入，越来越多的项目研究周期跨越了规划、设计与运行等多个阶段。随之而来的在模型实际应用方面也出现了宏观与中观、中观与微观、微观与节点等不同层级的模型一体化应用的情况。近年来，快速发展的基于活动的模型就表现出涵盖从宏观到微观的诉求。

同时，随着ITS技术的发展，交通信息的采集手段和来源也越来越丰富，采集手段趋向自动化，从而为交通模型获得更加全面的数据提供支撑。比如手机调查用于枢纽、大型吸引点，牌照识别技术用于车辆出行OD与路径分析，GPS用于车速，视频数据用于交通量，IC卡用于轨道交通及公交客流OD分析。近年来乌鲁木齐对于上述方向也不同程度地开展了相关研究，未来应根据不同领域的具体研究成果考虑深化需求。

6.3 交通模型的更新维护需求

6.3.1 交通模型的更新维护需求

任何交通模型都需要进行长期的更新与维护，综合交通模型维护的主要内容为道路网络、公共交通网络等基础网络资料和人口用地资料。模型升级的主要内容为流量延误函数、公共交通出行时间函数的标定以及四阶段模型中各模块相关参数的调整。

道路网络的更新通常依赖于测绘数据。而在ITS系统不断发展与完善的背景下，为提高公共汽车线网构建的效率提供了可能，通过公共汽车车载GPS定位数据构建公共汽车线网，即根据公交车载GPS数据的行车轨迹构建公共汽车线路。当公共汽车运行至车站时，运行速度降至0 km/h，通过选定特定时段的线路经过较长时间的训练可以获取公共汽车站定位经纬度，进而获取各行车方向的线路车站信息以构建公共汽车线网。

流量延误函数（Volume Delay Function，VDF）是指路段行驶时间与路段交通负荷、交叉口延误与交叉口负荷之间关系的数学表达，是进行出行路径选择和交通分配的关键参数。主要函数类型包括美国公路局的BPR函数、加拿大INRO公司开发的Conical函数、Akcelik在Davidson函数基础上提出的Akcelik函数和以色列交通规划研究部提出的基于Logit的流量延误函数。传统标定流量延误函数的数据基础主要为人工交通量调查数据和跟车车速调查数据，一般采用的车道通行能力为经验值。由于调查费用高、样本量小，所以标定的流量延误函数精度较低，模型敏感度不高。随着ITS系统的普及，丰富的交通量识别数据，例如RFID数据、视频卡口和线圈数据、各类型车载GPS数据，为实时监控城市道路车辆运行情况提供了可能。这些监控设备采集到的数据可为各等级道路流量延误函数的标定提供丰富的断面流量和车速基础数据。根据交通流理论，对路段不同时段的流量、密度进行拟合分析，能够比较清晰地划分出畅通流、压缩流和饱和流状态，以此作为标定分段流量延误函数的重要基础。

人口和就业岗位分布是综合交通模型的基础和关键。获取人口和就业岗位数据的传统方法是利用统计局社会经济普查的成果，根据各交通小区的居住建筑面积以及其他类型用地面积进行细分。然而，统计局通过抽样调查获取的常住人口数据抽样率较低，精度有待提高，且缺乏较为详细的就业岗位信息，因而难以获取较小区域（例如镇、街道）的人口和就业岗位数据。应用手机信令数据进行人口和就业岗位分析是一种较为理想的技术手段。手机定位采用的是基于基站小区的模糊定位技术，移动通信网络能够定期或不定期、主动或被动地记录代表手机用户位置的基站小区编号，通过对每个用户连续出行轨迹的还原，进而判断用户的具体出行行为。利用长期的手机位置历史数据可识别用户夜间休息时段稳定点为居住地、白天工作时段稳定点为工作地，并剔除非通勤用户的干扰，获取常住人口和就业岗位分布。

出行分布是指各交通分区之间的交换量，是描述出行特征的重要指标。通过公交IC卡、卡口数据以及手机信令数据可以帮助我们了解局部区域或系统的出行者OD信息。但是应当清醒地认识到，这些系统的设计并非为了采集交通OD数据，因此其获取的数据无论是形式还是准确度都需要经过仔细的核查。

6.3.2 既有模型的更新维护建议

乌鲁木齐市目前已经建立了宏观与快速路微观仿真模型，每年建议在固定的时间点对模型进行更新与维护。

1. 宏观模型更新维护内容

宏观模型更新维护内容建议如下：

（1）根据机动车或私家车保有量的实际增长情况来调整基础年模型中的机动车保有量水平，在有分区统计数据的情况下应使用分区数据进行控制调整，在没有分区数据的情况下按全市总量控制统一调整。

（2）根据城市人口、岗位实际增长情况调整基础年模型中的人口、岗位数量与分布情况，在有分区统计数据的情况下应使用分区数据进行控制调整，在没有分区数据的情况下按全市总量控制统一调整。

（3）按照过去一年中城市道路网络实际建设情况对模型中的道路网进行更新。

（4）按照过去一年中城市公交网络实际建设情况对模型中的公共交通网络进行更新。

（5）按照相关规划调整未来年模型中的道路网与公共交通网络。

（6）如实际建设的道路或对于公交网络的调整与原规划有出入的地方宜按照实际情况更新。

（7）对于相关规划涉及未来人口岗位分布情况变化的，应在未来年模型中对于相关数据进行调整。

（8）在对基础年模型调整后宜通过出租车、公交车载客统计数据对模型模拟的数据进行比对，对于有显著差异的，应进一步分析，必要时应考虑调整模型参数，同时这种调整应同步反映到未来年模型中。

2. 微观模型更新维护内容

微观模型更新维护内容建议如下：

（1）根据道路流量变化情况调整模型的分配矩阵，宜结合宏观模型与实际测量数据（道路卡口）考虑采用增量的方法进行修正。

（2）在有局部可靠OD数据信息的情况下宜考虑对模型分配矩阵的OD表进行修正。

（3）对于模型覆盖范围内路段及节点布局情况发生变化的应根据实际情况进行调整。

（4）对于模型覆盖区域节点控制方式产生变化的应根据实际情况进行调整。

（5）宜考虑结合节点模型对微观模型中路段及节点的通行能力进行逐步修正以提高模型的准确性。

（6）宜考虑通过主要交通走廊行程车速以及断面流量来评估模型的误差。

6.4 综合交通模型体系发展保障机制

综合交通模型体系的发展是一个逐步完善的过程。交通模型是一种对于交通发展趋势或运行状态的科学的预测方法。但是应当认识到，对于未来的预测其本质是对于个体活动的预测，因此是相当困难的；同时，模型是对于现状经验的固化，尽管对于现状的认识存在不准确或不全面的可能性，但是这是目前最为有效且可靠的技术手段。对于综合交通模型体系发展的保障应考虑从以下几方面入手。

（1）建立交通调查的长效机制。交通调查是开展城市交通规划和各类交通研究的基础，也是交通模型建立的直接基础。随着需求与技术手段的不断提升，交通调查已经从简单的道路流量观测、公交客流调查拓展至更多的细分领域。这种调查应当成为一种工作规则并将其进行固化，而非作为一些重大项目的附带产品。

（2）紧跟交通大数据发展的步伐，重视新技术的研究和应用，不断完善基础数据收集方式。传统交通调查依赖大量的人力与物力的投入，同时数据的可复核性较差。而随着越来越多的交通信息自动采集设备的投入使用，使得模型构建时可用的数据越来越丰富，获取成本也越来越低。从欧美国家的发展趋势来看，包括交通流量、行车速度、公共交通客流量、OD分布等一系列重要数据已经完全或部分实现了自动化采集。

（3）数据采集与模型更新的常态化需要立法保证。虽然，交通调查与模型更新的必要性越来越受到认可，但是相关经费的落实并没有保证。自1962年《联邦资助公路法案》开始，美国交通授权法案要求5万人口以上城镇化地区的交通项目必须建立在持续、合作、全面的城市交通规划程序基础之上，并由都市规划组织负责执行。同时规定美国全国1.5%的年度交通建设费用必须用于调查、规划和未来建设计划的经济分析。乌鲁木齐市也应考虑制定相关规章制度来明确模型建设与更新的周期、经费和来源、牵头单位、参与单位的职责以及数据共享服务机制等。

（4）强化模型在城市交通规划决策中的地位。一个城市应当坚持一套模型，避免一个项目对应一个模型的情况。很多城市对于定量分析的形式越来越重视，但是对于交通模型的分析结果往往持可有可无的态度。甚至将模型作为说明某些主观方案合理性的工具，随意调整模型的输出结果。这一情况应从三个方面解决：首先，交通模型需要客观、科学地反映交通系统的实际情况，若交通模型输出的结果不尽合理，久而久之便难以被重视；其次，交通模型工作者需坚持科学的工作态度，不应根据项目需要随意调整模型结果；最后，交通模型工作者需拓展自身的研究视角，丰富专业知识，增加对模型中各种敏感性因素的分析与测试。

（5）制定模型工作的技术指导手册与标准。重视模型的结果，同时更应注重模型的建立与测算方法。对于不同需求应从数据需求、模型形式、构建技术标准等不同层面规范化模型的模拟与测试流程。

（6）人才的培养应受到重视。综合交通模型的建立和维护工作内容繁杂、时间跨度长、工作成果不明显，往往得不到应有的认可，使得模型工作人员缺乏成就感，或者是迎合急功近利的思想，工作不够踏实，缺乏长远的职业诉求。一个好的交通模型师需要具有广博的知识，这些知识涉及城市规划、数理统计、运筹学、社会经济学、交通工程学、计算机等多门学科；同时更需要有好的成长空间来获取相关的经验，需要经历交通调查、数据分析、需求分析、交通网络建模、模型参数标定、模型应用等多个工作环节。对此，我们应该建立良好的制度，完善人才培养，重视人才发展，提供成长空间，防止人才流失。

参 考 文 献

[1] PLUMMER A V. The Chicago area transportation study creating the first plan (1955-1962)[R].2005.

[2] 焦国安,杨永强,杨菲,等.美国城市交通模型立法的历史背景[J].城市交通,2008, 6(2):73-76,86.

[3] 李春艳,陈金川,郭继孚,等.城市交通模型集锦[J].城市交通,2008,6(1):32-49.

[4] 陈必壮,陆锡明,董志国,等.上海交通模型体系[M].北京:中国建筑工业出版社, 2011.

[5] SIVAKUMAR A. Modelling transport: a synthesis of transport modelling methodologies[R]. Imperial College London,2009.

[6] WIEDEMANN R. Simulation des Straßenverkehrsflusses[M]. Schriftenreihe des Instituts für Verkehrswesen der Universität Karlsruhe,1974.

[7] WIEDEMANN R. Modeling of RTI-Elements on multi-lane roads [C]// Proceedings of the Drive Conferenc, Brussels, BELGIUM,1991.

[8] GIPPS P G. A model for the structure of lane-changing decisions [J]. Transportation Research Part B: Methodological,1986,20(5):403-414.

[9] TfL. London's strategic transport models[EB/OL]. http://content.tfl.gov.uk/londons-strategic-transport-models.pdf.

[10] NYBPM. Model Background [EB/OL]. https://www.nymtc.org/Data-and-Modeling/New-York-Best-Practice-Model-NYBPM/Model-Background.

[11] Systems Analysis Group. 2010 Base Year Update and Validation of NYMTC New York Best Practice Model(NYBPM)[R]. Final Report, prepard for the New York Metropolitan Transportation Council, Parsons Brinckerhoff,2010.

[12] 郑猛,张晓东.北京城市交通规划模型发展历史、现状及趋势[C]//中国建筑学会 2007年交通模型学术交流会论文汇编,2008:56-63.

[13] 王方,缐凯,郭继孚,等.北京市分层次交通模型体系研究[C]//城市交通模型技术与应用:2007年城市交通模型研讨会论文集,2008:24-29.

[14] KIMBER R M, MCDONALD M, HOUNSELL N B. The prediction of saturation flows for road junctions controlled by traffic signals[R]. TRRL research report,1986.

[15] 朱双容.城市道路交通流中观仿真研究[D].武汉:华中科技大学,2005.

[16] Hong Kong Transport Department. Developing 2002-based base district traffic

models for traffic impact assessments in the urban areas[R].2002.

[17] ORTUZAR J D D, WILLUMSEN L G. Modelling Transport[M]. 4th ed.. John Wiley & Sons, Ltd, 2011.

[18] Transportation Research Board of the National Academies. Highway Capacity Manual[M]. Washington DC, 2010.

[19] 郑猛."基于活动"的交通需求分析方法及其在北京的应用[C]//中国城市交通规划学术委员会2005年年会暨第二十一次学术研讨会,2005.

[20] CHEN H, ZHANG X, LIU G P. Simulation and visualization of empirical traffic models using vissim[C]//Proceedings of the IEEE International Conference on Networking, Sensing and Control, 2007.

[21] 艾伯特-拉格斯·巴拉巴西.爆发:大数据时代预见未来的新思维[M].北京:中国人民大学出版社,2012.

[22] 杨健,马国忠,周望东.交通出行选择中的博弈分析[J].城市公共交通,2008(4):30-32.

[23] 栾琨,傅忠宁,隽志才.有限理性下个体出发时间选择行为研究[J].交通运输系统工程与信息,2016,16(1):135-141.

[24] 谢晓倩.基于博弈论的动态路径优化方法研究[D].成都:西南交通大学,2012.

[25] WUNDERLICH K, VASUDEVAN M, WANG P W. Guidelines for applying microsimulation modeling software[R]. Report No. FHWA-HOP-18-036, US Department of Transportation, Federal Highway Administration, 2019.

[26] Transport for London. Model Auditing Process(MAP): Traffic Schemes in London Urban Networks[R].2017.

[27] YANG Q, JOUTSOPOULOS H N. A microscopic traffic simulation for evaluation of dynamic traffic management systems[J]. Transportation Research Part C: Emerging Technologies, 1996, 4(3):113-129.

[28] BURGHOUT W. Hybrid microscopic-mesoscopic traffic simulation[D]. Doctoral Dissertation, Royal Institute of Technology, Stockholm, Sweden, 2004.

[29] PETE S, BEVAN W, HU S C.交通微观仿真分析指南概要[J].胡树成,译.城市交通,2007,5(4):85-90.

[30] 李春艳,郭继孚,安志强,等.城市综合交通调查发展建议:基于北京市第五次综合交通调查[J].城市交通,2016,14(2):29-34.

[31] 李娜,董志国,薛美根,等.上海市第五次综合交通调查新技术方法实践[J].城市交通,2016,14(2):35-42.

[32] 乌鲁木齐市城市综合交通项目研究中心.乌鲁木齐市城市综合交通调查实施导则研究报告[R].2015.

[33] 李江,王文治.交通工程调查指南[M].吕哲民,审校.北京:人民交通出版社,1988.

[34] 冉斌.手机数据在交通调查和交通规划中的应用[J].城市交通,2013,11(1):72-81,32.

[35] 徐仲之,曲迎春,孙黎,等.基于手机数据的城市人口分布感知[J].电子科技大学学报,2017,46(1):126-132.

[36] 陈绍辉,陈艳艳,尹长勇.基于特征站点的公交IC卡数据站点匹配方法研究[J].北京工业大学学报,2012,38(6):885-889.

[37] 刘德平.北京公交车辆IC卡数据分析应用[D].北京:北京理工大学,2016.

[38] 周东.基于多源异构数据的城市路网动态车流OD估计[D].南京:东南大学,2018.

[39] 郑治豪,吴文兵,陈鑫,等.基于社交媒体大数据的交通感知分析系统[J].自动化学报,2018,44(4):656-666.

[40] 王亚群,程志华,陈恒,等.多源数据融合技术在乌鲁木齐市综合交通调查中的应用[J].交通与港航,2017,4(4):56-62.

[41] 董志国,陆锡明.居民出行调查扩算技术研究:以上海第四次综合交通调查扩样为例[C]//第二十一届海峡两岸都市交通学术研讨会论文集,2013.

[42] 马小毅.居民出行调查数据扩样方法研究[J].交通运输工程与信息学报,2010,8(1):14-19,34.